AF280731

Ometeotl
(höchstes Symbol für Dualität und Dualismus)

Bild nächste Seite: Nach der Ankunft der Europäer im Jahr 1492. Obwohl die Ureinwohner Amerikas diese mit offenen Armen empfangen haben, wurde ihnen vieles angetan, was mit Zivilisation zu tun hat, aber überhaupt nicht mit Kultur…

Ansichten eines
WILDEN
über die zivilisierten Menschen

Und DAS nennt Ihr LEBEN?

Xokonoschtletl

Kontakt mit dem Autor:

Mail: xoko2013@hotmail.com

www.xoko.info

Ich freue mich auf Ihre Fragen, Kommentare, Anregungen und Unterstützung jeder Art!

Außerdem biete ich an: Rundreisen nach Mexiko, Seminare und Workshops, Lesungen und Vorträge sowie Lebensberatung. Bitte nehmen Sie Kontakt mit mir auf!

Für meinen Kampf um die Rückgabe der heiligen Federkrone von Motekuhzoma, den ich alleine finanziere, und meinen karitativen Einsatz für die Ureinwohner Mexikos benötige ich dringend finanzielle Unterstützung. Bitte helfen Sie mit!

SPENDENKONTO:

Xokonoschtletl Gómora
Commerzbank AG
IBAN: DE04 7604 0061 0473 7524 00
Swift/BIC: COBADEFFXXX

PayPal: paypal.me/Xokonoschtletl

Impressum
Copyright: © 2022 Xokonoschtletl Gómora
Grafik: AleSalM/Shutterstock.com
ISBN 978-3-756-21241-5
Herstellung und Verlag: BoD – Books on Demand, Norderstedt

Inhalt

Über mich

Mein Name ist Xokonoschtletl Gómora. Das Wort „Xokonoschtletl" stammt aus der Sprache Nahuatl, die heute noch von sehr vielen Menschen gesprochen wird. Der Name besteht aus drei Teilen:

Xoko = *„sauer"*
Nosch (von Noschtli) = *„Kakteenfeige"*
Tletl = *„Feuer"*

Xokonoschtletl bedeutet also wörtlich: „Säuerliche und feurige Kakteenfeige" und philosophisch: „Der, der sehr tiefe Wurzeln hat und so unter schwierigsten Bedingungen leben kann".

Ich wurde vor mehr als 60 Jahren in Mexiko geboren, gehöre dem Volk der Azteken an und bin traditioneller Tänzer und Trommler. Vor etwa 30 Jahren gründete ich eine Gruppe traditioneller Tänzer, denn schon zu dieser Zeit hatte ich den Gedanken, mit einer Tanzgruppe nach Europa zu reisen, um die Rückgabe der seit Anfang des 16. Jahrhunderts im Wiener Völkerkundemuseum (Österreich) ausgestellten Federkrone des Aztekenherrschers Motekuhzoma Xokoyotzin („Montezuma") zu fordern.

So kam ich in dieser Mission im September 1986 zum ersten Mal nach Wien. Seit dieser Zeit brachte ich insgesamt 450 meiner Brüder nach Europa, die mir bei der Aktion halfen. Ich halte Vorträge, Seminare und Workshops in Universitäten, Museen und Schulen, schreibe Bücher und veranstalte Mexiko-Reisen (ich bin staatlich geprüfter Fremdenführer), um den Europäern unsere Kultur und Lebensweise, wie sie uns von unseren Ahnen überliefert wurde, näher zu bringen.

In meiner Heimat habe ich 7 Bücher über dieselben Themen geschrieben und tanzte viereinhalb Jahre mit meiner Gruppe tagtäglich in Mexiko-Stadt zwischen Kathedrale und Nationalpalast.

Zurzeit spreche ich Deutsch, Englisch, Spanisch, Italienisch, Portugiesisch, etwas Französisch und natürlich meine Muttersprache Nahuatl, und es ist mein Anliegen, unsere Kultur unverfälscht so vielen Völkern wie möglich zu vermitteln. Deshalb habe ich auch Vorträge in Brasilien, Kanada, den USA, Italien, Österreich, Schweiz, Deutschland und insgesamt in 47 Ländern gehalten mit dem einzigen Wunsch, dazu beizutragen, dass wir alle zufrieden und glücklich sind und in Harmonie zusammenleben.

Heilige Federkrone des Aztekenherrschers
Motekuhzoma Xokoyotzin („Montezuma")

Einleitung

Seit meiner Jugend höre ich immer wieder die Worte „Wilde", „Zivilisierte", „Kultur", „Tradition", „Weisheit".

Aber... wer ist wild? Wer hat Kultur?

In Großstädten, besonders in Europa, gelten als „Wilde" jene Menschen beziehungsweise Völker aus den so genannten unterentwickelten Ländern, die in Industrieländern leben, jedoch die Zivilisation ablehnen, wie z.B. die Indianer Kanadas und der USA. Das Gegenteil von „wild" ist „zivilisiert". Was aber gab es zuerst? Zivilisation oder Kultur? Für uns, die so genannten Wilden, sind die Zivilisierten oft sehr unkultiviert. Deshalb zerstören sie vieles von dem, wofür die Natur Hunderttausende von Jahren zur Erschaffung gebraucht hat und mit dem die „Wilden" die ganze Zeit in Einklang lebten!

Dieses Buch soll in sarkastischer, humorvoller Weise nachdenklich machen und konstruktive Kritik an den Zivilisierten üben, damit diese Welt besser wird... für uns ALLE! Warum haben die „Zivilisierten" nur Wissen anstelle von Weisheit wie die „Wilden"?

Warum sind zivilisierte Kinder so oft mutlos, unbeholfen und ängstlich, während sich „wilde" Kinder manchmal schon im Alter von 5 Jahren selbst versorgen?

Wer ist ärmer? Die Leute der Zivilisation, die alles haben, davon aber schon satt sind und an Krankheiten, die von der Zivilisation kommen, wie Aids, Stress, Schlaganfall und an vielem anderen leiden und sterben, während die Wilden mit ihrem einfachen Leben glücklich sind, viel mehr lachen als die Leute in den Städten der Zivilisation und noch dazu gesund sind?

In der Kultur und Philosophie der Indianer ist die ganze Natur eine Familie: Vater Sonne – Mutter Erde – Großmutter Mond – Großvater Firmament – Sternenschwestern – und die Bären, Adler, Pferde, Hirsche, Büffel, Fische und andere Tiere sind unsere Brüder und Schwestern, denn wir haben alle dieselbe Mutter – Mutter Erde, und wir alle atmen dieselbe Luft.

All die heutigen Probleme auf der Erde haben wir Menschen selbst verursacht, und wir müssen eine Lösung für diese von uns erzeugten Probleme finden, damit wieder Harmonie einkehrt und damit der größte Wunsch vieler, vieler Leute erfüllt wird – Friede auf der Welt. Doch um dies zu ermöglichen, müssen wir uns kennen, Selbstkritik üben, und wir müssen etwas tun! Für die anderen und für uns selbst.

**Hört doch endlich mit
der Selbstzerstörung auf!**

Ihr ernährt Euch sehr ungesund, wahrscheinlich habt Ihr deshalb keine Kraft zu denken, und wer nicht denkt, wird nur wie ein Mensch aussehen, sich aber nicht wie ein Mensch benehmen. Industrie, Essen, Erziehung, Zeit und Geld sind für Euch zu ernsthaften Problemen geworden. Unsere tiefste Wurzel ist die Natur. Wir müssen den Gesetzen der Natur folgen, denn die Natur kann unseren Gesetzen nicht folgen!

Die Pflanzen wachsen in Richtung Sonne, unser Gehirn ist auch oben, nahe der Sonne, die Energie und Kraft spendet. Es gibt Gesetze, es gab immer Gesetze, und es wird sie ewig geben. Sogar die „Gesetzlosen" haben ihre Gesetze, die respektiert werden müssen, da es sonst Probleme gibt. Wer sie nicht befolgt, wird liquidiert.

Wir sollten aber nicht warten, bis unser Ende kommt, sondern jeder einzelne sollte etwas verbessern, um dem entgegenzuwirken.

Ja, ich weiß, dass einer alleine die Welt nicht verändern wird, aber er kann der Anfang sein.

Schwestern und Brüder! Macht mit, denn überleben ist nicht schön…, aber leben…, das ist wunderschön!

Ohne Worte…

Und das soll ein Leben sein???

Es war einmal... und ist noch immer!

Es war einmal..., so beginnen viele Eurer Märchen, voller Phantasie und Träume. Aber Eure Märchen lösen sich meist in Wohlgefallen auf. Doch nur bei einseitiger Betrachtung. Sehen wir nur das Märchen vom Wolf und den sieben Geißlein.

Der Wolf war in Wirklichkeit keineswegs schlecht, er hatte nur Hunger und wollte die Geißlein fressen und musste deshalb sein Leben lassen. Auch für die so genannten „Eroberer" Mexikos war es wohl wie im Märchen, als sie die Städte der Azteken erblickten. So schrieb Hernán Cortez an Kaiser Karl V von Spanien: „Ihre Majestät, als ich die Hauptstadt der Azteken, genannt Mexiko Tenoztitan sah, rieb ich mir zuerst die Augen, weil ich dachte, ich träume: Solche langen, geraden und breiten Straßen, so viele Farben, so viele Menschen und besonders die perfekten symmetrischen Gebäude... Ich befahl einem meiner Soldaten, mich zu zwicken, denn solche Schönheit, Vollkommenheit und solchen Glanz kannte ich bis jetzt nur aus Märchenbüchern." Ja, ja, nun standen die Spanier hier in diesem Märchenland, doch um das Märchen für sie zu einem guten Ende zu führen mussten sie – wie sie meinten – erst das „Böse" besiegen. So wurde unser Volk, das genau so wenig böse wie der oben genannte Wolf war, zum Träger dieser leidvollen Rolle.

Zuerst ließen sich die „Eroberer" beschenken, betrachteten unsere Architektur, unsere hochwertigen Sanitäranlagen, wie Fließwasser, Kanäle, Bäder, Saunen etc., unsere Kunst und Wissenschaft und vieles mehr, doch allmählich begannen sie, Lügen und Verleumdungen über uns zu verbreiten, unter deren Vorwand sie uns zu vernichten suchten. Nachdem ihnen dies fast gelungen war, schrieben sie ihre Märchenversion von der „Eroberung und Kolonisierung" auf und verbreiten sie bis heute. Um diesem entgegenzuwirken, schreibe auch ich Bücher..., aus der Sicht der Verlierer..., denn normalerweise wird die Geschichte von den Gewinnern geschrieben.

Es war einmal im Frühling. Einige Kinder spielten am Ufer eines Teiches und sahen einen Frosch, der auf einem Seerosenblatt saß. Sie begannen, das Tier mit Steinen zu bewerfen. Bei jedem geworfenen Stein sprang der Frosch auf ein anderes Blatt. Die Kinder lachten und riefen: „Fast hätte ich ihn getroffen" oder „Wenn er sich jetzt nicht bewegt hätte, wäre mein Stein direkt auf seinen Kopf geflogen." Doch plötzlich begann der Frosch zu sprechen und sagte: „Ja, ja, Kinder, für Euch ist das ein Spiel..., für mich ist es der Tod."

Die kleine Geschichte zeigt deutlich, dass alles zwei Seiten hat. Was Ihr von uns „wilden" Indianern wisst, stammt aus den Federn von Engländern, Spaniern, Franzosen, Deutschen u. a. Oft sind solche Bücher nur Übersetzungen aus einer anderen Sprache. Jeder Autor schreibt seine Geschichte entsprechend seiner Erziehung, Mentalität und Sitte oder einfach, wie Karl May zum Beispiel, ganz aus seiner Phantasie. Die Phantasie wird am folgenden Beispiel deutlich, bei dem man nicht weiß, ob man lachen oder weinen soll: Der Franziskanermönch Francisco de Augustinez schrieb von der Hauptstadt der Azteken einen Brief an Kaiser Karl V von Spanien mit dem Wortlaut: „Ihre Hoheit, ich war schon in vielen Ländern dieser Welt, ich spreche sogar zwölf Sprachen, aber die der armen Indianer nicht. Das muss eine Sprache des Teufels sein!"

Ein anderer Priester schrieb, ebenfalls im 16. Jahrhundert, einen Brief, und zwar an den Papst: „...und sie haben einen Gott, der Huitzilobos heißt und der noch hässlicher und bösartiger als Luzifer selbst ist." Wirklich bedauernswert, solche Leute. Nicht einmal den richtigen Namen kannte der arme Kerl, denn der lautet Huitzilopochtli, ein Symbol für die Sonne und den Willen, irrtümlich auch oft als Kriegsgott bezeichnet. Hunderte, nein

Tausende Einzelheiten wurden und werden falsch interpretiert… Wenn nicht einmal die Namen stimmen, was kann man da noch weiter erwarten? So nannte man die Hauptstadt der Azteken Tenoztitan statt Tenochtitlan, die Hauptstadt des heutigen mexikanischen Staates Morelos Cuernavaca statt Kuauhnauak, die Hauptstadt des Staates Oaxaca nicht Uaxyakak. Andere Städtenamen sind Tepeyac statt Tepeyakak, Tacuba statt Tlakopan, Toluca statt Tollohkan, Campeche statt Ka-Nahm-Pech, Tacubaya statt Atlacayouayan, um nur einige von ihnen zu nennen.

Unsere Geschichte wurde von Zivilisierten geschrieben, die einzig und allein gierig auf Gold, Silber, Land und Frauen waren. Interessantes Detail am Rande: Tötete ein Zivilisierter einen „wilden" Indianer, so jubelten und applaudierten alle. Wehe aber, wenn ein Indianer einen Weißen umbrachte, weil dieser sein Land stehlen, seine Frau und Tochter vergewaltigen wollte oder weil der Weiße seine fleischliche Nahrung aus Spaß tötete, ohne Fleisch, Leder, Sehnen u. a. zu benützen…, dann war er ein Mörder, der vernichtet werden musste. Die US-Regierung bezahlte sogar für das Töten eines Indianers 20 bis 40 US-Dollar. Als Beweis für den Mord musste man jedoch einen Skalp des Indianers vorlegen. So stammt das Skalpieren keineswegs von den Indianern, sondern wurde von Leuten wie General Custer erfunden.

Wir Indianer würden niemals das Haar von anderen abschneiden, ja – es wäre sogar eine Beleidigung, Haar zu bekommen, denn unser Haar ist einer der wichtigsten Energieträger, und zwar gleich nach den Augen und den Fingerspitzen. Wir schneiden es nur nach wichtigen Zeremonien, bei denen wir von Mutter Erde etwas Besonderes bekommen und hängen es danach in die Bäume. Mag sein, dass diese Haarbüschel, die meist zu mehreren auf speziellen Bäumen hingen, die Weißen auf die grausame Abwandlung unseres Rituals, das Skalpieren brachten.

Die Geschichte wird immer von den Gewinnern geschrieben, und wer gibt schon gerne die Art und Weise seines Sieges zu, noch dazu, wenn es sich wie bei unseren Gegnern, den Siegern, um Verbrecher, Abenteurer, Penner, Nichtsnutze, Geisteskranke, Körperbehinderte u. a. handelte, die viele uns gänzlich unbekannte Krankheiten, wie Syphilis, Gonorrhöe, Pest, Cholera, Lepra, Pocken und Grippe einschleppten? Allein an den Pocken starben Millionen von unseren Leuten über den ganzen Erdteil verteilt.

Die Weißen demonstrierten uns den widerwärtigen Umgang mit Alkohol, Drogen und Tabak. Sie brachten uns das Stehlen, Lügen und Betteln bei, und sie verursachten bei uns Hungersnöte und Verschmutzung, die wir vorher nicht kannten.

Das mittelalterliche Europa war sehr unzivilisiert, und bis heute hat sich für uns nicht viel verändert... Versucht zu verstehen, ich habe gegen die Zivilisierten überhaupt nichts, aber sie sind genau diejenigen, die alles, was sie nicht kennen, entweder fürchten, verspotten, ablehnen oder zerstören. Doch sie zerstören damit auch sich selbst, und viele tun es weiter, obwohl sie genau wissen, dass sie sich selbst schädigen.

Es war einmal eine Kojotenmutter, die in der Prärie ihren Sohn verlor und nach ihm suchte. Sie fragte jedes Tier, dem sie begegnete, ob es wisse, wo ihr Junges sei. So kam sie zu einem Hirsch: „Bruder Hirsch, hast Du zufällig meinen Sohn gesehen? Ich habe ihn vor einigen Tagen verloren." – „Wie sieht Dein Sohn denn aus, Schwester?" fragte der Hirsch, und die Kojotin antwortete: „Ach, er ist sehr schön, sein Fell glänzt sehr hübsch, er hat eine wunderbare Nase, seine Augen sind ein Traum, er sieht kräftig aus und hat sehr starke Beine." – „Nein, Schwester, den habe ich nicht gesehen." So machte sich die Kojotin weiter auf die Suche, und sie traf eine Schlange, einen Jaguar, einen Affen und viele andere Tiere. Immer wieder erwähnte sie die

Schönheit ihres Kindes, bis sie den Adler traf. „Mein Junges ist das Schönste der Erde, seine Augen funkeln wie die Sterne, aber ganz besonders glänzt sein Fell sehr schön." – „Zum Glück", sprach der Adler erleichtert, „ein paar Täler entfernt von hier habe ich einen gesehen. Er sah räudig aus, er war mager und hässlich, und… er war tot." Doch da bemerkte der Adler, dass die Kojotin bitterlich weinte, und er fragte: „Warum weinst Du, Schwester?" – „Weil das mein Sohn ist." – „Aber hast Du nicht gesagt, dass Dein Sohn so schön sei?" – „Ach", schluchzte die Kojotenmutter, „weißt Du denn nicht, Bruder Adler, dass es für eine Mutter kein hässliches Kind gibt?!"

Eine kleine, hübsche Geschichte, die uns erkennen lässt, dass Schönheit etwas Relatives ist, das jeder sein eigenes „schön" bestimmt. Was ist schön, was ist hässlich? Was ist normal, und was ist abnormal? Liebe, Zeit, Raum, Geschmack und Gefühle sind nur Begriffe, entstanden aus der Denkweise der Menschen. Sehr oft aber bestimmen die Zivilisierten eine genormte Schönheit und zwingen Völkern, die nicht in die Norm passen, ihre Meinung auf, ohne auf deren Ideen und Vorstellungen zu achten. Was für diese anderen aber normal ist, wird von den Zivilisierten als „wild" bezeichnet. Wegen ihrer Sitten und sogar ihres Glaubens lehnen sie alles davon Abweichende ab.

Als die Spanier bei uns ankamen, trugen die meisten Stämme keine Kleidung, denn besonders in Mittel- und Südamerika herrschen das ganze Jahr über warme Temperaturen. Dies missfiel den „zivilisierten" Spaniern, denn in ihren Augen durfte man seine Geschlechtsteile nicht unbedeckt lassen – dies wäre eine Sünde gewesen. So zwangen sie uns, Kleider zu tragen, obwohl jeder weiß, dass bei Hitze die Kleidung und somit man selbst durch den Schweiß zu stinken beginnt.

Stellt Euch vor, wie die Spanier in ihren Metallrüstungen in dem warmen Mittel- und Südmexiko gestunken haben müssen!

Bei den Azteken wird seit Jahrtausenden ein Baumharz namens Kopalli benutzt. Man verwendet es für mehrere Zwecke, in erster Linie aber zum Reinigen in Form von Beweihräucherung von Leuten, die von weit her auf Besuch kommen. Doch bezieht sich diese Reinigung nicht nur auf unangenehme Energien, sondern auch auf unangenehme Gerüche. So beräucherte man auch bei der Ankunft der Spanier jeden einzelnen von ihnen, was für diese natürlich etwas Außergewöhnliches war. Sie dachten, dass die Azteken das nur in ganz besonderen Fällen machen, und interpretierten das im Laufe dieser Handlung öfter gefallene Wort „teul" aufgrund ihrer sprachlichen Unwissenheit als den Begriff für „Götter". Doch dass wir die Spanier vergötterten, war keineswegs der Fall, denn das aus dem Nahuatl stammende Wort „teul" heißt nichts weiter als „Stinkender". Sie haben sich (selbst) vergöttert und tun es bis heute noch, denn in den spanisch sprechenden Schulen lernt man bis jetzt, dass „teul" „Gott" heißt. Ha, ha, ha, ha! Für uns ist das wirklich zum Lachen, wenn wir, besonders in Europa, Leute finden, die sich „Indianologe" oder „Mexikanist" nennen, deren Kenntnisse größtenteils auf normalen Geschichtsbüchern basieren, die von Abenteurern, religiösen Fanatikern, Mördern und Verbrechern geschrieben wurden, wie von Hernán Cortez, Francisco Pizzarro, Pedro de Alvarado, Christoph Kolumbus. (Er allein ließ zwei Jahre nach seiner vermeintlichen Entdeckung Indiens von 1494 bis 1508 auf Befehl der spanischen Königin Isabella „der Katholischen" ermorden bzw. ermordete selbst oder verkaufte als Sklaven über drei Millionen Karibalen und Arauaken.)

Noch etwas über Königin Isabella „die Katholische" von Spanien. Sie wird von uns auch Isabella „die Verrückte" genannt, denn sie erließ ein Gesetz, dass besagte, dass jedem Verbrecher, Mörder u. ä., egal wie schwer sein Verbrechen war, seine ganze Strafe erlassen werde, wenn er sich entschloss, für wenigstens drei Jahre nach Neu-Spanien, wozu auch Mexiko zählte, zu gehen, um dort sesshaft zu werden. So kam der Abfall Europas zu uns. Es gibt natürlich Ausnahmen, die man sich jedoch an den Fingern einer Hand abzählen kann!

Sie war es auch, die Christoph Kolumbus befahl, die Eingeborenen zu verkaufen, um sie für etwas nützlich zu machen, und führte somit offiziell die Sklaverei ein, die es danach in Mexiko 300 Jahre lang gab. Die Kirche hatte keinerlei Interesse an den Einheimischen, im Gegenteil – sie schickte Leute, die speziell für die Ausrottung der „Ungläubigen" bestimmt waren, wie z. B. den Priester Torquemada, der die heidnischen Indianer (obwohl wir Heiden öfters bessere Christen wären als die Christen selbst!) bei lebendigem Leib verbrannte, oder die Priester Juan de Zumarrga und Diego de Landa und Hunderte mehr auf den ganzen Kontinent. Erst 60 Jahre nach der Ankunft der Spanier erklärte der Papst, dass die Indianer auch Menschen seien, doch obwohl wir schon offiziell als humane Wesen anerkannt waren, wurden wir noch 260 Jahre lang versklavt, vergewaltigt und getötet.

Doch zurück zu den „Indianologen". Wie können die sich anmaßen, über alle Indianer Bescheid zu wissen, gibt es doch Hunderte von Stämmen auf dem ganzen Erdteil, von denen jeder sich vom anderen so unterscheidet wie Italiener von Chinesen. Sie sind verschieden in Sprache, Kleidung, Sitten, Lebensart. Ein Navajo hat nichts mit Mayas oder Tzeltal zu tun. Die Cheyenne haben nahezu nichts mit den Inkas gemeinsam. Bei Gesprächen mit „Indianologen" fiel mir immer wieder auf, dass sie nur Wissen über ein paar wenige Stämme besitzen. Natürlich können sie mit ihren „Kenntnissen" Leute, die noch nie oder wenig von Indianern gehört haben, beeindrucken.

Im Jahr 1987 gab es in Wien ein internationales Treffen von Indianern, von einem so genannten Indianologen organisiert. Man sprach über die Probleme der Indianer, suchte aber nach keinen Lösungen. Außerdem waren von den 40 Teilnehmern höchstens vier Indianer. Als ein indianischer Bruder und ich ankamen, mussten wir gleich für zwei Tage 250 Schilling pro Person bezahlen, obwohl wir Indianer waren. Der „Indianerexperte" erschrak förmlich, als er merkte, dass ich Deutsch sprach, alle anderen indianischen Gäste kamen aus den so genannten USA und sprachen nur Englisch. So übersetzte er vom Englischen ins Deutsche, doch als er hörte, wie ich mich mit einem deutsch unterhielt, wurde er sichtlich nervös. Der Indianologe hatte danach ein Pressegespräch, und um den Teilnehmern die Zeit zu verkürzen, wollte ich einen kleinen Vortrag über die Bedeutung der Schlange in unserer Kultur halten, doch er verbot es mir und meinte in englischer Sprache: „Sie dürfen nicht mit den Leuten reden, unterhalten Sie sich doch mit den Indianern." Da mir dies natürlich missfiel, verließen mein Freund und ich den Platz – ohne unsere 500 Schilling, nach deren Rückgabe ich gefragt hatte! Dieser Mann soll ein „Indianologe" sein? Das soll ein internationaler Kongress gewesen sein? – Mit vier Indianern? Ja, ja, diese „Indianerexperten" sind für mich wie die Amis mit ihren Europarundreisen – zwei Tage Deutschland – drei Tage Österreich – zwei Tage Italien – zwei Tage Paris – drei Tage London – ein paar Tage Amsterdam; von jedem Ort möglichst viele Fotos und ein Souvenir, und schon glauben sie bei ihrer Rückreise, sie kennen Europa. Ich bezweifle ja nicht, dass sie die Kultur eines Stammes „kennen" oder die Sprache sprechen und dass viele bei Indianern schon ein paar Jahre gelebt haben. Allein in Mexiko, den USA und Kanada gibt es weit über zweihundert verschiedene Stämme, von denen keiner dem anderen gleicht, weder in ihrem Wesen noch in ihrer Sprache, noch in ihrem Aussehen, und deren Lebensräume sich in Vegetation und Klima unterscheiden. Typisch dafür in Europa ist Winnetou, der für alle Indianer steht. (Einen Teil der Indianer nennt man Indios, was ein spanisches Wort ist und auf deutsch ebenfalls "Indianer" heißt!)

1984 kam ein berühmter Medizinmann vom Stamm der Mapuche nach Berlin. Bei einer Pressekonferenz wurde er von einem Journalisten gefragt, welche Meinung er über Winnetou habe. Der weise Mann war überrascht, und als der Reporter die Frage wiederholte, meinte er: „Wer ist Winnetou?" Der Pressemensch war sichtlich enttäuscht und sagte: „Sie kennen Winnetou nicht? Sie können doch gar kein echter Indianer sein." Der begrenzte Journalist wusste anscheinend nicht, dass vom Land der Mapuche in Chile bis zur „Heimat Winnetous" eine Distanz von ca. 16 000 km liegt. Solche Entfernungen können die Europäer nicht einschätzen. Fast alle Länder in Europa sind so klein, dass man an einem Tag in einem Land frühstücken, in einem anderen zu Mittag und wieder in einem anderen zu Abend essen kann.

Wisst Ihr eigentlich, warum wir Indianer auch „Rothäute" genannt werden? Keinesfalls wegen unserer Hautfarbe, wie oft vermutet wird. Da hättet noch eher Ihr diese Bezeichnung verdient, und zwar in den ersten Tagen Eures Badeurlaubes!

Als die Einwanderer in unser Land kamen, überraschten sie einige unserer Brüder beim Abhalten einer sehr wichtigen Zeremonie, die es heute noch gibt und deren Teilnehmer am ganzen Körper mit roter Farbe bemalt sind. Denn rot ist für uns schon ewig die bedeutendste Farbe, die Energie, Feuer, Medizin, Sonne, Sieg u. v. m. symbolisiert. Unsere natürliche Hautfarbe ist braun, einmal heller, bei anderen dunkler, doch niemals rot. Wir benützen die rote Farbe sehr oft, sogar unsere heiligen Gegenstände werden in roten Tüchern verwahrt. Ganz besonders wird das rot in unserer Medizin eingesetzt, denn es bedeutet auch Leben! Aber schon damals und noch heute fragt Ihr nicht nach der tatsächlichen Bedeutung von Dingen, sondern beantwortet Eure Fragen selbst. Ich selber habe langes Haar, immer trage ich ein breites rotes Stirnband um den Kopf, Fransenstiefel und –kleidung sowie Indianerketten aus Krallen und Jade.

In all den vielen Jahren, in denen ich mich in Europa aufhielt, wurde ich schon oft wegen meines Äußeren kritisiert und verspottet, doch nach der richtigen Bedeutung fragte keiner. Aber wenn ich die Leute fragte, was sie glauben, wozu Stirnband, lange Haare und Fransen dienen, bekam ich Antworten wie: „Das Stirnband ist zum Halten der langen Haare." oder „Die Indianer hatten lange Haare, weil es damals noch keine Schere zum Abschneiden gab!" Fransen werden meist für eine Verzierung gehalten, genauso die Federn. Man bildet sich seine eigene Meinung und lässt diese allmählich zur eigenen Wahrheit werden. In Wahrheit aber zeigt jede einzelne Feder Rang, Profession u. v. m. an, so erkennt man die Chiefs an ihren Federn, genauso die Heiler, bei Euch auch als „Medizinmänner" bekannt, die Astronomen und alle anderen auch. Die Haare und Fransen sind Energieträger. Die Stirnbänder sind von Stamm zu Stamm verschieden; so gibt es Völker, deren Stirnband breit und weiß ist, und andere, deren Stirnband schmal und blau ist. Wenn wir zu wichtigen Besprechungen zusammenkommen, tragen wir ein rotes Stirnband, Symbol für den Sieg, denn die Sonne ist sowohl beim Aufgehen als auch beim Untergehen rot. Für uns wird mit diesen Bändern eine Art des Abbindens des Kopfes bewirkt. Durch den Druck pulsiert das Blut stärker, und wir können besser denken.

Seht Ihr, für uns hat vieles eine ganz andere Bedeutung als für die Zivilisierten. Mir ist auch aufgefallen, dass Ihr Eure Fragen über etwas, dass Ihr nicht versteht, meistens selbst beantwortet, teils aus Ungeduld, teils aus Überheblichkeit. Es gibt Leute, die glauben, alles zu wissen und sich für das Stellen einer Frage an eine kompetente Person schämen. So haben sich z. B. schon mehrere Leute nach meinem genauen Herkunftsort in Mexiko erkundigt. Ich antworte dann meistens: „Aus Mexiko", denn ich weiß, dass den Platz sowieso niemand kennen würde. Die Leute antworten: „Ja, ich weiß, aber von wo genau?" Sage ich dann den genauen Platz, sagen sie: „Aha!" Frage ich aber dann zurück, ob sie wissen, wo es liegt, verneinen sie meistens, die übrigen weichen der Antwort aus, obwohl ich manchmal nur den Staat nannte, in dem der Ort liegt. Aber dann sagen sie: „Ja, wissen Sie, ich war auch 14 Tage in Mexiko, und deshalb hat es mich interessiert!"

Mexiko ist 5 ½-mal so groß wie Deutschland, das entspricht etwa zwei Millionen Quadratkilometern. So ein Land kann man nicht in Monaten und schon gar nicht in zwei Wochen kennen lernen.

In Europa nimmt man das Wort „Eroberung" anstelle von Massaker, Invasion, Gewalt und Grausamkeit von Leuten, die stehlen, vergewaltigen, morden und deren Beute nicht nur aus Wertgegenständen, sondern auch aus Menschen besteht. Wir wurden Opfer solcher Massenmörder und Verbrecher, denen noch dazu meist große Denkmäler gesetzt werden.

**Die Geschichte wird immer von
den Gewinnern geschrieben.**

**Aber…, wäre es nicht interessant,
die Version der Verlierer zu hören?**

Oder ist deren Meinung unwichtig? Immer wieder heißt es, dass wir verloren haben, doch eigentlich seid es Ihr, die Ihr die Chance verloren habt, eine große Kultur kennen zu lernen und mit deren Hilfe Eure eigene zu bereichern. Wenn die alten Griechen zu den alten Ägyptern gekommen wären und alle niedergemetzelt hätten, wären sie niemals zu ihrer hohen Kultur gelangt. Die Griechen haben von anderen Kulturen gelernt. Ihre Lehrer waren u. a. die Phönizier, Hethiter und Sumerer.

Was aber haben die Spanier, Portugiesen, Franzosen, Briten und andere mit den „eroberten" Schätzen von Kolumbien, Mexiko und Peru gemacht? Wie zum Hohn zählen Spanien und Portugal zu den ärmsten Nationen Europas. Das geraubte Gold und Silber wurde benutzt, um neue Welten zu „entdecken", aber ganz besonders, um Kriege zu führen und um Macht zu erlangen. Was ist davon geblieben? Wann werden die Menschen lernen, in Frieden und Harmonie zu leben? Im Jahre 1992 wurde in Europa, besonders in Spanien, dass 500jährige Jubiläum der „Entdeckung Amerikas" gefeiert. Irrtum! Es war niemals eine Entdeckung, es war reiner Zufall, leider – für uns.

Es wurde nichts entdeckt, und der Kontinent heißt auch nicht Amerika. Christoph Kolumbus selbst schrieb in seinen Memoiren, dass die Schiffsleute bereits zu meutern begannen, da es weder Speis noch Trank gab. Er und seine Besatzung sowie ganz Europa sollten sich bei den Ureinwohnern bedanken, denn durch sie lernte man Hunderte von Früchten, Speisen, Gewürzen, Gemüse, Tierarten, Blumen u. a. m. kennen. So stammen beispielsweise die Kartoffeln (die hier in Europa viel mehr als bei uns gegessen werden) und der Mais (der in Europa auch als Viehfutter dient) von dort. Als die Spanier zu uns kamen, gab es bei uns 70 verschiedene Maissorten in verschiedenen Größen und Formen, heute noch ca. 35, aus denen Hunderte von Gerichten und Getränken hergestellt werden können, oder die Kakaobohnen, aus denen die sehr beliebte Schokolade hergestellt wird (auch die Schokolade wird bei Euch viel mehr konsumiert, als bei uns) – Erdnüsse, Avocados, Vanille, Ananas, Kakteen, Agaven, Chili, Weihnachtsstern, Baldrian, Truthahn und Tomaten (die übrigens keine Tomaten sind, denn das Wort „tomatl" stammt aus dem Nahuatl und bezeichnet eine kleine grüne Frucht, die von papierähnlichen Blättern umhüllt ist.) Die rote Frucht, die Hauptbestandteil des Ketchups der Amerikaner ist, heißt auf Nahuatl „Xitomatl". Sie stammt aus Mexiko!

Die „USA" fordern Menschenrechte??...
Ha – Ha – Ha – Ha….
Einfach lächerlich!!

Die Feier zur Erinnerung an die „Entdeckung Amerikas" vor 500 Jahren war für uns eine Demütigung, eine Verletzung unserer Würde und unseres Stolzes. Die Spanier, Engländer, Portugiesen und Franzosen hätte statt Euphorie und Jubel ein Schamgefühl überkommen müssen, denn was der Entdeckung Amerikas folgte, ist eine Schande für die so genannten zivilisierten Menschen. Wir „Wilden" und „Unzivilisierten" können nicht verstehen, wie es möglich war, dass Leute mit Kanonen gegen Menschen kämpften, die Pfeile mit Steinspitzen und ein Federkostüm und Felle statt einer Rüstung verwendeten, und dass sie mit Lüge und Betrug Frauen, Kindern, Gelehrten und Heilern den Tod brachten, wobei sie noch von Seuchen wie den Pocken unterstützt wurden. Unverständlich ist auch die Regierung der USA, die sich auf der ganzen Welt für mehr Menschenrechte einsetzt, aber in den USA gibt es Dutzende von Ureinwohnern, die sich in Gefängnissen befinden, weil sie für mehr Menschenrechte kämpfen.

Seit die Weißen unser Land betreten haben, schrieben sie auch unsere Geschichte. Aber was für eine Geschichte ist das! Sie brachten lediglich zu Papier, was sie wollten, was sie vermuteten und das, was sie verstanden zu haben meinten.

Erstes Beispiel: Ein Franzose fand im Norden unseres Erdteils Menschenknochen, anhand derer er die Behauptung aufstellte, dass die Indianer nicht diesem Kontinent entstammen, sondern dass sie selbst über die Beringstrasse aus Asien eingewandert seien; dass einige Stämme, wie die Eskimos bzw. die Navajos, aus Asien kamen, ist eine Tatsache, die aber keineswegs bedeutet, dass all die Hunderte von Stämmen ebenfalls asiatischer Herkunft seien. Denn als unglücklicherweise die Europäer bei uns ankamen, gab es bereits 500 Millionen Ureinwohner in Tausenden von Stämmen, von denen die Allermeisten von den Zivilisierten ausgerottet wurden. Nur weil bis jetzt noch keine Funde älterer menschlicher Skelettteile vorliegen, heißt dies noch

lange nicht, dass wir nicht viel älter wären, als von den „Weißen"
behauptet wird.

Unsere Tradition lehrt uns, dass wir auf unserem Erdteil
entstanden sind, und dass sich die Flora und Fauna sowie der
Mensch in den verschiedenen Erdteilen nahezu gleichmäßig
bildeten. Woher würden denn sonst die vielen Affenarten
gekommen sein, die Mammuts, Elefanten, Kamele, Pferde usw.,
auch alle über die Beringstrasse? Apropos Pferd: An gefundenen
Pferdeknochen wurde mit Hilfe der Carbon-Methode ein Alter
von 8000 Jahren festgestellt. Somit ist bewiesen, dass die Indianer
das Pferd schon lange Zeit kannten, bevor es von den Spaniern
gebracht wurde. Die Meinung, dass die Indianer Pferd und Reiter
zusammen für ein Fabelwesen hielten, ähnlich dem Zentauren
der griechischen Sage mit Menschenkopf und Menschenbrust
und einem Pferdeleib, ist somit unsinnig. Der Erdteil, den Ihr
heute Amerika nennt, hatte immer schon Wasser, und aus Wasser
entsteht Leben. Die Klimazonen reichen vom tropischen
Regenwald bis hin zur Wüste. Überall Meer, Küsten, Täler,
Vulkane, Flüsse unter und über der Erdoberfläche und das ganze
Jahr über Tausende Arten von Lebewesen.

Zweites Beispiel: Die „Weißen" schreiben in ihrer Geschichte,
dass es ein weißer Mann war, der den Azteken Kultur brachte,
genannt Quetzalcoatl. Ketzalkoatl sollte ein hellhäutiger,
blauäugiger Mann mit dichtem Bart und blonden Haaren gewesen
sein. Aber der vermeintliche Lehrer der Azteken, Ketzalkoatl, ist
kein Mann. „Ketzalkoatl", so die richtige Schreibweise, was
„hübsche Schlange" bedeutet, ist das Symbol für Weisheit und ist
ein Titel! Dieser wird alten Leuten verliehen, denn nur alte Leute
besitzen wegen ihres langen Lebens und der darin gesammelten
Erfahrungen Weisheit. Deshalb wurden seit jeher in fast allen
Kulturen der Welt die Gesetzte von den Alten gemacht. Bis heute
noch werden die Meinungen der Alten sehr respektiert. Bei uns
gab es schon lange bevor die Spanier kamen weiße Leute. Denn

wir trieben z.B. Handel mit den Wikingern. Es kamen Leute aus anderen Erdteilen zu uns, und auch wir gingen nach Ägypten und in andere Länder. Dieser vermeintliche „Quetzalcoatl" war nur eine von den Spaniern erfundene Figur. Die mittelalterlichen Europäer wussten nur wenig von dem, was bei den Azteken schon Tausende von Jahren zuvor bekannt war: Penicillin (Kukzum genannt), dass die Erde kugelförmig ist und sich um das Zentrum, die Sonne dreht (in den europäischen Sprachen, wie spanisch, englisch, deutsch, italienisch, französisch usw. sagt man noch immer „Sonnenuntergang", was noch der Zeit entstammt, in der man die Erde für eine Scheibe hielt), chirurgische Eingriffe, sogar Schädeltrepanationen, und vieles andere mehr. Die Spanier schrieben auch, dass wir „Quetzalcoatl" für einen Gott hielten, doch das Wort „Gott" existiert in unserer Sprache nicht. Auch Wörter wie böse, Feind, Wildnis, Hass, Paradies, Priester, Hölle, Dämonen gab es nicht! Es gab bei uns auch eine viel weißere Hautfarbe, als Ihr Weißen habt, und zwar die der Albinos. Deshalb hielten wir einen Weißen niemals für etwas Höheres oder gar „Göttliches", wie europäischen Berichten zu entnehmen ist.

Drittes Beispiel: Unser Erdteil wurde von dem „Weißen" Christoph Kolumbus „entdeckt". 500 Millionen Menschen waren also „verloren" und mussten unbedingt entdeckt werden (von jemandem, der selbst verloren war und der nie wusste, dass er sich, obwohl er dreimal kam, auf einem Erdteil befand, der nicht Indien war).

Viertes Beispiel: Wir wurden von „Weißen" erobert, die ohne uns zu kennen behaupteten, dass wir den Teufel verehrten und sehr „arm" wären, denn wir waren ein "armes Reich". Ich erinnere mich daran, was unser neunter Herrscher Motkuhzoma sagte, als ihm die Spanier berichteten, dass sie von einem anderen Kontinent kämen und sie von ihrem großen König Karl V geschickt wurden, um Gold zu holen: „Euer Herrscher muss sehr arm sein, wenn er Euch von so weit geschickt hat, nur um dieses gelbe Metall zu holen." Was bedeutet wirklich „arm sein"? Diese Frage überlasse ich Euch vorerst als Hausaufgabe.

Fünftes Beispiel: Unsere Unabhängigkeit wurde uns wieder von einem „Weißen" gegeben…, sagen die Weißen, ohne die über 300 vorangegangenen Befreiungsversversuche der Azteken zu erwähnen. Die Spanier haben uns 300 Jahre versklavt, dass bedeutet, dass es mindestens einmal jährlich zu einem Aufstand kam. In Wirklichkeit aber hatte der Priester Miguel Hidalgo niemals vor, die Unabhängigkeit von Spanien zu erreichen, sondern er wollte nur, dass die in Mexiko geborenen Spanier die gleichen Rechte hatten wie die Spanier im Mutterland. Um das besser zu verstehen, ist folgendes zur Erklärung nötig: Während der ganzen in Mexiko 300 Jahre dauernden „Kolonisationsperiode" gab es verschiedene Sozialschichten:

1. Die Spanier, die in Europa geboren wurden.
2. Die Spanier, die auf unserem Erdteil, damals Neu-Spanien genannt, geboren wurden. Diese Spanier waren „zweitklassig". Sie durften keine höheren Positionen einnehmen, keine Ämter, wie die der Rechtsanwälte, Richter, Bischöfe, Erzbischöfe, des Vizekönigs und des Direktors für spanische Schulen innehaben. Diese Spanier wurden Kreolen genannt. Es gab sehr große Unterschiede zu den anderen Spaniern, und ebenso groß war ihr Hass. Es galt sogar als Schimpfwort, jemanden als Kreolen zu bezeichnen.
3. Die Mestizen, halb Europäer – halb Ureinwohner.
4. Die Ureinwohner.
5. Die Zambo, halb Ureinwohner – halb Schwarze.
6. Die Schwarzen.

Schwarz-Weiß-Mischungen, genannt Mulatten, gab es bei uns nicht, denn solche Verbindungen waren strengstens verboten und wurden manchmal sogar mit dem Tode bestraft.

Im Jahre 1810 wurde der spanische König von Napoleon entmachtet. Genau in dieser Zeit rebellierten die Kreolen für ihre Gleichberechtigung, nicht aber für die der heutigen Mexikaner. Dass Mexiko danach unabhängig wurde, ist eine andere Geschichte.

Es war einmal eine Klapperschlange, die am Wegesrand schlief. Ein Mann ging vorbei, und als er sie zufälligerweise sah, suchte er sofort nach einem großen Stein, um ihn der Schlange auf den Kopf zu werfen, damit sie tot sei. Als er im Begriff war, die Schlange zu erschlagen, erwachte diese und fragte ihn: „Was habe ich Dir getan, dass Du mich töten willst?" – „Nichts", sagte der Mann, „aber Du bist giftig, und deshalb musst Du sterben." – „Aber Bruder, obwohl ich giftig bin, tue ich Dir nichts, solange Du mir nichts tust", erwiderte die Schlange, worauf der Mann erzürnt sagte: „Ich..., Bruder einer Schlange..., niemals! Du gehörst vernichtet!" – „Ich sage Dir noch einmal, Bruder: Lass mich in Ruhe, ich tue Dir auch nichts!" Der Mann lachte „Ha, ha, Du kannst mir überhaupt nichts tun, denn ich bringe Dich vorher um!" Doch ehe er den Stein werfen konnte, sprang ihm die Schlange an den Hals und biss ihn. Der Mann sank zu Boden, und bevor er starb, sprach die Schlange zum letzten Mal kopfschüttelnd: „Siehst Du, Bruder, hättest Du mir nichts getan, hätte ich Dir auch nichts getan." Danach rollte sie sich zusammen und schlief weiter.

Hat man das Recht, das Leben eines anderen zu nehmen? Der Mann fürchtete das Gift der Schlange, und diese Furcht brachte ihn um. Wäre er der Schlange im großen Bogen ausgewichen, hätte er überlebt... Genau so sollte ein Märchen enden; alle sollten zum Schluss glücklich sein. Ein Märchen ist etwas Schönes, Phantastisches, das oft sogar Weisheit enthält. Aber sollte man das Märchen nur von der Seite der Zivilisierten sehen?

Unsere Brüder aus dem Norden erzählen oft von der Zeit nach der Fertigstellung der Eisenbahn, wie aus den Fenstern die Gewehrläufe herauslugten und man im Vorbeifahren aus reinem Vergnügen ganze Büffelherden erschoss. Wenn unsere Brüder einen Büffel erlegt hatten, verwendeten sie die Haut, das Fleisch, das Blut, die Sehnen, die Knochen und nahezu alles andere auch. Tötet jemand ein Tier, um sich zu ernähren, ist dies natürlich, werden aber die Tiere für Trophäen oder aus Spaß gejagt, so ist das krankhaft, wie diese spanischen Blutfeste, auch Stierkämpfe genannt, die leider auch in Mexiko viele Anhänger fanden. Ja, ja, das Märchen hat zwei Seiten: die der unkultivierten Zivilisierten und die der kultivierten Wilden…

Die Erziehung... das Hauptproblem!

„Seid die Freunde Eurer Kinder und vergesst niemals, dass Ihr selbst welche wart…, doch lehrt sie Gutes, denn die Zukunft liegt in Eurer Kinder Hand"!

„Erziehung", schon das Wort selbst gefällt mir nicht, denn es leitet sich von ziehen ab, was nichts anderes als eine erzwungene Formveränderung ist. Es wird gesagt: „Wir müssen den Kindern bei ihrer Entwicklung helfen". Das Kleinkind sieht nur aus wie ein Mensch, ist aber noch unfertig und muss von uns zu einem fertigen Erwachsenen geprägt werden.

Ein Kind zu bekommen ist einfach, ihm jedoch bei seiner Entwicklung helfen kann nicht jeder. Deshalb sollte man ein Kind nicht irgendwann bekommen, sondern erst wenn man sich reif genug fühlt, um es richtig leiten zu können. Wie viele Frauen bekommen Kinder, obwohl sie in ihrem Bewusstsein selbst noch Kinder sind? Man sollte kein Kind zur Welt bringen, nur weil die Pille nicht gewirkt hat, denn es ist ein unerwünschtes Kind, das Frustrationen, Enttäuschungen und sogar Hass hervorruft. Jugendliche Eltern trifft oft keine Schuld, sondern ihre Eltern, die ihnen wegen falsch verstandener Moralbegriffe eine ausreichende Aufklärung vorenthielten. Noch heute ist es in vielen Familien tabu, über Sex, Geschlechtskrankheiten u. ä. zu sprechen. Bringen dann solche Minderjährigen ein Kind zur Welt, werden sie manchmal, besonders die Frauen, als „leichte Mädchen" beschimpft oder sogar von zu Hause fortgejagt und stehen somit größtenteils ohne Unterstützung des Kindesvaters und ihrer Eltern allein mit einem Säugling da. Was geschieht mit so einer jungen Frau und ihrem Nachwuchs?

Ihr sollt Eure Denkweise ändern, damit Eure Kinder schon mit einer neuen Denkweise aufwachsen.

Schon von klein auf wird uns Indianern gelehrt, dass wir alle in einem Makrokosmos leben und alle eine Familie sind. Die Sonne ist für uns maskulin, sie ist unser Vater, er gibt uns Licht, Wärme, Energie und macht es, dass Chlorophyll in den Pflanzen entsteht, mit dessen Hilfe die Pflanzen ihre Stoffe bilden. Das ganze Universum ist für uns ein Kreis. Alle Lebewesen sind auch Kreise in den größeren Kreisen. Das ist die Sprache der Natur. Der Kreis spielt in unserer Geschichte und Philosophie eine große Rolle, er ist das Symbol für Ewigkeit. Kein Teil unseres Körpers ist eckig, alles ist kreisförmig. Genau so die anderen Lebewesen wie Tiere, Bäume, Blätter, Wurzeln, Steine... Fast alles in der Natur ist rund.

Ein Kind ist ein Kreis. Es besteht aus einem Halbkreis des Vaters und dem Halbkreis der Mutter. Wird es erwachsen und findet einen Partner, wird es seinerseits zu einem Halbkreis, der mit seiner Frau einen neuen Kreis bildet.

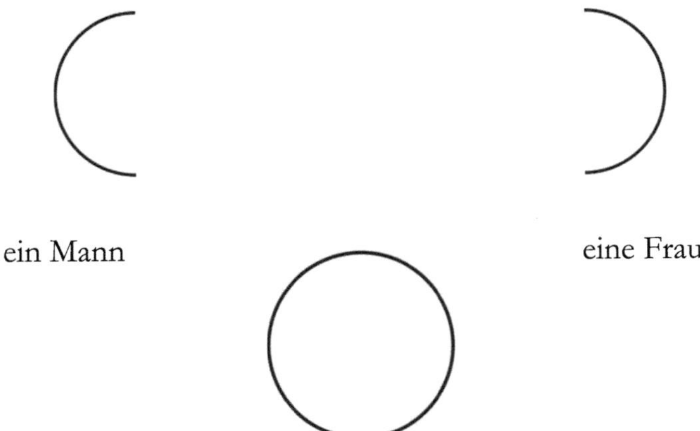

Beide zusammen ergeben einen Kreis.
Jeder Mensch besteht aus zwei Personen.

Will z.B. eine Frau mit einem Mann zusammen sein und mit ihm eine Familie gründen, dann ist sie ein Halbkreis und ihr Partner auch ein Halbkreis. In unserer Philosophie und Sprache würden wir niemals die Person, die mit uns zusammen ist, als „Freundin" oder „meine Frau" bezeichnen, sondern als „mein Halbkreis", das bedeutet „meine Dualität" oder „meine Gleiche".

Frau und Mann,   zwei Hälften,   bilden ein Ganzes.

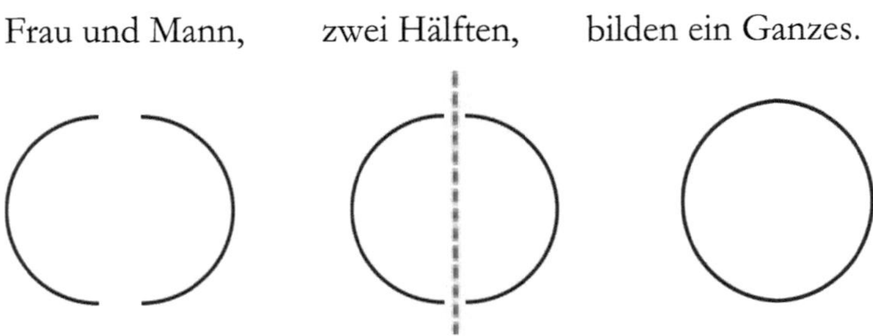

Der Kreis von zwei
Personen befindet sich
in einem System
vieler anderer Kreise

Dieser Kreis bildet
neue Kreise, Kinder
genannt. Dieser Kreis
heißt Familienkreis.

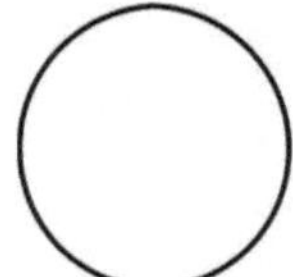

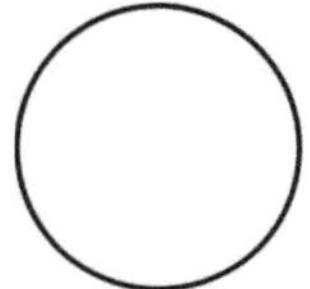

Der Familienkreis gehört in
den nächsten Kreis, den
Kreis der Verwandten.

Der Kreis der Verwandten
wiederum liegt im Kreis
unserer Brüder & Schwestern

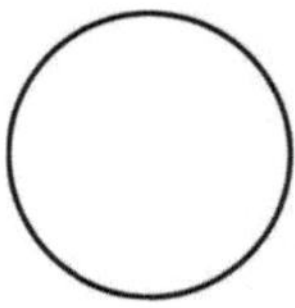

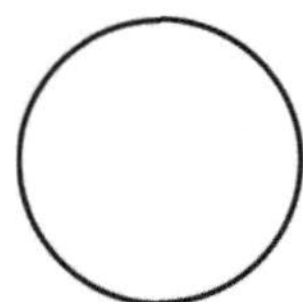

Der nächste Kreis heißt
Volkskreis.

Der Volkskreis liegt im
Landkreis.

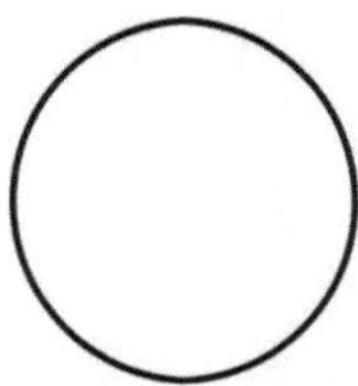

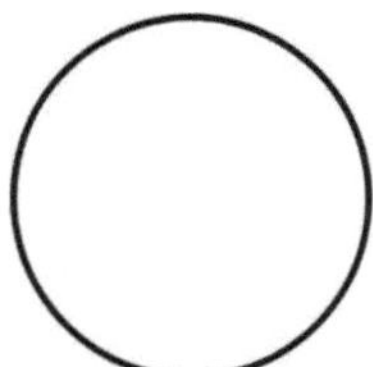

Der Landkreis wird vom
Kreis der Erdteile umgeben.

Der Erdteilskreis
liegt im Weltkreis.

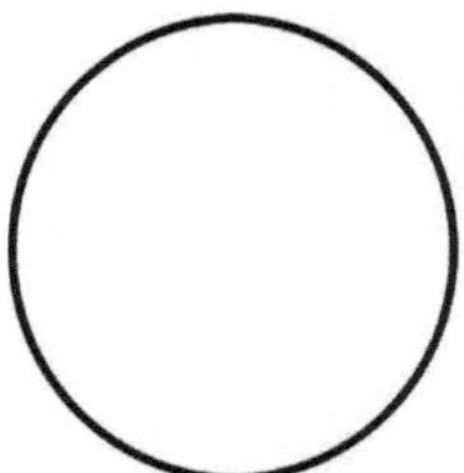

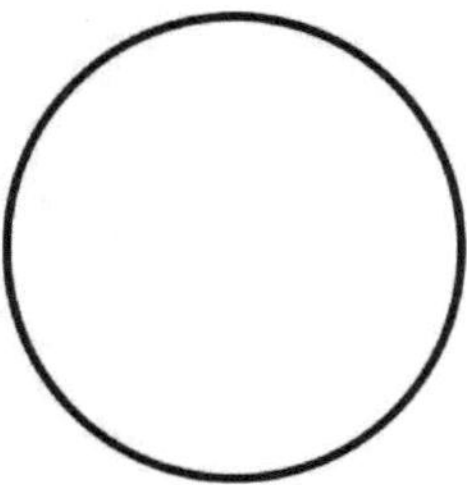

Den Weltkreis umgibt
der Sonnensystemkreis.

Dem Sonnensystemkreis
folgt der Galaxienkreis.

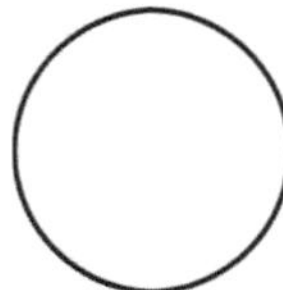

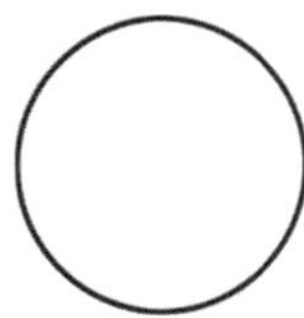

Der größte Kreis ist der Kreis des Universums, des Makrokosmos.

So etwa…

oder noch besser!

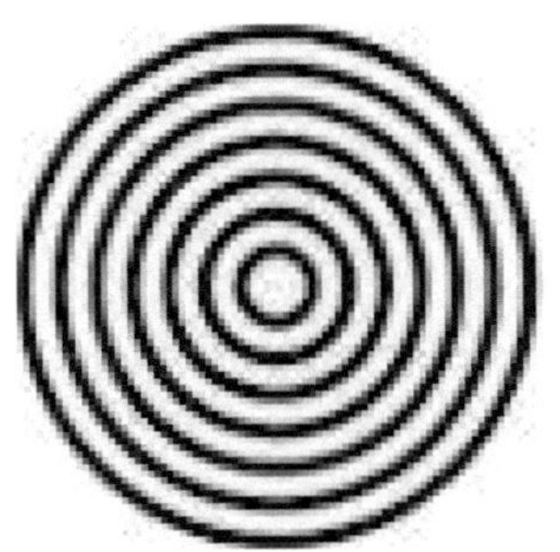

Es wird ein Kreis nach dem anderen sein! Jeder Kreis ist größer als der vorhergehende… Der Ursprungskreis, dieser Punkt, das bist Du, Mutter, und Du, Vater. Ihr seid für lange Zeit der wichtigste Kreis Eurer Kinder, von dem der Kreis des Kindes lernen und wachsen wird und Ihr ihm als Vorbild dienen werdet.

Ein Kind ist kein Spielzeug. Es bedarf großer körperlicher und seelischer Vorbereitungen! Ich verstehe bis jetzt nicht, warum man lange Vorbereitungen für Urlaub, Hochzeit u. ä. macht, bei der Schwangerschaft diese aber oft völlig außer Acht lässt?! Schon Monate vor der Schwängerung sollte man vieles überlegen, wie z.B.: Wann möchte ich schwanger werden? Von wem? Wie ist meine Lebenssituation? Was kann ich dem Kind bieten? Wie ernähre ich mich richtig? Bin ich in der Lage, ein gesundes Kind zur Welt zu bringen? Welche Probleme gibt es von Seiten des Vaters? Ja, ja, der Vater, öfters auch nur Miterzeuger des Kindes, wird er gleich nach dem positiven Schwangerschaftstest das Weite suchen? Wie wird er das Kind behandeln: autoritär, mit Schlägen oder mit Liebe, oder wird er es vernachlässigen?

Zu wenige Leute überlegen die Folgen, wenn ein Alkoholiker, ein Drogensüchtiger, ein physisch oder psychisch Kranker ein Kind zeugt. Solche Leute sollten keine Kinder bekommen, denn auch ein von Schädlingen befallener Baum wird keine guten Früchte tragen. Ich weiß…, viele Leute werden jetzt sagen: „Das ist nicht menschlich.“ Aber ist es menschlich, wenn man ein geisteskrankes oder ein körperlich geschädigtes Kind in die Welt setzt? Es gibt bereits zehn Millionen geistig Behinderte auf dieser Erde. (Die Politiker nicht mitgezählt, die sind eine andere Geschichte!)

Täglich sterben auf dieser Welt Kinder, man spricht bereits von Tausenden pro Tag… psychisch und physisch gesunde Kinder, die durch Gewalt, Hungersnöte oder Kriege ihr Leben lassen müssen. Wäre es nicht besser, ihnen zu helfen anstatt jenen, die nur vor sich hinvegetieren? Seht nur ein Beispiel eines Tierrudels: Viele Tiereltern töten Junge ihres eigenen Wurfes, wenn sie merken, dass sie geringe Überlebenschancen haben und somit ihren gesunden Geschwistern unnütz von ihrer Nahrung nehmen würden. Bei den Tieren werden die kräftigen und gesunden an der Spitze sein und die Herde leiten. Gibt es optimale Umweltbedingungen, dann vermehren sich auch die Schwachen, tritt jedoch Nahrungsmangel auf oder kommt es zu Platznot, geht die Zahl der Schwächeren automatisch zurück. Die Menschen aber wollen nicht erkennen, dass sie sich bereits im Zustand der Übervölkerung befinden. Noch dazu könnt Ihr von Eurem überbeanspruchten „Territorium" zu keinem anderen wie eine kleine Tierherde wechseln, denn der Mensch (über)beansprucht schon die ganze Welt.

Bei vielen Naturvölkern lässt man bis heute Kinder, die mit schweren Behinderungen auf die Welt kommen, oder jene, die nach der Geburt nicht von selbst atmen, einfach sterben. Es ist ein Naturgesetz! … So ist eben das Leben… und der Tod… der Tod gibt Leben! Ihr müsst Eure Angst vor dem Tod verlieren. Schon Platon sagte: „Manche Leute töten ihre Feinde, um sie so zu bestrafen, aber vielleicht werden sie belohnt." Den Tod muss es geben…, auch er ist ein Bestandteil der Natur.

Doch zurück zum Anfang eines Lebens. Schon Monate vor der Befruchtung sollte der Vater keinen Samenerguss haben, denn wir sagen immer, dass der Samen durch viele Orgasmen schlechter wird, und bei der Zeugung eines Lebens sollte er deshalb besonders kräftig sein. Auch schon in diesen Monaten sollten die zukünftigen Eltern auf ihre Lebensweise und Ernährung achten…, kein Junk-food wie Hamburger, Cola, Chips und Kaugummi. Diese und ähnliche Sachen sind wie Schweinefleisch – es schmeckt gut, ist aber sehr gefährlich. Wir sagen immer, dass Leute, die sich nicht gesund ernähren, sondern einfach essen, was gut schmeckt, sehr leicht krank werden. Sie sind kraftlos, ihr Gehirn sowie die Funktionen der Sinnesorgane werden beeinträchtigt sein.

Wir sind auf die Erde gekommen, um zu leben, nicht um zu überleben!

Ihr werdet Euch nun fragen, was dies mit Erziehung zu tun hat. Die Antwort ist: Durch die richtige Ernährung bekommt man Vitalität, Lebensfreude und Gesundheit im Allgemeinen…, also genau das, was Euer Kind braucht. Wir müssen vor, während und nach der Geburt gesund sein. Ein Kind zu haben ist eine sehr ernste und verantwortungsvolle Sache, denn entwickelt sich ein Kind nicht richtig, so kann es im Laufe seines Lebens viel Schaden anrichten und sogar Menschen um ihr Leben bringen. Hört auf zu sagen: „Das ist mein Kind, und mit meinem Kind kann ich machen, was ich möchte!" Dieses Kind gehört niemandem, es ist nur ein Teil eines großen Kreises, und ist dieser Teil nicht funktionsfähig, so kann es den ganzen Kreis zerstören…, und in diesem Kreis sind wir alle.

Außerdem sollt Ihr nicht vergessen, dass nach Eurem Tode „Eure" Kinder weiterleben und weiterhin Gutes oder nicht Gutes machen werden. In der Zivilisation wird man meistens nicht in einem Kreis, sondern in einer Ovalform geboren. Wir müssen dies verändern, damit es ein harmonischer Kreis wird.

Wir können die Welt nicht verändern, aber wir sollen anfangen, uns zu verändern. Jetzt ist immer noch Zeit. Setzen wir uns nicht in eine Ecke und weinen über das nahende Ende, sondern versuchen wir, es zu verhindern… Weint nicht über das Verlorene, sondern denkt und benehmt Euch besser, damit nichts mehr verloren geht. Die Kinder werden von uns gemacht und von uns belehrt, aber was können wir die Kinder lehren, wenn wir selbst frustriert und voller Angst sind? Todesangst, Angst vor dem Alleinsein, Armsein, Altsein, Kranksein,

Niemandsein… Angst, Angst, Angst, eine der schlimmsten Erscheinungen, die man in der Zivilisation gelernt hat. Sie ist wie eine Kette, die Euch gefangen hält und nicht wachsen lässt. Wie wollt Ihr, dass es Euren Kindern besser geht, wenn Ihr nichts dafür tut? Wahrscheinlich ist es nicht so einfach…, aber bestimmt auch nicht unmöglich, oder? Betrachte eine Schwangerschaft als etwas Natürliches, nicht als Krankheit oder als etwas Peinliches. Es gibt sogar Frauen, die sich schämen, wenn man sieht, dass sie schwanger sind.

Die Frauen besitzen das Geheimnis des Lebens.

Das ist nicht nur eine wunderschöne Tatsache, sondern auch etwas ganz Selbstverständliches. Belügt Eure Kinder auch nicht damit, dass der Klapperstorch die Kinder bringt, oder damit, dass – wie man bei uns in Mexiko sagt – die Kinder aus Paris kommen. Das sind Lügen, die beim Kind Misstrauen Euch gegenüber erzeugen werden, wenn es die Wahrheit erfährt. Denn auf eine Lüge folgt meistens eine andere. Fragt nun ein Kind z.B., warum es, obwohl in Frankreich geboren, kein Französisch spricht, wird weiter gelogen, etwa mit: „Das hast Du unterwegs verlernt“ oder einem ähnlichen Unsinn.

Einmal fragte ein Kind, warum denn seine Schwester einen so großen Bauch habe, woraufhin seine Mutter zur Antwort gab: „Sie hat zuviel Wasser getrunken“, darauf das Kind: „Dann nehmt das Baby schnell heraus, sonst wird es ertrinken.“ Wir finden das jetzt wahrscheinlich witzig, für so ein Kind ist es aber bitterer Ernst, denn es kann noch nicht zwischen Wahrheit und Lüge unterscheiden. So sah ich bei einem Zoobesuch eine Frau mit ihrem kleinen Sohn. Als das Kind einen Luftballon kaufen wollte, sagte die Frau: „Nein, ich habe kein Geld mehr.“ Der Kleine weinte, und nach ein paar Schritten kaufte die Mutter für sich und den Kleinen ein Eis, damit er sich beruhige. Natürlich braucht die Mutter den Ballon nicht zu kaufen, aber sie sollte dem Kind erklären, warum nicht, oder einfach verneinen, anstatt eine fadenscheinige Lüge zu erfinden, die sie kurz darauf selbst widerlegt. Das Kind sieht, dass sie Geld hat, und somit wurde für den Kleinen ein Betrug an ihm begangen. Damit Ihr versteht: Die Kinder lernen von unseren Beispielen, unserem Benehmen, unseren Worten und Taten. Wenn wir lügen, faul sind, rauchen, trinken, frustriert oder pervers sind, können wir von den Kindern nichts Gegenteiliges erwarten.

Wenn eine Frau schwanger ist, sollte sie sich nicht für ihr Aussehen, den großen Bauch, schämen oder ihren Zustand benutzen, um faul zu sein. Im Gegenteil: der Körper sollte in Bewegung sein: schwimmen, spazieren gehen, Gymnastik machen. Die Schwangere sollte in Ruhe essen, ausreichend schlafen, nicht rauchen und keinen Alkohol trinken. Dies und so manches andere muss man im Voraus beachten und nicht erst dann zur Kenntnis nehmen, wenn es viel zu spät dazu ist. Denn was die Mutter isst, wird das Kind mitessen, was sie trinkt, wird es mittrinken, die Luft, die sie atmet, atmet das Baby mit. Wenn die Mutter oder der Vater raucht, raucht der Embryo mit. Ich denke gerade an die vielen Eltern, die ihren Kindern das Rauchen und den Alkohol verbieten, selber aber sowohl rauchen als auch trinken. Genau so widersprüchlich sind Ärzte, die ihren Patienten empfehlen, nicht zu rauchen oder zu trinken, dies jedoch selbst vor ihren Augen tun. Deshalb sagen viele Erwachsene: „Mein Arzt verbietet mir zu rauchen, aber er raucht selbst, warum also ich nicht; ich verstehe nicht, warum ich es mir von ihm verbieten lassen sollte?!" Öfter werden Kinder bei ungebetenen Besuchen an die Tür geschickt, um auszurichten, dass die Eltern nicht zu Hause sind, obwohl sie sich nur im Zimmer nebenan verstecken. Zeigt die Lüge des Kindes Wirkung, wird es von den Eltern gelobt, sagt es aber einmal, dass die Hausaufgaben schon fertig sind, obwohl dies nicht der Wahrheit entspricht, wird es von den Eltern als bösartiger Lügner verurteilt, dem „... bei der nächsten Lüge die Zunge abfallen soll..."

Während fast alle Eure Frauen im Liegen gebären, bringen unsere Frauen die Kinder in der Hocke zur Welt. Dies hat einen großen Vorteil, da sich der Muttermund in einen Kreis formt, wogegen er im Liegen von Scham- und Steißbein zusammengedrückt wird und somit die Geburt erschwert.

Ihr seht es deutlich an dieser Skizze:

im Liegen   in der Hocke

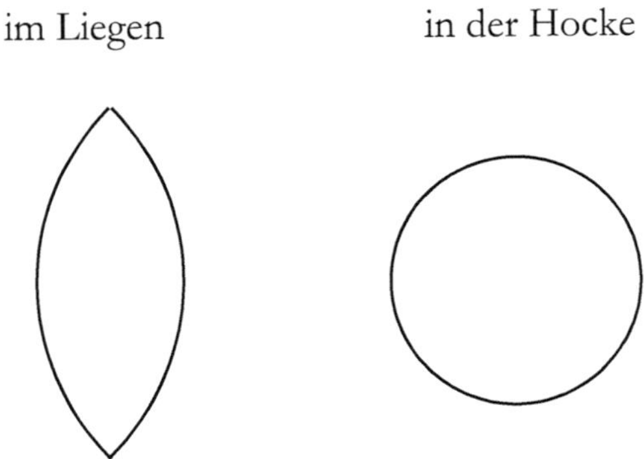

Die Frau muss das Kind allein zur Welt bringen, ohne Angst, um bewusst mitzuerleben, wie schön die Geburt eines neuen Lebewesens ist. Doch sollte noch eine Person bei der Gebärenden sein, um sie, wenn erforderlich, zu unterstützen. Besonders wichtig ist, dass das Neugeborene nicht geschlagen wird, damit meine ich den bekannten „Klaps" auf den Popo. Das Kind muss alleine zu atmen beginnen. Wir sind nach unserem Kalender, dem Ritual- oder Lebenskalender, für 13 Zyklen von 20 Tagen im Mutterleib. Bei Euch sind es neun Monate. (Monate kommt von Mond, ein Mondmonat hat 28 Tage; deshalb ist ein anderes Wort für die Monatsblutung der Frau auch Menstruation, das vom lateinischen „mensis" = Monat stammt. Bei uns sagt man, dass die Frau ihre Mondtage hat.) Ein Schlag auf den Körper des Neugeborenen kann für diesen einen bleibenden Schock auslösen!

Bis vor wenigen Jahren wurde das Baby gleich nach der Geburt gewaschen und somit von der Mutter entfernt, das war falsch. Wir legen unsere Kinder gleich nach der Geburt auf den Körper der Mutter, damit sie sofort ihre Wärme spüren und vom Busen trinken können. In unseren Vorstellungen sollten in erster Linie Mutter und Kind nach der Geburt zusammen sein. Waschen ist in solch einem Moment nebensächlich. In den Spitälern der Zivilisierten wurden die Säuglinge bis vor wenigen Jahren oft nur zum Stillen zur Mutter gebracht, den Rest des Tages konnte diese oft nur Augenkontakt zu dem Kind haben, das hinter einem Glasfenster mit anderen „Leidensgenossen" von der Außenwelt isoliert wurde. Haben nun Mutter und Kind aber das Spital verlassen, sorgen Kinderwagen, Wiege u. ä. für weitere Entfremdungen vom Mutterleib. Das Stillen an der Mutterbrust wird meist vorzeitig abgesetzt oder gar nicht durchgeführt. Man ersetzt es durch Plastikflaschen mit Kuhmilch und durch „kiefergerechte Beruhigungssauger", als die man diese Schnuller anpreist. Die Muttermilch ist das Bestverträgliche und Nährreichste für das Kind. Ein Kind ist kein Kalb, das Kuhmilch trinken soll. Die Leute, die das missachten, wissen nicht mehr, wie man mit einem Menschen umgeht, und deshalb sprechen sie auch öfter mit Tieren oder mit Maschinen als mit Menschen. Bei uns wurde den Kriegern die überschüssige Brustmilch zum Trinken gegeben, weil man wusste, dass sie eines der vollkommensten Nahrungsmittel der Welt ist. Was macht Ihr? Ihr pumpt sie ab, und oftmals werft Ihr sie weg. Es gibt natürlich viele Ausnahmen, aber ich spreche von der Allgemeinheit. Die Milchfläschchen und Schnuller, die die Brustwarzen der Mutter ersetzen sollen, sind ungünstig für das Gebiss, für den Magen (wegen der Überproduktion an Speichel) und für die Psyche. Es ist nicht normal, fast pausenlos an der Mutterbrust zu hängen, den Schnuller aber, der diese ersetzen soll, kann man zu jeder Zeit im Babymund finden. Könnte dieser Schnuller sogar der Auslöser von starkem Rauchen oder Alkoholismus sein, weil die

Gewohnheit entsteht, zur Beruhigung immer etwas im Mund haben zu müssen?

Der Schnuller dient zur Beruhigung…, aber wer will schon ein ruhiges Kind haben? Ja, in der Zivilisation will fast jeder ein ruhiges Kind haben…, Ihr nennt so was auch „brave Kinder". So wie ein Hund: „sitz! – bleib! – gib Pfötchen! – lauf! – ein braver Hund bist Du!" sagt sein „Besitzer". Ein Kind muss auch unruhig sein, denn es ist ein Kind. Mit den Jahren lernt es von allein, ruhig zu sein!

Seht doch Jungtieren zu: Löwen-, Katzen-, Hunde- und Ziegenbabys sind nicht ruhig. Der Mensch muss seine Kindheit ausleben können. Wird er dabei unterdrückt, wird er als Erwachsener bloß ein großes Kind sein. Wie viele „große Kinder" kennt Ihr persönlich? In den zivilisierten Ländern habe ich jede Menge solcher kennen gelernt. Sogar alte Menschen benehmen sich manchmal wie große Kinder. Zeichen dafür sind ihre Ungeduld, Verständnislosigkeit und Respektlosigkeit. Kinder müssen ihre ganze Energie ausgeben, um dann wieder gut schlafen zu können. Als Arbeiter gefällt Euch sicher kein Chef, der Euch ununterbrochen beobachtet, kritisiert und Befehle erteilt, oder? Als Angestellter könnt Ihr kündigen, ein Kind kann das bei seinen Eltern aber nicht tun. Höchstens davonlaufen… oder Selbstmord begehen. Sagt jetzt nicht, dass ich übertreibe. Wenn in Eurer Familie oder Eurem Bekanntenkreis so etwas nie passiert ist, ist das erfreulich, leider ist es aber nicht bei allen so. Denn manche Eltern unterdrücken ihre Kinder dermaßen, dass Weggehen für sie oft der einzige Ausweg ist.

Manche Eltern würden es begrüßen, wenn ihre Kinder wie die bekannten drei Affen wären: nichts hören – nichts sehen – nichts sprechen. In Millionenstädten wie Mexiko City oder New York laufen Kinder von zu Hause weg und werden kaum von der Polizei gefunden. Sie bilden Kindercliquen, in denen das

Durchschnittsalter oft bei erst acht Jahren liegt. Diese Kinder leben eigenständig auf der Straße. Öfter werden sie bedroht oder sogar misshandelt oder vergewaltigt. (Sogar Eltern vergewaltigen manchmal ihre eigenen Kinder!) Aus solchen Kindergruppen werden regelrechte Banden. Werden solche Kinder gefangen, schickt man sie in Heime für schwer erziehbare Kinder, „weil sie böse und keine guten Kinder für die Gesellschaft sind, weil sie für ihre Mitmenschen eine Gefahr bedeuten". So müssen diese Kinder ihre ganze Kindheit in dieser Art von Gefängnis überleben. Sie verlassen solche Orte oft mit Frust und Hass gegen die Gesellschaft, die sie dorthin gebracht hat. Aber sie wurden von der Gesellschaft so gemacht. Man hat diese Kinder „böse" gemacht.

**Menschen haben nichts „Schlechtes",
wenn sie geboren werden, sie werden aber durch
Störung ihrer Entwicklung „schlecht" gemacht...**

Übrigens: In unserer Muttersprache Nahuatl existieren Worte wie „böse" und „schlecht" nicht. „Gut" heißt „kualli", „böse" und „schlecht" ist „akualli".

Dieses Wort besteht aus zwei Teilen:
„a" von „amo" = nein oder nicht
„kualli"   = gut

Also „akualli" heißt „nicht gut". Ein Schwesterwort oder Synonym für die Bezeichnung „nicht gut" ist das Wort „falsch" ..., „nicht gut" und „falsch" unterscheiden sich durchaus von „böse" und „schlecht". Denkt bitte darüber nach. Das sind zwei unterschiedliche Bedeutungen.

In den ersten Monaten sollte die Mutter das Kind an ihrem Körper tragen. Wahrscheinlich ist es einfach für die Eltern, das Baby im Kinderwagen vor sich her zu schieben, aber wie wird

ACH, WARUM DAUERT DAS SO LANGE?
??
??

dem Kind zumute sein, genau jetzt, da es die meiste Wärme und Nähe von der Mutter benötigt? Mütter von Naturvölkern tragen ihre Kinder den ganzen Tag am Körper, auch beim Verrichten von schwerer körperlicher Arbeit. Sogar beim Holzsammeln tragen sie ihr Baby zusätzlich zu einer Last von bis zu 40 Kilogramm. Aber niemals habe ich gehört, dass sich eine Mutter beklagt hätte, weil sie ihr Kind immer mit sich herumtragen muss.

In der Zivilisation werden Kinder oftmals auch noch als Behinderung für Karriere und Selbstverwirklichung betrachtet: „Wenn Du nicht geboren wärst, hätte ich mein Studium beenden können!“, „Wegen Dir habe ich meine gute Figur verloren!“ oder „Mit Kindern verliert man nur seine besten Jahre!“ Derartige Kommentare werden meist im Beisein der Kinder abgegeben. Es ist nicht die Schuld der Kinder, dass sie geboren wurden. Muss man seinen eigenen Frust auf die Kinder projizieren? Jeder ist der Architekt seines eigenen Lebens.

Ich habe irgendwann einmal einen Witz gehört, in dem der Vater zum Kind, das mit schlechten Noten von der Volksschule kam, wütend sagte: „Du solltest Dich schämen, weißt Du nicht, dass Lincoln in Deinem Alter schon auf der Hauptschule war? Du bist eine Schande!“ – „Mag sein“, antwortete das Kind, „…aber in Deinem Alter war er schon Präsident von den Vereinigten Staaten…!“ Ein anderer Witz erzählt von einem Vater, der sich ärgerte, als er seinen schmutzigen Sohn erblickte: „Du bist ein richtiges Ferkel“, schimpfte er, „… weißt Du, was ein Ferkel ist?“ – „Oh ja“, antwortete der Junge, „… ein Ferkel ist das Kind von einem Schwein…“

Warum müssen wir unsere Frustrationen an jüngeren, schwächeren und machtlosen Menschen abreagieren, und das fast immer mit Wut und Aggression? Kritisieren ist sehr einfach, fast jeder kann es. Warum versuchen wir es nicht mit einer konstruktiven Selbstkritik? Das würde allen helfen. Habt Ihr keine Arbeit oder reicht das Geld nicht für Euren Lebensstandard, so ist dies nicht die Schuld Eurer Kinder, sondern Eure, weil Ihr faul, ignorant, ungebildet, mutlos, komplexbeladen und vieles mehr seid. Nochmals…, es ist Eure Schuld und nicht die Schuld der Kinder!

Ich merke immer wieder, wie sehr Ihr Euer Leben und das Eurer Kinder zu planen versucht. Das beginnt schon bei der Namensgebung. Oft wisst Ihr nicht einmal, ob es ein Junge oder Mädchen wird, aber der Name steht bereits fest. Wir Azteken tragen zwei Namen: den Sternennamen, der einzigartig ist und je nach der Konstellation der Sterne im Moment der Geburt gegeben wird. (Alle Kulturen beschäftigten sich mit Astrologie und Astronomie, denn wer den Makrokosmos kennt, kennt auch den Mikrokosmos, sich selbst.) Der andere Name wird je nach Aussehen und Charakterzügen des Säuglings gegeben. Dieser zweite Name kann jedoch mit 13 Jahren geändert werden, wenn er dem Träger nicht gefällt. Denn der Name spielt eine sehr große Rolle, da er die Person ein ganzes Leben lang begleitet. Ihr benennt Eure Kinder oft mit Namen, deren Bedeutung Ihr nicht einmal wisst. Einfach nur, weil die Namen Euch gefallen oder weil ein Schlagerstar oder die Erbtante auch so heißt.

Ich kenne eine Familie, in der drei von fünf Enkeln den Namen des Großvaters, Peter, tragen. Als ich diese Leute fragte, was der Name „Peter" bedeute, konnte es mir keiner sagen. Als ich den Petern erklärte, dass ihr Name „Stein" bedeute, machten sie darüber nur ein paar abfällige Bemerkungen, und der Großvater meinte, dass er auch nur so heiße, weil auch ein anderer Ahne schon diesen Namen trug. Wie viele Leute aus dem deutschen Sprachraum heißen Hans, Heinz, Fritz, Karl ohne die Bedeutung ihres Namens zu kennen. Solche Namen werden wegen ihrer Häufigkeit als „gewöhnlich" abgetan und man sucht neue Trendnamen, die je nach Epoche variieren. So gab es Zeiten, in denen Namen wie „Adolf" und „Hermann" sehr beliebt waren, heute sind es „Michael" und „Andreas"…, morgen heißen die Kinder vielleicht Mickey Mouse, Superman oder wie andere Trickfilmfiguren. Es gab bereits einen Prozess, in dem eine Mutter erreichen wollte, dass sie ihren Sohn „Pumuckel" taufen darf. Das Gericht urteilte dagegen, weil „… solch ein Name die Psyche des Trägers schädigen könnte…"!

Die Europäer leiden an Platzmangel. Viele kleine Länder sind auf diesem Kontinent geballt. Immer wolltet Ihr Eure Reiche erweitern. Spanier, Portugiesen, Franzosen, Engländer und andere versuchten, mittels gewaltsamer „Kolonisation" ihre Reiche zu vergrößern. Daraus ergaben sich die heutigen USA, Südafrika, Kanada, Australien, um nur einige zu erwähnen. Noch heute zerstört der unzivilisierte Zivilisierte, wohin er kommt, altes Kulturgut, bringt aber kein neues. Die Zivilisierten wollen zu schnellem Reichtum gelangen. Die Folgen davon sind bis in ihre eigenen Familien zu spüren. Nicht nur, dass sich die erwerbsgierigen Eltern nicht ausreichend um ihren Nachwuchs kümmern, Stadtkinder wachsen auch noch in einer kinderfeindlichen Umgebung auf. Errichtet man großzügigerweise einige Spielplätze, so kann man nach kurzer Zeit beobachten, dass sich entweder die Spielgeräte als unsicher erweisen oder die Leute mit ihren Hunden zum Spielplatz „Gassi" gehen und öffentlich davor gewarnt wird, die Kleinen im Sandkasten spielen zu lassen, da dieser mit Tierfäkalien versetzt ist, ein Brutplatz für Bakterien, Würmer und sonstiges, also eine Gesundheitsbedrohung für das Kind ist. Wie kann man Euch nur verständlich machen, dass Kinder spielen müssen, so wie sie auch die anderen Lebensabschnitte, die des Jugendlichen und Erwachsenen, gemäß ihrer geistigen Reife durchleben sollten, denn was kann man schon mit einem kindischen Erwachsenen anfangen? Aufgrund der großen Gefahren ist es nicht mehr möglich, Kinder auf der Straße spielen zu lassen. Deshalb sollte man ihnen gerechte, sichere und saubere Plätze errichten, wo die kleinen Benützer selbst mit Ideen und Vorschlägen zur

Gestaltung der Anlagen beitragen. Niemand weiß besser, was Kindern Spaß macht, als Kinder selbst!

Doch nicht nur Spielplätze und Spielsachen sollten die Kinder selbst entwerfen, sondern ihr ganzes Leben. Die Erwachsenen brauchen nicht das junge Leben vorzuplanen. Meist sind es die eigenen, festgefahrenen Vorstellungen, die sie dem Kind mitgeben, oder sie erwarten von ihrem Nachwuchs Dinge, die sie in ihrem eigenen Leben nicht erreichen konnten. So kenne ich z.B. einen jungen Mann, der nur Ingenieur wurde, weil das seine Eltern so wollten, obwohl er immer Mechaniker werden wollte. Ein anderes Beispiel ist ein Mädchen, das Medizin studierte, nur weil sein Vater wollte, dass es einmal seine Praxis übernimmt. Sie wollte immer Lehrerin werden. Ja, ich weiß, dass man als Lehrerin oder Mechaniker nicht die gleichen Verdienstmöglichkeiten wie ein Mediziner oder Ingenieur hat, aber was nützt es, wenn man in dem aufgezwungenen Beruf nicht glücklich ist? Beide Personen sind verheiratet und haben Kinder, sind aber sehr frustriert, schimpfen oft und schlagen ihre Kinder. Doch dies ist nur die Schuld der Eltern, die ihren Kindern einen Beruf aufzwangen, den diese gar nicht erlernen wollten. Doch nicht nur das Berufsleben „ihrer“ Kinder wollen die Leute beeinflussen, nein, sie greifen auch in deren Privatsphäre ein. Ich kenne ein Mädchen, das 25 Jahre alt ist und noch nie einen Freund hatte, weil keiner den Vorstellungen ihres Vaters entsprach. Auch sind mir drei Schwestern bekannt, alle bereits über 55 Jahre... und ledig, denn die Eltern befanden keinen der Freunde als gut genug für ihre Töchter. Wann werdet Ihr das Gesetz von „leben und leben lassen“ lernen und verstehen?

Leider stecken die zivilisierten Menschen sehr oft ihre Nase in fremde Angelegenheiten und nehmen sich der Dinge an, die sie überhaupt nichts angehen,

weil sie meinen, dass alles, was für sie gut ist, auch für andere gut sein muss, ohne diese zu fragen. Man zwingt es ihnen einfach auf. Oft wird über Menschenrechte auf internationalen Bühnen gesprochen, zu Hause in den eigenen vier Wänden jedoch sieht die Welt anders aus. Man diskriminiert Menschen wegen ihrer Staatsangehörigkeit, ihres Namens, Status, Aussehens, ihrer Religion u. a. m. und gibt diese Vorurteile an die Kinder weiter. Diese haben keine Möglichkeit zum Bilden ihrer eigenen Meinung, nach der man sie sowieso sehr selten fragt.

Eines verstehe ich nicht. Vielen von Euch gefiel es nicht, wie Ihr von Euren Eltern erzogen wurdet... trotzdem erzieht Ihr Eure Kinder genau so. Ein Zeichen dafür, dass Ihr Euch wahrscheinlich niemals ändern werdet.

Aber Ihr müsst Euch ändern, nicht nur diesbezüglich! Tut es für Eure Kinder, wenn schon nicht für Euch selbst. Ihr müsst Euch ändern, denn Ihr formt Eure Kinder und nicht umgekehrt!

Ein Leben vorauszuplanen, ohne Freiräume für Änderungen zu lassen, finde ich gar nicht gut, denn es entstehen Frustrationen und Enttäuschungen über all das, was nicht durchgeführt werden konnte. Zu meinen Bekannten zählt eine Frau, die ihr Leben folgendermaßen einteilte: „Zuerst studiere ich Jura, werde Rechtsanwältin und richte mir eine eigene Kanzlei ein." Auf die Frage, wie es denn mit ihrem Privatleben aussehe, meinte sie: „Während des Studiums kann ich mir keinen Freund leisten, so etwas hält nur vom Lernen ab. Aber wenn ich einmal promoviert habe, heirate ich, höchstwahrscheinlich einen Arzt; Kinder werde ich nur eines, höchstens zwei haben." Als ich mich erkundigte, ob sie schon wisse, wo einmal ihr Grab sein werde, sagte sie mir: „... ich lasse mich natürlich im Grab meiner Eltern beerdigen!" Sie ist jetzt 21 Jahre, ihre Mutter fördert ihre Ansichten, doch der Neid und die Trauer in ihren Augen sind nicht zu übersehen, wenn sie Freundinnen mit ihren Partnern sieht. „Das ist ein Wahnsinn", sagte ich zu ihr, doch sie antwortete: „Wieso, man muss doch wissen, wie die Zukunft aussieht!" – „Und wenn aber etwas nicht klappt?" bohrte ich weiter. „Es muss klappen", erwiderte sie zuversichtlich. Wo bleiben hier die Spontaneität und Flexibilität? Muss man sich wie ein Roboter vorprogrammieren, um zivilisiert zu sein?

Motekuhzoma Xokoyotzin, unser 9. Herrscher, erließ ein Gesetz, nachdem kein grünender Baum gefällt werden durfte. Nicht einmal ein Ast durfte davon abgeschlagen werden. Eines Nachmittags machte er allein einen Spaziergang. Unterwegs traf er einen Jungen, und er unterhielt sich mit ihm. Sie führten ein sehr interessantes Gespräch, die Zeit verging im Nu, und es wurde Nacht. Es war Winter und Motekuhzoma begann zu frieren. Der Herrscher sagte zum Knaben: „Holen wir Holz, mir ist sehr kalt!" – „Es gibt hier kein dürres Holz", antwortete das Kind. „Dann brich ein paar Äste ab", befahl Motekuhzoma. Als das Kind meinte, dass diese Äste aber grün seien, erwiderte er: „Hauptsache, sie brennen." - „Aber unser Herr Motekuhzoma hat es uns verboten. Wir sollen die Natur respektieren, denn sie gibt uns Leben", belehrte ihn das Kind. „Keine Angst, Junge, ich bin Motekuhzoma selbst." – „Schäme Dich!" tadelte ihn das Kind, „wie kannst Du Gesetze machen, die Du selbst nicht respektierst? Wie kannst Du von uns verlangen, dass wir die Natur respektieren sollen, wenn Du es selbst nicht tust? Glaubst Du, nur weil Du das Gesetz gemacht hast, darfst Du es auch brechen?" Motekuhzoma schämte sich, und sie verbrachten die ganze Nacht in der Kälte. Am nächsten Tag ließ der Herrscher das Kind zu sich rufen und gab ihm eine besondere Ausbildung, damit er ihm einmal helfen sollte, das Volk zu regieren. Motekuhzoma hatte gelernt, dass man von jedem lernen kann, dass man stets Schüler des Lebens ist.

Von Kindern und Jugendlichen kann man oft sehr viel lernen. Wenn sich zum Beispiel zwei Kinder streiten oder gar prügeln, vertragen sie sich jedoch nach kurzer Zeit wieder. Erwachsene tragen sich jedoch Kleinigkeiten oft ein Leben lang nach.

Bei uns ist folgende Geschichte sehr bekannt: Als einmal ein Kind nach Hause kam, sah es an der Tür eine Klapperschlange hängen. Erstaunt fragte das Kind seinen Vater, was dies zu bedeuten und warum er das Tier umgebracht habe. „Vater, Du hast mich immer gelehrt, dass ich alle Tiere respektieren soll." – „Weißt Du, Sohn, die Schlange kam in unser Haus, und da Dein Bruder noch sehr klein ist, fürchtete ich um ihn und sagte ihr, dass sie aus dem Haus gehen solle, ich bat sie sogar, doch sie wollte nicht hören. Viermal brachte ich sie hinaus, jedes Mal kehrte sie zurück. Ich musste sie töten, denn sie hat unser Haus nicht respektiert. Du weißt ja, dass wir die Tiere nur zum Essen schlachten und dass wir ihre Territorien beachten und respektieren. Die Klapperschlange hat unseres missachtet!" – „Aber warum hängt sie an der Tür?" erkundigte sich das Kind. „Damit ihre Verwandten sehen, was ihnen passiert, wenn sie trotz Warnung fremdes Territorium betreten!" Mit Respektlosigkeit erreicht man nichts.

Es stimmt mich sehr traurig, wenn ich sehe, wie wenig in der Zivilisation die alten Menschen respektiert werden und wie wenig diese die Jugend respektieren. Die Respektlosigkeit der Jugendlichen ist aufgrund ihrer Lebensunerfahrenheit noch eher zu verstehen, nicht jedoch der umgekehrte Fall. Wurden die Alten, als sie Kinder waren, auch schon nicht respektiert? Wer kann nun von wem Respekt lernen? Der mexikanische Präsident Benito Juárez García sagte Mitte des 19. Jahrhunderts:

„El respeto al derecho ajeno es la paz"

(„Respekt vor dem Recht des Anderen bedeutet Frieden.")

Dieser Mann war der einzige Eingeborene, der Präsident war, leider wahrscheinlich auch der letzte! Was er sprach, ist sehr einfach durchzuführen, nur müssen wir es machen, und wir Erwachsenen sollten damit beginnen. Ihr müsst Euren Kindern eine neue Welt zeigen, voll von Vertrauen und Hoffnung. Dies wird aber nur durch eine Änderung Eurer Gedankenstruktur möglich. Versucht anhand des nächsten Beispiels zu beurteilen ob die zivilisierte Welt verrückt und krank ist oder nicht. Ihr schickt Eure Kinder in Krabbelstuben, Kindergärten, Horte, Internate oder Kinderheime, weil Ihr nicht die Zeit für sie habt oder sie gar nicht haben wollt. Denn bei Euch arbeiten oft beide Elternteile, um ihren Lebensstandard zu erhalten. So wachsen die Kinder von klein an nicht mit den Eltern oder Verwandten, sondern mit fremden Autoritätspersonen auf, denen es nicht möglich ist, jedem einzelnen Kind die nötige Erziehung zu geben, einerseits, weil es zu viele Kinder sind, andererseits, weil sich diese Leute in erster Linie um die Entwicklung ihrer eigenen Kinder kümmern. Solche Kinder lieben und ehren ihre Eltern meist nicht, denn es fehlt der nötige Bezug zu ihnen.

Wenn diese Kinder erwachsen und ihre Eltern alt sind, stecken sie diese in Altersheime. Ist das eine Art von Revanche? In Altersheimen lernen die Leute meist nichts Neues mehr, sie warten oft Jahre lang nur auf den Tod. Trotz eines langen, arbeitsreichen Lebens haben sie sich dann nicht einmal ein Zimmer verdient, sondern müssen dieses auch noch mit anderen fremden Personen teilen. Das dümmste daran ist, dass die Alten von den Jungen isoliert werden und damit ihr ganzes Wissen verloren geht und an die Jugend nicht weitergegeben werden kann. Was Ihr macht, ist nicht richtig! ... Denn die Jungen haben Kraft, aber kein Wissen und keine eigene Erfahrung, die alten Leute aber haben Kenntnisse, aber keine Kraft mehr. Deshalb sollten jung und alt sich gegenseitig unterstützen, damit es beiden gut geht im Leben... Ist das so schwer zu verstehen?

Oder ein anderes Beispiel: Bewirbt sich ein junger Mann, der frisch von der Ausbildung kommt, so wird er abgelehnt, weil es ihm an Erfahrung fehlt. Sucht jedoch ein Berufserfahrener Vierzig- oder Fünfzigjähriger nach Arbeit, weist man ihn mit der Begründung, dass er zu alt sei, ab…, wieder etwas, was ich nicht verstehen kann!

Oder noch etwas anderes: Viele Eltern kümmern sich sorgfältig um ihre Kinder, bis diese erwachsen sind. Diese Erwachsenen aber kümmern sich dann, wenn ihre Eltern alt sind, nicht mehr um sie. Diese Kinder sollten sich schämen, ihre Eltern, die für sie bestens gesorgt haben, in ihren alten Tagen so zu vernachlässigen. Als ich das letzte Mal in Deutschland ein Altersheim besuchte, erzählte mir eine Bewohnerin mit Stolz von ihren zwei Söhnen, die (ihr Gatte starb, als die Kinder noch klein waren) jetzt ein Arzt und ein Architekt sind… Als ich sie fragte, warum sie denn nicht bei ihnen wohne, erklärte sie mir traurig, dass sie keine Zeit für sie hätten… Dann begann sie zu weinen. Sie war so einsam, so allein, so traurig, aber doch voll Vitalität, Humor und Lebenslust. Ich konnte meine Gefühle nicht halten, Tränen flossen auch aus meinen Augen, und wir weinten beide. Rund um uns gab es andere Alte, auch traurig, und eine sagte: „Ja, ja, so ist das Leben." – Das soll Leben sein, fragte ich mich. Nein, das ist überleben! Für mich sind diese Söhne keine Menschen, sondern richtige Aasgeier, denen Dankbarkeit, Liebe und Verständnis fremd sind… Sehr traurig verließ ich dieses Altenheim, und als ich draußen war, blickte ich zurück in der Hoffnung, dass es uns in Zukunft allen besser geht.

Kinder, Jugendliche, Erwachsene… Respektiert alte Menschen, denn vergesst nicht, dass Ihr wie sie enden werdet! Wer die Alten respektiert, respektiert das Leben!

Denn für mich gehört das Lachen eines Kindes und das eines alten Menschen zum Schönsten, was es im Leben gibt: ... es gehört zum Glücklichsein!

Einen Großteil seiner Entwicklung durchlebt das Kind in der Schule. Es wird dann von zwei Seiten geprägt: von Seiten der Eltern, der Familie, und von Seiten der Schule, der Lehrer und Mitschüler. Euer Schulsystem lehrt die Schüler, als Individuen zu denken, nicht als Teil eines Kreises, den Ihr Gemeinschaft nennt. Seht Euch nur an, wie die Schulbänke stehen: in Reihen. Man lernt als Individuum. Die guten Schüler sitzen vorn, die nicht so guten und unbedeutenden hinten (wie die Abgeordneten im Parlament). Niemand weiß, wie es dem Hinteren geht (und ob er überhaupt noch lebt). Im Kreis ist das etwas ganz anderes: Wenn man im Kreis sitzt, kann man genau die Reaktionen jedes einzelnen erkennen. In meinem Buch „Die wahre Geschichte der Azteken" erkläre ich ausführlich die Bedeutung und Wichtigkeit des Kreises... Alles, was sich bewegt, muss abgerundet sein. Seht nur die Natur: Blätter, Bäume, Äste, Stämme, Früchte, Tiere, Planeten, Monde, Sonnen und wir selbst, nichts ist eckig. Für uns war schon immer die wichtigste Figur des Universums der Kreis. Sogar unsere Tänze und Zeremonien werden im Kreis gemacht. Bei Euch ist fast alles eckig. Ihr seid Euch der Sprache der Natur nicht mehr bewusst. Kelten und Druiden kannten sie noch. Aber Ihr, deren Nachfolger, habt sie schon vergessen. Öfter habt Ihr sogar vergessen, wer Kelten oder Druiden waren. Der einzige Druide, den Ihr vielleicht kennt, ist Miraculix aus den Asterix-Comics.

Lehrt Eure Kinder, dass sie sich als Teil einer Gesamtheit sehen sollen. Die Menschen sind wie die Bestandteile einer Uhr. Jedes Teil unterscheidet sich vom anderen und ist einzigartig, doch trotzdem kann keines von ihnen ohne die anderen das Uhrwerk in Bewegung halten, d. h. mit anderen Worten: Keiner sollte seine Persönlichkeit oder Individualität verlieren, doch sollt Ihr wissen,

dass jeder Schaden, den ihr anderen zufügt, früher oder später zu
Euch zurückkommt.

Seht Eure Hand an: Jeder Finger ist verschieden und dient
bestimmten Aufgaben. Doch wird Kraft benötigt, müssen alle
Finger zusammen helfen. In unserer Sprache, genannt Nahuatl,
sagt man immer wieder folgenden Satz: „Tehuan ni Nehuan,
Nehuan ni Tehuan", was auf Deutsch bedeutet: „Du bist ich, ich
bin Du." Dass bedeutet, dass alles, was ich für mich will, ich auch
für Dich wollen muss. Also, wenn ich will, dass Du mir hilfst,
muss ich Dir helfen; wenn ich will, dass Du mich liebst, muss ich
Dich auch lieben; wenn ich will, dass Du meine Sachen
respektierst und mich nicht bestiehlst, darf ich Dich auch nicht
bestehlen. Ich kann mich nicht satt essen, wenn Du hungerst, ich
kann nicht glücklich sein, wenn Du traurig bist.

Euer Schulsystem ist mir unverständlich. Ihr überhäuft Eure
Kinder in einem kurzen Zeitraum mit dermaßen viel Lehrstoff,
dass es nahezu unmöglich ist, auch nur einen Bruchteil davon im
Langzeitgedächtnis zu speichern. Die Schüler lernen nicht fürs
Leben, sondern für die Prüfung, die es zu bestehen gilt. Dass
solch eine „Lernmethode" viel Stress verursacht, versteht sich
von selbst. Man braucht sich dann nicht zu wundern, warum viele
Schüler nur voll gepumpt mit Beruhigungsmitteln die Prüfung
ablegen.

Euer System schränkt die Kindheit immer mehr ein. Trat früher
ein Sechsjähriger in die Schule ein, konnte er höchsten MAMA
schreiben und bis zehn zählen. Heute werden an manchen
Schulen Kinder nicht angenommen, weil sie in der Vorschule
nicht lesen gelernt haben, was für den Schuleintritt als
Voraussetzung gilt. Öfters sah ich schon die Listen von
Erstklässlern, auf denen aufgeführt wird, was sie alles in der
Schule brauchen…, die vielen Hefte…, da fehlt fast nur der
Aktenordner. Ich finde das übertrieben. Dazu kommen noch die

von der Schule zur Verfügung gestellten Bücher. Eine Ausnahme sind die freien Waldorfschulen. Hier wird mit den Kindern anders gearbeitet.

Mancherorts, wie z. B. in Mexiko City, müssen die Kinder in der Grundschule alle Schulsachen täglich mitschleppen. Eure Notengebung beruht laut Schulgesetz auf zwei Komponenten: den schriftlichen Schularbeiten und der täglichen Mitarbeit. In der Praxis jedoch sind fast ausschließlich die Schularbeiten für die Note maßgebend, Veränderung bewirken meist nur die Sympathie oder Antipathie des Lehrers gegenüber dem Schüler. Diese vier bis sechs Fachtests pro Jahr üben natürlich einen unheimlichen Leistungsdruck auf das Kind aus, nicht nur, weil ein schlechtes Prüfungsergebnis den Schüler selbst deprimiert, sondern weil er öfter von Seiten der Eltern Strafen oder gar Schläge zu erwarten hat. Jährlich werden nach der Zeugnisverteilung mehrere Kinder vermisst, weil sie sich vor Angst nicht mehr nach Hause wagen. Dass aber solch ein zusätzlicher gewaltiger Druck nur die wenigsten Kinder zu besseren Leistungen bringt, scheint Ihr nicht zu verstehen. Weder Lehrer noch Eltern sollten sich als mächtige Autoritäten aufspielen. Apropos autoritär: Ihr Zivilisierten scheint Extreme zu lieben. Denn aus dem einen Extrem des Schlagstock benützenden Lehrers kam das andere Extrem: „der lehrende Kumpel“, der mit Vor- oder Spitznamen gerufen wird, sich aber bestenfalls für Fächer wie Turnen oder Zeichnen eignet, da solche Typen leicht ohne Respekt zu behandeln sind.

Auch gibt es Eltern dieser Art. So meinte stolz eine junge Mutter auf meine Frage, warum denn ihre Kinder niemanden grüßen: „Ich habe sie antiautoritär erzogen. Ich zwinge sie nicht, zu grüßen, wenn sie nicht wollen.“ Diese Leute haben doch Durchfall im Gehirn (eine neue Zivilisationskrankheit!?). Sie bedenken nicht, welche Probleme ihre Kinder später mit allen ihren Vorgesetzten haben werden. In solchen Fällen kommt es auch manchmal vor, dass Eltern glauben, sie erziehen ihre Kinder antiautoritär, nur weil sie ihnen alles erlauben. Dinge wir Rauchen z. B. kann und sollte man niemandem verbieten, ihm aber die Konsequenzen seiner Handlung deutlich vor Augen halten, damit der Jugendliche von selbst damit aufhört.

Denkt über folgendes Beispiel nach: Wenn Ihr einen Vogel in der Hand haltet, dürft Ihr ihn nicht zu fest drücken, er könnte verletzt werden oder sterben; haltet ihn sehr locker, damit er viel Freiraum hat. Findet also einen Weg, dass er Euch nicht entweicht, ohne ihm weh zu tun.

Respektiert zu werden verlangt nicht, sich autoritär verhalten zu müssen. Denn der Respekt sollte immer bestehen, sowohl zwischen Lehrer und Schüler als auch zwischen Eltern und Kindern. Doch solltet ihr wissen, dass man keinen Respekt verlangen kann, wenn man selbst nicht respektiert. In Wien nannte mich ein Polizeiinspektor nach einer Ausweiskontrolle „dummer Indianer". Als ich ihm daraufhin bewies, dass nicht ich, sondern er der Dumme war, weil er wegen meines Aussehens bei mir Drogen vermutete, aber nicht einmal Zigaretten fand, bat er sich Respekt aus. Doch ich erklärte ihm nur, dass er mich zuerst nicht respektierte, also brauchte ich ihm auch keinen Respekt mehr entgegen zu bringen.

Wann ist man bei Euch wirklich erwachsen? Mit 16, 18, 21 Jahren? Ich kenne leider viele, die nichts anderes als nur große Kinder sind. Große Kinder mit Arroganz, aber gleichzeitig ohne Selbstbewusstsein. Bei uns hängt das Erwachsenwerden nicht hauptsächlich mit dem Alter, sondern mit dem geistigen Reifeprozess zusammen. Deswegen fragen wir auch in unserer Sprache: „Wie reif bist Du?" und nicht „Wie alt bist Du?"

In Deutschland rief mir auf der Straße eine Frau von ca. 30 Jahren immer wieder nach: „Hallo, Indi... uhu, Indi... Indi, hallo…" Sie lief hinter mir her und wiederholte an die zwanzigmal die gleichen Worte. Ihre Ausdrucksweise war derart dümmlich, dass ich dachte, sie sei geistig zurückgeblieben. Doch dem war nicht so. Als ich mich umdrehte und nach ihrem Anliegen erkundigte, wandte sie sich ihren Freunden zu und meinte enttäuscht: „Der spricht ja Deutsch, das ist kein echter Indianer!" Ihre Kumpels und sie selbst wandten sich von mir ab. Solche Leute begegnen mir allzu oft auf der Straße, die mich mit Fragen überhäufen, wie: „Wo ist Dein Pferd?", „Du bist Winnetou, ha?", „Wo hast Du Pfeil und Bogen?", „Hast Du deinen Tomahawk zu Hause gelassen?" oder „Verkaufst Du mir was zum ʼRauchenʻ, Ihr Indianer nehmt doch alle Drogen!?" Manchmal muss ich mich direkt setzen und „Das darf nicht wahr sein!" rufen. Ich frage nochmals: „In welchem Alter seid Ihr Zivilisierten eigentlich erwachsen?"

Was mich an Euch maßlos stört, ist die von Euch benutzte vulgäre und ordinäre Ausdrucksweise vor Euren Kindern. Worte wie „Scheiße", „Arschloch", „Drecksau" sowie das Götz-Zitat zählen zu den meist benutzten Schimpfwörtern. Einmal blieb mir fast die Luft weg, als ich den Dialog einer jungen Mutter mit ihrem etwa achtjährigen Sohn hörte. Sohn (schiebt hinten an der Mutter): „Beweg Deinen Arsch!" – Mutter: „Du blöde Sau!" Glaubt nicht, dass diese Frau eine asoziale Pennerin war, nein, sie sah ganz normal und gepflegt aus.

Ordinäre Schimpfwörter sind bei Euch an der Tagesordnung, sie haben auch schon in die Medien Einzug gehalten. Man hört sie überall im Fernsehen, im Kino, im Radio, in den Schulen, in Restaurants, auf der Straße, in den Gesprächen mit Verwandten, in den Familien und liest sie in der Zeitung. Ich kenne viele Ausländer, die kaum Deutsch sprechen, aber schimpfen können sie schon gut. Die schlimmsten Schimpfwörter lernen wir Fremden meist zuerst. Die Ausländer verstehen meist nicht einmal die Bedeutung dieser Schimpfwörter. In den Jahren, die ich bis jetzt in Europa war, hörte ich fast überall Schimpfwörter, aber wenig Liebes. Außerdem brüllt Ihr ungeniert Beleidigungen durch die Gegend, aber gilt es, über Liebe zu sprechen, werdet Ihr ganz kleinlaut. Wann habt Ihr das letzte Mal zu jemandem „Ich habe Dich lieb!" gesagt? Habt Ihr Euch selbst überhaupt lieb? Denn es ist sehr wichtig, sich selbst zu lieben! Denkt jetzt nicht an Narzissmus… aber wer sich selbst nicht leiden kann, ist auch nicht in der Lage, jemand anderen zu mögen; wer sich selbst nicht helfen kann, kann auch anderen nicht helfen. Wir müssen uns gegenseitig helfen und unterstützen.

Noch etwas zum Nachdenken: Ein Vater sieht seinen jugendlichen Sohn, der unter großen Anstrengungen einen schweren Stein zu bewegen versucht. „So kannst Du den Stein nicht bewegen, Sohn, benütze Deine ganze Kraft", sagt der Vater. „Aber siehst Du nicht, dass ich schon mein Möglichstes gebe?" empört sich der Junge. „Ich schwitze sogar sehr." – „Nein, Junge", antwortete der Vater, „Du benützt nicht Deine ganze Kraft, denn Du fragst nicht nach meiner Hilfe."

Die Frau… Kampf der Geschlechter!

„… und Gott schuf aus Adams Rippe Eva, das Weib." Denn Adam war einsam und brauchte jemanden zu seiner Unterhaltung. Darf man denken, wäre dem Mann nicht langweilig gewesen, wäre die Frau nie entstanden? Doch schon bald, nachdem sie geschaffen war, stiftete Eva Unheil, indem sie der Versuchung nicht widerstehen konnte und Adam den verbotenen Apfel reichte. Als Gott die beiden zur Rede stellte, wälzte Adam die ganze Schuld auf Eva ab. „Sie hat mich verführt!" Womit schon der erste Mann alle Schuld auf die Frau schob. Ich frage mich immer: Wenn Gott weiß, was geschieht und geschehen wird, warum schuf er nicht beide gleichzeitig? Damit beide gleich sind, nicht mehr und nicht weniger. Gott sprach: „Ihr dürft von allen Bäumen essen, nur von diesem nicht." Das ist reine Provokation. Denn wenn Gott allwissend ist, hätte er auch wissen müssen, dass die zwei davon essen. Warum also existierte dieser Baum? Erzengel, Cherubine, Serafine, Gott Vater, Gott Sohn, der Heilige Geist, die zwölf Apostel, der Teufel, Satan, Luzifer, Belial sind männlich. In der katholischen Kirche, die in den meisten europäischen Ländern vorherrschend ist und leider auch uns aufgezwungen wurde, sind Priester, Bischöfe, Erzbischöfe, Kardinäle und Päpste ausschließlich Männer. Wohl gibt es auch Nonnen, die aber nur einfache Dienstleistungen verrichten und nie Ämter wie die des Papstes, Bischofs oder sonst ein wichtiges Kirchenamt belegen dürfen.

Natürlich spricht die Bibel ab und zu über Frauen, ganz besonders über Maria. Aber was hat sie zwischen dem fünften und dreißigsten Lebensjahr von Jesus, als dieser verschwunden war, gemacht? Hauptsache ist es, ein Kind zu haben. Die Frauen wurden bis auf wenige Ausnahmen als Kinderproduzentinnen betrachtet.

Bis heute lassen sich Männer sehr ungern von Frauen übertreffen oder kommandieren. Um dieses Bild der unterlegenen Frau aufrecht zu erhalten, wurden ihr nie die gleichen Chancen wie den Männern geboten. So verweigerte man Jahrhunderte lang den Frauen den Eintritt in Akademien oder Universitäten, denn „… so viel Wissen tut dem Kopfe des Weibes nicht gut, er würde bald zerplatzen." Auch der Reformer Martin Luther bekräftigte das Frauenbild seiner männlichen Zeitgenossen: „Des Weibes Aufgabe ist, ihrem Manne zu dienen und ihm seine Kinder zu gebären."

Die Religion ist schon nicht frauenfreundlich. Wie sieht es nun mit den weltlichen Rechten der Frau aus? Genauso, denn Religion und Gesetzte wurden von Männern für Männer gemacht. Vergewaltigt z. B. ein Mann eine Frau (andersrum ist es sehr selten), wird er zu ein paar Monaten Gefängnis oder zu einer lächerlichen Geldstrafe verurteilt. Meiner Meinung nach gehört er hingerichtet, weil er ein Krimineller ist, der dem Opfer nicht nur körperliche Schäden, sondern oft einen lebenslangen Schock zufügt. Die psychische Belastung kann dermaßen schwerwiegend sein, dass solche Frauen nicht mehr mit der Erinnerung leben können und deshalb Selbstmord begehen.

Auch Ehefrauen haben einen schlechten juristischen Stand. Sie können von ihrem Mann beliebig oft vergewaltigt werden, denn das wird legalisiert als „Vollzug der Ehe" und ist auch kein Scheidungsgrund, solange die Tat nicht unter den Paragraphen der „Körperverletzung" fällt… Als ich einmal an einer Hochschule einen Vortrag über Frauen hielt, nannte mich jemand einen Verräter, weil ich auf der Seite der Frauen war. Natürlich bin ich ein Mann, aber ich bin auch eine Frau; denn jeder Mann ist halb Mann, halb Frau, genauso wie jede Frau. Dieses Prinzip der Gleichheit sollte man nie vergessen.

Grob gesehen haben sich zwei Frauentypen gebildet: Das sind erstens jene Frauen, die mit ihrer Hausmütterchenrolle mehr oder weniger zufrieden sind und nach der Devise „Eine Frau braucht nicht gescheit zu sein, sondern muss gut kochen können" ihrem Herrn und Gatten dienen. Die Fessel sprengende zweite Gruppe ist für Gleichheit der Geschlechter, doch schon hier gibt es große Unterschiede. So verstehen viele Frauen unter Gleichheit: Gleiche Berufschancen, gleiche Autorität, aber im privaten Umgang mit dem Mann nehmen sie weiterhin die Rolle des zu beschützenden Frauchens ein, das es liebt, mit Komplimenten und Rosen überhäuft zu werden, das es als charmant empfindet, wenn ein beruflich gleich- oder gar höher gestellter Kollege ihr die Tür öffnet, ihr einen Platz anbietet und auch sonst speziell Rücksicht nimmt, nur weil sie eine Frau ist. Dann aber gibt es jene, die für mich nichts weiter als weibliche „Machos" sind: die Feministinnen. Sie wollen keine Gleichheit, sie wollen dominieren. Sie suchen nicht nach den Vorzügen, die eine Frau besitzt, sondern sie versuchen, die Männer in ihren Vorzügen zu übertreffen: So mühen sich öfter einige als Schwerstarbeiter ab, obwohl sie selbst wissen müssten, dass nur ein Bruchteil der Frauen zu solchen „Männerarbeiten" fähig ist. Extreme Feministinnen nehmen sogar eine zwitterähnliche Persönlichkeit an, was zu Aussprüchen führt wie: „Wir können unsere Kinder alleine am besten erziehen, wir brauchen den Mann nicht." Die Zwitterperson spiegelt sich oftmals im Aussehen der Feministinnen wider. Mit Männerhaarschnitten, Hosen, derber Motorik u. ä. versuchen sie das Frauenbild zu ändern. Aber glaubt Ihr, dass das mit Gleichberechtigung zu tun hat? Das wäre, als liefe ein Mann mit künstlichem Busen durch die Gegend. Solche Mannweiber leben nicht im Einklang mit ihren von der Natur gegebenen femininen Formen. So hat es auch für mich nicht im Entferntesten etwas mit Geschlechtergleichheit zu tun, wenn feministische Grüppchen Plakate von Unterwäschefirmen besprühen, denn meiner Meinung nach tun sie es nicht, weil Männer beim Betrachten der hübschen Frauen rot werden könnten, sondern weil sie selbst vor Neid erblassen! Aber in der deutschen Sprache sagt man sogar: „Schön ist nicht schön, gefallen macht schön." Leider legt Ihr viel zu viel Wert auf äußerliche Schönheit und vergesst dabei das wunderschöne Innere, wie Benehmen, Verständnis und Liebe.

Dein Benehmen sollte so laut sein, dass man Deine Worte nicht mehr hören kann!

Mit anderen Worten: Dein Benehmen sollte Deine Worte übertönen… Du, geliebte Schwester, bist die Trägerin vom Geheimnis des Lebens, und Du solltest Dir der Wichtigkeit Deiner Aufgabe bewusst sein, die Dich einmalig und unersetzlich macht. Schönheit ist nur ein von Euch geprägter Begriff. Sehen, hören, fühlen, lieben sind aber auch schöne Begriffe. Und Du besitzt diese Eigenschaften, freue Dich darüber. Es gibt Dich nur einmal, und Du sollst Dich so mögen, wie Du bist, klein oder groß, gelb oder schwarz, blond oder brünett, mit blauen oder grünen Augen, mit kleinem oder großem Busen, kurzen oder langen Beinen. So bist Du geboren, sei damit zufrieden. Außerdem, vom Ärgern ist noch keiner hübscher geworden, im Gegenteil. Warte nicht auf den Traumprinzen oder den reichen Alten, der bald stirbt und den Du beerben kannst, das sind Träume, die, weil sie nahezu unrealistisch sind, auch frustrieren werden.

Ich kenne Frauen, die davon träumen, dass ihre alten Millionärsgatten schon in der Hochzeitsnacht das Zeitliche segnen und sie sofort erben können. Seid doch realistisch, steht mit beiden Beinen auf der Erde. Schwester, der Ursprung Deiner unrealistischen Träume liegt in Deiner Familie, in der Gesellschaft, in der Schule oder in Deiner Arbeit. Aber es liegt bei Dir, ob Du Dich verändern oder im Strom weitertreiben willst! Solche Veränderungen beginnen mit der

Gedankenstruktur, die positiv werden muss. Du bist ein Mensch, und das ist eine schöne Sache.

Beneide nicht den Adler, weil er fliegen kann, er kann nicht schwimmen wie Du!

Jeder halbe Kreis findet seinen Halbkreis, egal wie er aussieht. Ihr müsst ihn nur suchen. Es gibt keinen Grund, allein zu bleiben. Überall sind Menschen wie Du, die auch allein sind, weil sie nicht suchen, aber sie sind unzufrieden und beneiden die anderen. Gib nicht auf, nur weil Du glaubst, dass Deine Lippe zu groß ist oder Du zu klein bist. Mache das Beste aus Dir, denn Du bist konkurrenzlos. Außerdem ist es nicht schwer, einen Partner zu bekommen, sondern ihn zu behalten. Viele Männer und Frauen sehen in der Partnersuche eine Art von Wettkampf, in dem als Hauptpreis ihr(e) Auserwählte(r) steht. Dafür geben sie ihr Bestes, äußerlich und charakterlich. Haben sie nun ihren „Pokal" gewonnen, neigen viele dazu, sich auf ihren Lorbeeren auszuruhen. Sie vernachlässigen ihr Äußeres und zeigen sich auch sonst nicht von ihrer besten Seite. Leider vergessen sie, dass sie dadurch nicht mehr wettkampffähig bleiben und dass es viele andere „Guttrainierte" gibt, die es auf den Sieg abgesehen haben. Frauen und Männer klagen öfter, dass sie ihr Partner nicht versteht, aber sie fragen sich nicht, warum er sie nicht versteht! Dies ist genau der Brennpunkt: Man erwartet Verständnis, versucht aber nicht zu verstehen…, jeder ist allein geboren und wird allein sterben, und man muss auch allein seinen Weg finden, aber zu zweit ist es natürlich am schönsten. Als wir geboren wurden, brauchten wir jemanden, der uns ernährte und großzog, wenn wir sterben, brauchen wir jemanden, der uns zurück zu Mutter Erde führt…

Ich erinnere mich noch sehr gut an einen Vortrag, den ich vor Feministinnen hielt. Eine Frau, die anscheinend die Leiterin oder Führerin war, fragte mich: „Wenn Sie an meiner Stelle wären und

müssten den Männern zeigen, wie wichtig die Frauen im Leben
sind, was hätten Sie getan?“ – „Nichts“, war meine Antwort.
„Was?“ meinte die Frau, „wir müssen die Männer zwingen, damit
sie sehen, dass wir genau so gut und wichtig wie sie sind!“ – „Na
eben“, erklärte ich ihr, „wenn alle Frauen nichts tun würden,
nicht mit den Männern schlafen, nicht ihre Probleme und
Träume anhören, nicht ihre Tränen trocknen, sie nicht lieben
oder mit ihnen spielen würden, um nur einen Bruchteil zu
nennen, wie lange, glauben sie, würden es die Männer aushalten?
Vielleicht einen Monat, zwei oder gar sechs Monate? Aber
garantiert wären sie dann „gezwungen“, die Frauen als
gleichwertig anzuerkennen, zu schätzen und zu lieben!“ Das
vierhundertköpfige Publikum applaudierte zustimmend. Aber das
ist doch klar. Ohne Frau gibt es keinen Mann und ohne Mann
keine Frau.

Bei Euch hörte ich sehr oft die Frauen sagen: „Die Männer sind
Idioten“, und die Männer sagen: „Die Frauen sind blöd.“ Wo ist
der Unterschied? Die Frauen sollten den Männern helfen, dass sie
keine Idioten sind, und die Männer sollten den Frauen helfen,
dass sie nicht blöd sind.

Miteinander statt gegeneinander!

Ich, ganz persönlich wie immer, glaube, dass die Frauen nicht
schuldlos daran sind, dass sie von den Männern nicht gut
behandelt werden. In vielen Filmen spielen die Frauen derart
dumme Rollen, dass ich mir denke: „Der Hunger der
Schauspielerin muss sehr groß gewesen sein, dass sie eine solche
Rolle annahm.“ Sie vergessen etwas sehr Wichtiges: den Stolz!
Denn es ist viel besser, nichts zu machen, als sich selbst
abzuwerten. Beispiele könnte ich Hunderte geben, hier nur ein
paar davon: Frauen mit Piepsstimmchen, die beim Anblick einer
Maus kreischend auf die Stühle springen, die bei Sturm oder
Katastrophen sofort nach dem Schutz eines Mannes suchen und

mit Tränen und Geschrei um Hilfe bitten, oder in Kriminalfilmen, in denen sich Frauen schon beim Anblick ihres Vergewaltigers mit weit aufgerissenen Augen ins letzte Eck drücken und um Erbarmen flehen, anstatt sich mutig zu verteidigen und um ihre Ehre und ihr Leben zu kämpfen. Nicht zu vergessen sind die Frauenrollen der unterwürfigen Dienerinnen, Mätressen, Liebhaberinnen und Gespielinnen, die auf einen Fingerzeig ihres Gebieters arbeiten, „lieben" oder wortlos den Raum verlassen. So etwas ist, zumindest für mich, degradierend. Schauspielerinnen sind nicht Mädchen für alles, oder?

Auf der Straße bemerke ich oft, wie Frauen von fremden Männern am Busen oder Po betastet werden. Anstatt solche Männer gleich zu ohrfeigen oder ihnen einen Tritt in die Weichteile zu geben, gehen viele Frauen wortlos weg, manche bleiben sogar, z.B. in der Straßenbahn, auf ihrem Platz sitzen und hauchen dem Lustmolch nur: „Aber ich bitte Sie!" entgegen. Keine Sorge, er tut es auch ohne Bitte. Aber nicht, dass Feministinnen solchen Dingen Abhilfe schaffen wollen, nein, vielmehr streben sie nach Gleichberechtigung, aufgrund derer auch sie ungeniert in eine männliche Gesäßhälfte kneifen können.

Emanzipation, Gleichberechtigung. Viele Frauen gehen zu sehr ins Extrem: Fußballerinnen, Freistilringerinnen, Gewichtheberinnen und, pfui Teufel!, die grässlichsten von allen: Bodybuilderinnen! Übrigens: Würde Euch Frauen ein Mann von zarter Gestalt, enger Taille, einfach weiblich aussehend, gefallen? Wohl kaum, warum also setzt Ihr uns dann solche brustlosen Muskelpakete vor?

Du, Schwester, bist Dein eigenes Universum, Du bist Dein eigener Mikrokosmos. Sehen wir doch nur in Deinem Körper nach, in dem vieles ist, von dem Du selber nichts weißt. Dein Herz..., es schlägt Tag und Nacht, ob Du schläfst oder wachst, fast vierzig Millionen Mal pro Jahr. Dein Blut pulsiert durch über 80.000 Kilometer Arterien und Venen. Deine Augen…, mit den Tausenden von Rezeptoren, zeigen Dir das Lachen eines alten Menschen, den Himmel voll von Sternen und den Sonnenaufgang. Die Ohren…, über 20.000 winzige Teile lassen Dich den Gesang des Vogels hören. Deine Lungen…, über 500 Millionen Lungenbläschen filtern Dir den nötigen Sauerstoff zum Leben. Dein Gehirn…, von etwa einem Kilogramm Gewicht mit über 10.000 Millionen Nervenzellen. Deine Beine, mit je über 150 Muskeln, bringen Dich da hin, wo Dein Liebster ist. Dein Mund…, mit dem Du lachen und singen kannst und mit dem Du Deinen Freunden sagen kannst, dass Du sie liebst. Deine Hände…, mit denen Du musizieren kannst, Poesie schreiben und malen kannst.

Mensch zu sein ist wunderschön! Und Du, liebe Schwester, machst es, dass wir nicht nur wie Menschen aussehen, sondern auch, dass wir uns wie solche benehmen. Du gibst uns Leben, wie die Mutter Erde…, deshalb sagen wir nie Vaterland, sondern immer Mutterland. Wir Männer brauchen Euch, Ihr Frauen braucht uns… Lehrt uns, Euch zu respektieren, Euch lieb zu haben, Euch zu mögen und zu verstehen. Oft wird es Euch schwerfallen, aber gebt nicht auf. Wenn Ihr Mütter seid, lehrt Eure Kinder, dass es Unterschiede gibt, aber doch alle gleich sind. Ihr Frauen solltet einsehen, dass Ihr nicht alles wie die Männer machen könnt…, wir sind gleich, aber trotzdem verschieden. Die Männer werden von der Sonne, die Frauen hauptsächlich vom Mond beeinflusst. Wir alle sollten uns Zeit nehmen, um unseren Makrokosmos und Mikrokosmos richtig kennen zu lernen, uns selbst und unsere Umgebung. Alles hat einen Grund und einen Platz, und wir müssen erkennen, was wir können und was nicht. Ihr Frauen habt einen Platz, einen sehr wichtigen Platz, neben uns, nicht vor uns, obwohl wir vielleicht zu langsam gehen, aber auch nicht hinter uns, denn vielleicht könnt Ihr uns nicht folgen und wir werden getrennt werden; seid genau neben uns, damit wir zusammen gehen können. (Dass es nicht zu Missverständnissen kommt: Ihr sollt neben uns gehen, aber wir sollen auch neben Euch gehen..., wir sollen nebeneinander gehen.)

Lasst Euch nicht etwas gefallen, was Euch nicht gefällt! Aber tut auch nicht Dinge, die Euren Partnern missfallen! Vergesst nicht: NEHUAN NI TEHUAN, TEHUAN NI NEHUAN („Du bist ich und ich bin Du"). Versucht es zu verstehen, denn es ist sehr wichtig für alle. Partner prägen sich gegenseitig. Viele Frauen sind beruflich genau so ausgelastet wie ihr Mann, der es anfangs für selbstverständlich hielt, dass sie zusätzlich noch die ganze Hausarbeit erledigt und kocht. Der Mann gewöhnt sich daran, und bringt wenig Verständnis dafür auf, wenn es der Frau einmal zuviel wird und sie ihn um Hilfe bittet. Hätte diese Frau von Anfang an für eine Arbeitsteilung gesorgt und diese ihren Mann als etwas ganz Natürliches empfinden lassen, hätte er höchstwahrscheinlich auch mitgemacht. Sie hat ihn aber zur Faulheit erzogen. Euer Partner soll nicht Euer Herr sein, aber Ihr auch nicht seine Herrin. Sagt nicht Eurem Mann, dass Euch die Arbeit zuviel ist..., zeigt es nicht. Wartet nicht, bis der Mann zu Euch kommt, motiviert ihn. (Wenn der Berg nicht zu Euch kommt, kommt zu ihm.) Sagt immer, was Euch nicht gefällt, aber sagt auch immer, wenn Euch etwas gefällt... Sage und mache immer, was Du willst, aber auf eine Art und Weise, die dem Partner gefällt.

Einmal wurde ein Architekt bestellt, um ein Haus zu bauen. Der Besitzer sagte ihm seine Vorstellung von dem Haus, aber der Architekt wollte ihn mit seinen Ideen eines Besseren belehren. „Aber ich will das Haus ganz anders haben", erklärte ihm der Eigentümer. Als der Architekt weiter auf seiner Meinung beharrte, sagte schließlich der Mann: „In Ordnung, bauen Sie das Haus, wie Sie wollen, nur am Schluss muss es mir gefallen."

Ich kannte eine Frau, die zwölf Jahre verheiratet und Mutter von zwei Kindern war. Sie hatte noch nie einen Orgasmus, denn sie hoffte immer, dass ihr Mann auf sie Rücksicht nehmen werde. Als ich ihrem Mann erzählte, dass ich eine verheiratete Frau kenne, die noch nie einen Orgasmus hatte, sagte er, dass so etwas für ihn unvorstellbar sei. Beim weiteren Gespräch mit ihm kam heraus, dass er nie wusste, dass seine Frau niemals „fertig" war. Die Scham der Frau war zu groß, um ihren unwissenden Mann zu belehren. Für mich liegt die Hauptschuld bei der Frau, weil sie ihrem Mann nichts sagte, obwohl sie diejenige war, die ein Problem hatte, und nicht er. Das Baby, das Hunger hat und nicht schreit, bekommt auch nichts zu essen!

Wie viele Paare kennst Du, die glücklich sind? Vielleicht kennst Du kein einziges! Das wäre sogar zu verstehen. Sehr wenige Leute kämpfen darum, glücklich zu sein. Ihr lasst Euch zu sehr von materiellen Dingen beeinflussen: Das Einkommen des Partners, sein Sozialstatus u. a. werden leicht zu Glück bedrohenden Störfaktoren. Ihr solltet öfter einem magischen Wort folgen: Liebe…, die Kraft der Kräfte, Heilmittel für alle Probleme, wenn beide sich lieben und sich gerne mögen, lösen sie alle Probleme und meistern alle schweren Situationen. Eine negative, pessimistische Person weiß nicht, wie man liebt, denn sie kann nicht zwischen Liebe, Egoismus und Besitzanspruch unterscheiden. Ich spreche dabei nicht nur von der Liebe, die man seinem Partner gibt, sondern auch von der, die man für Pflanzen, Tiere, Mitmenschen, Sterne und Planeten, für Wind, Wolken, Regen und sogar für Steine empfindet. Es gibt nur eine Liebe, jedoch in verschiedenen Varianten. Du bist der Anfang dieser Liebe, Du musst Dich selbst lieb haben…, und diese Liebe, die in Dir geboren wird, soll an die anderen weitergegeben werden. Deshalb ist es sehr wichtig, dass Du Dich selbst kennst. Frage Dich: Wer bin ich? Woher komme ich? Wo gehe ich hin? Welche Aufgabe habe ich zu erfüllen? Vergiss für einen Augenblick Deine Überheblichkeit, Deine Ängste, Deine

Hemmungen und Zweifel…, jetzt gerade bist Du allein. Du kannst andere belügen, aber nicht Dich selbst, obwohl man in der Zivilisation auch das Sich-Selbst-Belügen praktiziert, weil es einfach ist. Nimm Dir Zeit und übe Selbstkritik, und sieh nicht nur die Probleme, sondern finde auch Lösungen. Lebe optimistisch und liebe die Liebe! Aber vergiss nicht: Du sollst nicht nur bekommen, sondern auch geben oder zuerst geben, um zu bekommen…, wie der Bauer, der zuerst säht und danach erntet. Denk an den anderen und auch an Dich. Wenn Du ein Brot hast und ein anderer hungert, gib ihm die Hälfte. Will er aber das Ganze, dann gib ihm nichts, denn es ist „Dein" Brot, Du hast dafür gearbeitet.

Liebe die Liebe, denn Liebe ist Leben…, und wenn Du lebst, wirst Du Dich auch lieben!

Es gab einmal ein Land, in dem alle Einwohner sehr glücklich waren. Der König machte sehr gute Gesetze für alle. Es gab keine armen Leute und keine Bettler. Jeder besuchte Schulen, es gab Respekt und Moral. Aber nur ein Mann kannte den König und durfte mit ihm sprechen: ein hässlicher, buckliger Alter mit kaputten Zähnen und einer Warze im Gesicht. Die Leute im Schloss beneideten ihn und trafen sich, um eine Lösung zu finden. Sie kannten den König nur aus der Ferne, aber keiner hatte je mit ihm gesprochen. Sie beschlossen, den alten Mann zu ermorden, und führten ihren Plan am folgenden Tag aus. Als der Mann zu Boden fiel, liefen sie in das Gemach des Königs, den sie oft am Fenster sahen und bemerkten, dass es nur eine Puppe war. Der König war der alte hässliche Mann. Als sie zu dem Sterbenden zurückliefen, fragten sie, warum er das getan habe. „Weil ich Angst hatte, wegen meines Aussehens als König nicht geachtet zu werden", sagte er und starb. Das Königreich wurde sehr arm und zerfiel…

Der Mann war wohl weise, aber er hatte Angst. In der Zivilisation gibt es sehr viele Ängste. Angst, niemand zu sein, Angst, im Alter hässlich zu werden oder krank zu sein, und ganz besonders die Angst vor der Einsamkeit. Deshalb leben viele Frauen mit einem Partner, den sie nicht mehr mögen, nur aus Furcht, keinen besseren mehr zu finden. Sie fristen ein trostloses Dasein, aber sie leben nicht mehr. Man muss das Leben genießen und nicht überleben. Das ist leider wahr. Viele bleiben so lange bei ihrem Mann, bis sie jemanden Besseren gefunden haben. Der Mann geht fremd, die Frau geht fremd, es herrscht reger „Fremdenverkehr“. Es gibt viele Millionen Menschen auf der Welt, warum soll man keinen Besseren finden?

Heiratet nicht den Erstbesten, der Euch mit schönen Worten umgarnt, und auch nicht, weil Ihr schon im „heiratsfähigen Alter“ seid. Das ist auch so ein Blödsinn: „heiratsfähiges Alter“. Heiratet ein Mädchen mit 16, ist es ein Flittchen, das überhaupt noch keinen Mann braucht und lieber in der Schule lernen sollte. Zehn Jahre später, mit 26 heißt es: „Die sollte sich bald einen Mann suchen, sonst wird sie den `Autobus verpassen` und einsam alt werden… Niemand sollte bestimmen, wann und mit wem Ihr zusammen sein sollt. Jeder sollte in die Richtung gehen, die ihm als die beste scheint. Zu zweit wäre es sehr schön, aber allein ist besser, als mit jemandem, mit dem es Ärger gibt. Leider kenne ich viele Ehen, in denen Streit, Beleidigung und Respektlosigkeit an der Tagesordnung sind. Die Frau schimpft über jede Kleinigkeit, der Mann ebenso, und die Kinder…?

Ich finde eine Frau in jedem Alter schön und wunderbar. Genauso schön finde ich jeden Mann, als Mensch, als Bruder. Achtet und pflegt auch Eure innere Schönheit und nicht nur die äußere, dann werdet Ihr merken, dass Mann und Frau wirklich gleich sind…, denn äußerlich betrachtet, sind die Frauen sowieso schöner als Männer…

Der Mann… Kampf der Geschlechter!

Und Gott schuf den Menschen nach seinem Abbild… Adam – die Krone der Schöpfung – war entstanden. Schon von Anfang an hielt der Mann es für seine Aufgabe, die ihm gegebene Frau zu beschützen (vor sich selbst…?), denn immer schon hatten die Männer den Irrglauben, dass jedes Weiblein eine starke Hand braucht, die sie, wenn nötig, auch zurechtweist. Man(n) nahm sich von Anfang an Privilegien, denn: Was ist schon eine Rippe gegen Gottes Abbild selbst?

So hörte auch ich schon von meiner Jugend an Dinge wie: das ist Männersache, das dürfen nur Männer, das können nur Männer, die Ehre eines Mannes, ein Mann, ein Wort etc. Um das Kraftbild des Mannes nicht unglaubwürdig erscheinen zu lassen, lehrt man schon kleine Jungen: „Männer weinen nicht." Aber warum sollten wir diese erleichternde Seelenwäsche nur den Frauen überlassen? Weinen beruhigt das ganze Nervensystem und ist noch dazu sehr menschlich. Außerdem werden durch Tränen die Augen wunderbar von selbst gewaschen, und diese dummen oder zu stolzen Männer müssen zum Arzt gehen und für das Augenauswaschen mit verschiedenen Mitteln auch noch bezahlen. Was machen die Männer mit ihrem Frust, ihrer Enttäuschung und ihrer Trauer? Sie gehen entweder mit Freunden oder allein in eine Kneipe, aber sehr selten mit der Frau oder Freundin. Dort versucht man mit Hilfe des Alkohols zu vergessen, was jedoch nicht gelingt, und die innere Spannung bleibt.

Der Mann in der Zivilisation war und ist ein seltsames Wesen. Er versucht ständig, sich selbst und anderen zu beweisen, dass alles sein eigen ist, die Länder, die Tiere, die ganze Natur. Der Mensch hatte recht, der sagte: „Der größte Feind des Mannes ist der Mann selbst." Aber wie lange wird diese Wahrheit bestehen? Männer aus den zivilisierten Ländern kamen nach Afrika,

Australien, Asien und zu uns und versklavten uns, ihre Brüder, für Jahrhunderte ohne Respekt und ohne Verständnis. Sie zerstörten unsere Kulturen, anstatt von ihnen zu lernen. Kalender, Philosophie u. v. a. waren mitunter viel fortgeschrittener als jene, welche in Europa bekannt waren. Mit welchem Recht habt Ihr Zivilisierten das alles für Euch beansprucht? Oder wolltet Ihr einfach alles zerstören, was Euch letztendlich fast gelungen ist?

Der Mann hat aufgrund seiner Komplexe und seines Geltungswahns viel Unheil angerichtet. Die meisten Verbrecher, Alkoholiker, Drogenabhängigen, Diebe, Mörder, Sexualstraftäter, dem Irrsinn und Fanatismus Verfallenen (z.B. Religion, Fußball), Amtsträger in Politik und im Kirchenbereich sind Männer. Vielfach Gauner, wie Ihr seht. Zu glauben, dass die Männer im Allgemeinen auch tapferer als die Frauen seien, ist ein weiterer Irrtum. Es wurde bewiesen, dass Männer aufgrund ihrer Schmerzempfindlichkeit die Wehen bei der Geburt kaum überstehen würden. Betrachtet das Lebensalter von Mann und Frau. Frauen werden im Durchschnitt älter als Männer.

Wir brauchen uns…, alle beide gegenseitig.

Dass Männer stärker als Frauen seien ist ein Märchen, das von Männern verbreitet wurde. Von wem sonst? Warum entstanden solche Märchen überhaupt? Hatten die Männer Angst, vom weiblichen Geschlecht dominiert zu werden? Ich denke hierbei ans Mittelalter, als Frauen wegen ihrer Kenntnisse über Heilkräfte und Medizin verbrannt wurden, aus Neid und Furcht der Männer, die von Pflanzen und Heilkräften nichts verstanden. Hunderttausende, wenn nicht Millionen von Frauen in ganz Europa, „Amerika" und anderen Kontinenten mussten mit ihrem Leben die Aggressivität, Brutalität, Ignoranz und Dummheit der Männer bezahlen. Sie waren die Opfer von schlechter Erziehung und Ungewissheit. (Übrigens: Wenn ich von „Amerika" spreche, meine ich damit den ganzen Erdteil und nicht nur die USA; diese US-Europaflüchtlinge, die uns nicht nur das Land und den Namen nahmen, sondern den Kontinent anders benannten, beanspruchen diesen Namen wieder nur für sich alleine. Das Wort „Amerika" stammt gänzlich aus Europa und hat in unserer Sprache keine Wurzel!)

Die Zivilisation hat drei Arten von Männern hervorgebracht: Da ist erstens der übertüchtige „Macho"-Mann. Er kann auf eine lange Geschichte zurückblicken. Er glaubt seinen Ursprung in den Naturvölkern, doch dem ist keineswegs so. Denn seit dem Entstehen der Tiere wurde immer schon dem Weibchen eine bestimmte Aufgabe zuteil, genauso wie dem Männchen, aber keines der Tiere, kein Urmensch sahen in der Frau etwas zweitrangiges, sondern einen gleichwertigen Partner. Doch das sieht der „Macho"-Mann keineswegs. Für ihn nehmen die Frauen Rollen der Dienerin und der Gespielin ein, die man beliebig wechseln oder als Besitz betrachten kann, über den man herrscht. Über Jahrhunderte hinweg, wenn nicht bis jetzt, bestimm(t)en „Machos" die Gesellschaft, die den Frauen jede Gleichberechtigung untersagt. Sie sehen sich gern in der Rolle des Chefs, auch wenn sie dies nur in der eigenen Familie sein können. Aber es gibt nicht nur den Erfolgs-„Macho", der bei seinen (weiblichen) Untergebenen mit Stärke zeigt, wer „der Herr im Haus ist", es gibt auch den Muskel-„Macho", der durch besonders ausgeprägte Muskeln und Tätowierungen seine Männlichkeit und Kraft demonstrieren möchte. Auch trauert er am Männerstammtisch noch immer der Zeit nach, in der Polygamie noch immer gang und gäbe war, während seine Frau ihren Liebhaber besucht, weil sie ihr Mann in Wirklichkeit nicht zufrieden stellen kann.

Das andere Extrem zivilisierter Männlichkeit ist der Pantoffelheld. Er ist der Emanzipation einen Schritt voraus, besser gesagt, er ist zu weit gegangen, denn er ist nichts anderes

IN DER KIRCHE :
IHR SEID SÜNDER!!!
IN DER ARBEIT :
AN DIE ARBEIT, SIE FAULER KERL!!!
ZU HAUSE :
HIER BIN ICH!!!! DER BOSS!!!
AUF DER STRASSE :
KÄMPFEN WIR WIE MÄNNER DU FEIGLING
PÄNG

als all die unterdrückten Frauen. Er lässt die Meinung des Weibleins zu seiner werden. Ihm liegen keine Seitensprünge, eine Frau reicht vollkommen, um ihn den ganzen Tag auf Trapp zu halten. Der Pantoffelheld unterscheidet sich von den unterjochten Frauen nur dadurch, dass er sein Los selbst wählte.

Und dann gibt es noch die dritte Art von Männern, die in der absoluten Minderheit sind. Es sind all jene, die wirklich für Gleichberechtigung sind, die in der Partnerschaft nicht nur eine Mann-Frau-Beziehung sehen, sondern in erster Linie eine Freundschaft.

Na ja, auch eine vierte Gruppe von Männern gibt es noch, die Zwistigkeiten mit Frauen nur aus Erzählungen kennen, denn sie selbst haben enge Beziehungen nur zu Geschlechtsgenossen.

Apropos Beziehungen: Wechselt eine Frau häufig ihre Männerbekanntschaften, wird sie als Flittchen oder leichtes Mädchen hingestellt und bekommt einen schlechten Ruf. Vergnügt sich jedoch ein Mann mit vielen Mädchen, ist er ein Casanova, ein Frauenheld, ja, er wird sogar noch begehrter. Noch bis vor kurzem begehrten Männer Frauen mit wenig oder gar keiner sexuellen Erfahrung zur Frau. Die Junggesellen legten jedoch andererseits auf ein ausgeprägtes Liebesleben größten Wert. Fragt sich dann aber nur, mit wem?

Die Gesellschaft...
dabei sein ist nicht alles!

Einmal wollte sich eine Maus mit dem König der Tiere, dem Löwen, befreunden. Als dies der Löwe hörte, lachte er spöttisch: „Ha, ha, eine Maus möchte mich als Freund haben! Niemals, ich würde von meinesgleichen verspottet werden, und es würde mich meinen guten Ruf kosten. Ich, der Löwe, Freund von einer Maus… ha, ha, ha… verschwinde, Maus!" brüllte der Löwe, „oder ich töte Dich mit meinen Krallen und fresse Dich." Eines Tages kamen Jäger, die Tiere für den Zoo fingen. Auch der Löwe geriet in ihre Falle, und als er in einem Netz hilflos am Baum hing, schrie und brüllte er, denn er dachte, er komme in ewige Gefangenschaft und seine Freiheit sei zu Ende. Plötzlich sah er, wie die kleine Maus auf den Baum kletterte und mit ihren kleinen, aber starken Zähnen begann, das Netz zu zerbeißen, bis der Löwe frei war. Beide sprangen vom Baum und rannten weit weg. Als beide in Sicherheit waren, fragte das Mäuschen den Löwen: „Können wir jetzt endlich Freunde sein?" – „Kommt nicht in Frage. Vielleicht erzählst Du auch noch jemandem, dass ich auf Deine Hilfe angewiesen war. Deshalb werde ich Dich auch umbringen und fressen." Gesagt, getan, und so vernichtete der Löwe jemanden, der ihm ein sehr guter Freund hätte sein können.

Einmal hörte ein Rotkehlchen von ferne ein trauriges Lied. Als es dem Gesang folgte, sah es einen Kanarienvogel in einem Käfig auf einem Balkon. Es flog hin und fragte das Vögelein, warum sein Gesang so betrübt sei. „Weil ich hier eingesperrt bin," seufzte das Kanarienweibchen, „aber wenn Du mir heraushilfst, werde ich Deine Freundin sein." Das Rotkehlchen war von seiner Anmut entzückt und versuchte mit all seiner Kraft, den Käfig zu öffnen. Es verletzte sich, und Blut rann über seinen Schnabel, doch es gelang ihm, den Kanarienvogel zu befreien. „Komm, lass uns weit wegfliegen, wo wir zusammen sein können", freute sich das Rotkehlchen. „Wie bitte? Ich kenne Dich nicht", entgegnete ihm der Kanarienvogel. „Aber Du hast mir doch Deine Freundschaft angeboten", sagte das Rotkehlchen. „Ich befreunde mich nicht mit jemandem, der mir unbekannt ist", entgegnete stolz die Kanarienfrau und flog auf und davon. Das Rotkehlchen blieb vor Enttäuschung wie angewurzelt sitzen. Der Vogelhalter kam und sperrte es anstelle des Kanarienvogels in den Käfig, in dem es fortan seine schönen, aber traurigen Lieder sang.

Diese und andere Geschichten spiegeln die Gesellschaft, in der sie entstanden sind, wider... Ach, diese Gesellschaft, die wenigsten Menschen sind mit ihr zufrieden, aber die meisten lassen alles beim alten. Ihr Zivilisierten habt überhaupt einen ausgeprägten Herdentrieb: Niemand beginnt von sich aus, etwas zu ändern. Man wartet, was die anderen tun. „Möglichst nicht aus dem Rahmen fallen", heißt Eure Devise. Außer Ihr besitzt alle für Eure Gesellschaft wichtigen Statussymbole: Geld, Titel, Bekanntheit... auch schon ein Porsche oder Ferrari hebt das Ansehen des Besitzers ungemein, ohne dass die Art und Weise, wie er dazu kam, berücksichtigt wird.

In Mexiko City erzählt man sich eine Geschichte, die sich Anfang des 20. Jahrhunderts ereignet haben soll: Der Präsident hielt regelmäßig Audienzen für das Volk. So kam es, dass ihn auch ein Mann besuchte, der als einzigen Wunsch äußerte, dass ihn der Präsident bei seiner nächsten Parade mit seinem vollen Namen begrüßen solle... Auch hatte er einen bestimmten Ort ausgewählt. Der Präsident sah darin keine schwere Aufgabe und willigte ein. Gesagt, getan. Als der Präsident bei der nächsten Parade durch die besagte Gasse fuhr, sah er den Mann und rief: „Wie geht es Ihnen, Don Fernando Suarez Martinez?" Von diesem Augenblick an war der Mann berühmt, denn jeder meinte, dass er ein persönlicher Freund des Präsidenten sei. Außerdem

„… und wenn es Euch in unserem Land
nicht gefällt, dann geht doch zurück, wo Ihr
hergekommen seid!!!" …

stand er in der Straße, in der sich alle Banken und Geschäfte befanden, genoss Kredit und war bald ein reicher Mann.

Oftmals kommen Leute zu Ehren, die sie eigentlich gar nicht verdient haben. Seht doch nur die Titelwirtschaft in Österreich! Waren ursprünglich akademische Titel wirklich nur Akademikern vorbehalten, konnte man sie bis vor einem halben Jahrhundert noch käuflich erwerben. Doch auch heutzutage erlangen Leute eine akademische Titulierung, obwohl sie die Universität nicht einmal von innen kennen. So wurde z.B. einem Fernsehmoderator in Österreich aufgrund seiner Langzeitwirkung der Titel „Professor" verliehen..., ebenso seinem Klavierbegleiter.

Ich kenne Leute, auf deren Visitenkarte Dr. Univ.-Doz. oder andere Titel stehen, doch man kann sich fragen, ob sie dem Titel gerecht werden. Ich las einmal Univ.-Doz. Dipl.-Dolm. Dr. Prof. Mag. XY. Das klingt beeindruckend. Doch es handelte sich hierbei nur um einen Menschen, der jemandem eine Fremdsprache lehrt. Aber wehe, man kommt in Versuchung, einen Titel bei der Anrede wegzulassen. Der „Würdenträger" fühlt sich erniedrigt, ebenso seine Frau. Denn auch sie genießt es, den Titel ihres Ehegatten zu tragen und den anderen zu zeigen, dass nun auch sie eine Frau Hofrat, Doktor oder sonstiges ist.

Ihr habt nicht bloß eine Gesellschaft, sondern eine Konsumgesellschaft. Ihr wollt alles kaufen, kaufen und nochmals kaufen. Öfter aber kauft Ihr Sachen, die Ihr überhaupt nicht braucht, weil die Werbung so wirksam war oder weil sie gerade im Angebot waren. Wegen dieser Kaufgier habt Ihr viel mehr, als Ihr braucht, und meist wisst Ihr ohnehin nicht mehr, wohin damit. „Kleider machen Leute", ein Wahlspruch, der schon so manches Portemonnaie geleert hat, denn die Mode verändert sich viel mehr als z.B. Elektrogeräte, die man meist für mehrere Jahre behält. Nicht so ist es mit der Bekleidung. Begünstigt durch die vier Jahreszeiten, die es in den meisten Zivilisationsländern gibt, muss sich nun der gesellschaftsbewusste Mensch jährlich vier Garderoben zulegen, denn für viele Leute zählt nur der „letzte Schrei" der Mode. Interessanterweise nennt man einen, der sich „anders" kleidet, verrückt, tun dies jedoch mehrere „Verrückte", entsteht daraus eine neue Mode! Auch dringt die Modewelt bis ins Kindesalter vor. So passiert es nicht selten, dass Kinder nicht mehr zur Schule gehen wollen, weil sie „nichts" zum Anziehen haben. Ich kenne eine junge Frau, die 40 Paar Schuhe besitzt und ebenfalls viele Kleider. Doch trotzdem hörte ich sie schon sagen, dass sie nicht fortgehen könne, weil sie für dieses Wetter „nichts zum Anziehen" habe. So etwas hörte ich nicht nur einmal. Oder ich lud Leute in ein Restaurant ein, aber sie zogen sich zuerst um, weil sie meinten, dass ihre Kleidung für dieses Restaurant nicht gut genug sei. Eine Frau wollte mit mir essen gehen, doch sie schämte sich, mit ihrer Kleidung das Restaurant zu betreten, und obwohl sie sehr gerne mit mir essen gegangen wäre, ging sie heim. Meiner ganz persönlichen Meinung nach, wie immer, machen sich die Zivilisierten das Leben viel zu schwer, allein mit ihren vielen Gedanken und Vorstellungen, bevor sie zur Sache kommen. Ihr schimpft oft wegen jeder Kleinigkeit…, weil Ihr warten müsst, weil es zu kalt ist und Ihr friert oder weil es zu heiß ist und Ihr schwitzt oder weil schönes Wetter ist, wenn Ihr arbeiten müsst oder weil Ihr zu jung seid und allein nichts unternehmen könnt oder weil Ihr alt seid und nichts Neues mehr anfangen könnt oder weil es zu feucht oder zu trocken ist, weil es regnet, weil es windig ist, weil Ihr kein Geld habt oder keine Zeit, um viel Geld auszugeben, weil es viele Gesetzte und Normen gibt, weil Ihr mit Eurer Freizeit nichts anzufangen wisst, weil Ihr, obwohl Ihr lebt, nichts mit Eurem Leben anzufangen wisst, weil Ihr ledig seid, aber verheiratet sein wollt, oder weil Ihr schon verheiratet seid und gerne ledig sein wollt, weniger schöne Frauen wollen schön sein, schöne Frauen wollen noch schöner sein. Viele Frauen wollen Männer sein, und viele Männer wollen Frauen sein. Kinder wollen erwachsen sein, Erwachsene wollen nicht alt sein..., Lebende wollen sterben, und Sterbende wollen leben...

Seid doch ehrlich: Ist das nicht verrückt? Warum macht Ihr Euch das Leben so schwer und unseres noch dazu? Wir wollen tanzen nach dem Rhythmus unserer Trommeln, wir wollen unsere eigenen Pfeifen rauchen, wir wollen in unseren Hütten, Höhlen und Tipis leben, von uns gebaut, bemalt und eingerichtet. Es ist unser Leben, und es geht nur uns etwas an, ob wir „zivilisiert" sein wollen oder nicht. Wir wollen unsere Kulturen, Sprachen, Sitten, Religionen, Traditionen und Zeremonien pflegen. Wir wollen dort leben, wo wir hingehören, und nicht, wo Ihr wollt und es Euch passt... aber nein, Ihr seid wie Politiker, Schwiegermütter, Journalisten und Pfarrer... Ihr steckt Eure Nase überall hinein!

In München passierte mir einmal Unvergessliches. Es war Winter. Als ich mit zwei Stammesbrüdern aus der U-Bahnstation kam, schneite es. Für die zwei etwas Neues, denn sie hatten nie zuvor Schnee gesehen. Sie dachten, dass es sich bei den Schneeflocken um Federn handle. (Ich übrigens auch, als ich zum ersten Mal Schnee sah.) Ich schlug ihnen vor, die Flocken zu fangen, was natürlich nicht glückte. Wir lachten, und ich erklärte ihnen, dass es sich um Schnee handle und man etwas warten müsse, bis mehr Schnee gefallen sei, um ihn anfassen zu können. So warteten wir. Gegenüber von uns stand ein geparktes Auto, auf dessen Scheiben sich zusehends eine Schneedecke bildete. Als ich von der hinteren Scheibe etwas Schnee nahm, um ihn meinen Brüdern zu zeigen, schrie jemand, was ich denn hier tue. „Nichts", gab ich zur Antwort, „ich nehme nur etwas Schnee." Eine Frau sprang wütend aus dem Auto und schimpfte: „Dies ist mein Auto, und alles was auf meinem Auto liegt, gehört mir. Also geben Sie den Schnee hin, wo er war!" Als ich ihr zu erklären versuchte, dass dieser Schnee vom Himmel fiel und jedem gehöre, „berichtigte" sie mich abermals energisch, dass es sich bei diesem Schnee um den ihren handle. In diesem Moment kam ein großer Mann, der die Frau fragte, was passiert war. „Stell Dir vor, die haben Schnee von unserem Auto genommen", klagte sie. Der Mann inspizierte sofort sein Auto nach eventuellen Schäden. „Komm, wir fahren zur Polizei!" sagte der Mann zu seiner Frau. Beide stiegen ein und fuhren weg. Ich wusste, dass wir auch Schwierigkeiten mit der Polizei gehabt hätten, wenn sie gekommen wäre. So entfernten wir uns schnell und rannten ein paar Straßen weiter. Meine zwei Brüder, die nicht deutsch sprachen, verstanden trotz meiner Erklärung nur die Worte, aber sie konnten nicht begreifen, wie man Schnee besitzen kann. „Sie besitzen ihn nicht. Sie glauben nur, dass sie es tun", erklärte ich ihnen.

Schnee, Wolken, Luft, Erde... Ihr glaubt, Ihr könnt alles besitzen. Aber glaubt mir: Euch gehört nicht mal Euer eigenes Leben! Doch Ihr kennzeichnet Euer Gebiet, Eure Besitztümer genau: mit Grenzen, Zäunen, Barrieren, Stacheldraht, Mauern, Wänden u. a. Ein Beispiel im Kleinen ist der Wolfgangsee in Österreich. Es gibt fast keine Möglichkeit mehr, ins Wasser zu gelangen, da jedes Fleckchen Strand eingezäunt und deutlich als Privatbesitz gekennzeichnet ist und nur von Hotelgästen benützt werden darf. Doch nicht nur Grundstücke mauert Ihr ein, nein, Ihr baut auch Wände um Euch selbst aus den Vorurteilen und Ängsten gegenüber Euren Mitmenschen.

Einmal sah ich in Salzburg am Hauptbahnhof ein altes Ehepaar aus einem Zug steigen. Während die Frau einen Koffer nahm und schon in Richtung Taxistand lief, mühte sich der Mann mit den übrigen zwei Koffern und einer Tasche ab. Er war nicht imstande, alles zu tragen, also ging ich hin, bot ihm meine Hilfe an, und gesagt, getan, ergriff ich auch schon die zwei Koffer. „Nein, um Gottes Willen!" schrie plötzlich der Mann, „Gehen Sie weg, und lassen Sie sofort meine Koffer los!" Ich erschrak wahrscheinlich noch mehr als der Mann, und als meine

FEIND NR 1
DER
ZIVILISIERTE

österreichischen Bekannten ihn darauf hinwiesen, dass ich es nur gut mit ihm meinte, bat er uns trotzdem, fern zu bleiben und ihn in Ruhe zu lassen. Ich war sprachlos wegen der Reaktion und des Schreiens des Mannes. Ich brauchte lange Zeit, um mich zu beruhigen. Wir helfen immer jedem, der Hilfe benötigt. Komme ich jetzt in eine solche Situation, biete ich von weitem meine Hilfe an, aber meist bekomme ich keine Antwort, und man zieht wortlos an mir vorbei.

Passieren mir solche Sachen, weil Ihr alle so seid oder weil ich Ausländer bin? Ich sprach mit vielen Ausländern verschiedenster Nationalitäten, und wir waren uns einig, dass ein Ausländerhass besteht. Aber Ausländer ist nicht gleich Ausländer. Ausländer wird öfter mit dem Wort „Gastarbeiter" gleichgesetzt, und ein Ausländer wird umso mehr geringgeschätzt, je „unzivilisierter" und unterentwickelter das Land ist, dem er entstammt. Auch kann z.B. ein türkischer Name Verachtung auslösen. Eine Deutsche heiratete einen Peruaner, aber sie gab dem Kind ihren Nachnamen, weil sie meinte, dass es zu viele Probleme mit dem Namen des Vaters geben würde. Ich kenne eine Familie aus Spanien, deren Kinder nicht einmal mehr spanisch sprechen. Alle vier Kinder änderten ihren Namen von Hernandez auf Hernanz, weil das deutscher klingt. Ich kenne noch viel mehr Beispiele dieser Art.

Ihr habt verschiedene Kategorien von „zivilisiert" und „wild": Die „erste" Welt und die „zweite" Welt sind zivilisiert, unterscheiden sich aber dennoch gewaltig, die „dritte" und „vierte" Welt – wobei Euch z.B. die Länder Südamerikas entwickelter erscheinen als die Zentralafrikas – sind unzivilisiert (wild). Türken, Jugoslawen, Griechen, Italiener und Spanier sind nicht gut angesehen, aber ihre Länder werden jährlich von Massen aus der „ersten" Welt – Touristen – heimgesucht. Ich hörte sogar einmal in einem Film: „Italien ist schön, aber es wäre schöner ohne Italiener." Auch hörte ich eine Frau zur andern sagen: In Griechenland war es schön, wenn nur nicht überall diese Griechen gewesen wären." Meinte sie das spaßhaft, oder war es ihr Ernst? In Deutschland fragte mich ein mexikanisches Mädchen, ob es schlecht sei, Mexikanerin zu sein. „Natürlich nicht", gab ich zur Antwort, „wie kommst Du darauf?" – „Weil immer, wenn ich Streit mit Bekannten habe, nennen sie mich ´dumme Mexikanerin´, sogar die Familie meiner Mutter, die Deutsche ist, nennt mich so. Oder sie sagen: ´Ihr Mexikaner habt keine Ahnung´".

Dazu fällt mir gerade eine andere Geschichte ein. Ich ging in einen Blumenladen, um einen Blumenstrauß zu kaufen. Ich wählte verschiedene Blumen, doch die Verkäuferin meinte, dass die Blumen nicht zusammenpassen: „Ausländer verstehen nicht viel von Blumen." Sie sagte dies jedoch nicht direkt zu mir, sondern zu meinem deutschen Begleiter, als würde ich es nicht verstehen. „Erstens" antwortete ich, „geben Sie mir die Blumen, die mir gefallen, und nicht die, die Ihnen gefallen. Zweitens komme ich aus Mexiko, wo es das ganze Jahr über Blumen gibt und viele aus Eurem Angebot, wie der Weihnachtsstern, die Dahlien und die Orchideen, sogar aus diesem Land stammen!"

Ausländer sind durch braune Hautfarbe, schwarze Haare und gebrochenes, pampeliges Deutsch gekennzeichnet. Letzteres wird dadurch begünstigt, dass Deutschsprachige mit Ausländern zu radebrechen beginnen. Sie fragen uns nicht, ob wir deutsch sprechen, sie sagen uns Dinge wie: „Du nix wissen deutsch?" (Auch habe ich bereits festgestellt, dass Ausländer geduzt werden, egal welchen Alters. Wozu kennt die deutsche Sprache das „Sie"?) „Du welche Baustelle arbeiten?"

Manchmal treffe ich Leute auf der Strasse, die mich im Fernsehen oder bei Vorträgen tanzen sahen, sie gratulieren mir meist in für mich schwer verständlichen Satzfetzen wie: „Du gut tanzen", „Gut Musik, bravo." Öfter werde ich jedoch in sehr gebrochenem Englisch angesprochen, da die Leute der Meinung sind, dass alle Indianer aus Amerika Englisch sprechen müssten, wobei anzumerken ist, dass solche Leute unter „Amerika" die USA verstehen. (Dabei gibt es viele europäische Sprachen außer Englisch, wie z.B. Spanisch, Portugiesisch und Französisch.) Einmal fragte mich ein etwa fünfzigjähriger, gut gekleideter Mann nach meiner Herkunft, und zwar mit den Worten: „Wo Du herkommen?" - „Warum sprechen Sie so komisch?" fragte ich. „Sie sprechen Deutsch?" erstaunte er sich. „Ich schon", gab ich zur Antwort, „aber Sie offensichtlich nicht." Wie könnt Ihr von uns erwarten, dass wir gut Deutsch sprechen, wenn Ihr mit uns so fehlerhaft sprecht?

Dass sich die hellhäutigen Blonden, die „Weißen", schon immer für etwas Besseres hielten, ist uns nichts Neues. Sie erzählen sogar das Märchen, dass unsere Ahnen sie wegen ihrer Hautfarbe für Götter hielten, was nicht nur falsch und lächerlich ist, sondern einfach absurd. Was ist so Besonderes daran, „weiß" zu sein? Es ist nur eine Hautfarbe, sonst nichts. Euer Kopf, Nabel und Po befinden sich an denselben Stellen wie die von anderen Rassen. Bei uns erzählten die Weißen, dass sie blaues Blut hätten, aber nicht einmal Eure Adeligen, Könige und Kaiser hatten blaues Blut.

In den letzten Jahrzehnten versucht Ihr mit allen Mitteln braun zu werden, egal ob mit Hilfe der Sonne oder des Solariums, denn Bräune ist „in". Fast alle Euren öffentliche Saunen haben Solarien. Übrigens gehen die Leute bei Euch nicht in die Sauna, um zu meditieren, wie es bei unseren Schwitzhütten üblich ist, sondern oft nur, um durch das Schwitzten Fett zu verlieren und sie reden dabei meist nur über Geld, Politik und Wetter. Auch ich besuchte mehrere Eurer Saunen. In manchen begannen die Leute sich untereinander zu fragen, was wir Indianer in einer Sauna zu suchen hätten, da wir doch in die Prärie gehörten, ohne zu denken, dass wir Saunen schon seit 8000 Jahren kennen.

Ich erinnere mich noch sehr gut an folgende Begebenheit in der Schweiz: Um etwa 20.30 Uhr wollte ich einmal eine Bekannte besuchen. Als ich an ihrer Klingel zweimal läutete, kam ein Nachbar ans Fenster und fragte mich, wen ich denn suche. Ich sagte ihm den Namen der Frau, und er meinte, dass sie nicht hier wohne. „Ich habe sie aber letzte Woche hier besucht", erklärte ich ihm, doch der Mann war bereits ärgerlich und drohte mir, dass er seinen Hund auf mich hetzen werde, sollte ich mich nicht augenblicklich entfernen. Ich hörte den Hund schon laut bellen und erkannte, dass es sich um einen deutschen Schäferhund handelte. „Aber warum denn?", fragte ich, „ich habe Ihnen doch gar nichts getan." – „Eben darum", kam die Antwort, „damit Sie mir erst gar nichts tun können! Ich warne Sie nochmals!" rief er mir zu, und schon öffnete er die Tür, und ich hörte wieder den Hund bellen. Was blieb mir anderes übrig, als wie ein Verbrecher wegzurennen? Nicht aus Angst vor dem Hund, denn seit meiner Kindheit bin ich es gewöhnt, zu jagen und zu kämpfen (mit großen Tieren). Viel mehr fürchtete ich die Konsequenzen, wenn ich dem Hund das Genick gebrochen hätte. Ich weiß, dass jeder Fremde in eine solche Situation geraten könnte, denn Eure Gesellschaft hat Euch Angst vor jedem eingeflößt. Wer würde schon einem Unbekannten, besonders bei Nacht, die Tür öffnen, ohne vorher zu fragen, wer draußen sei, oder sich überhaupt nur ans Guckloch zu schleichen, um den Fremdling unentdeckt beäugen zu können, zitternd und voll von Angst? Aber trotzdem glaube ich, dass mein Aussehen solche Reaktionen meistens noch begünstigt, denn wie ich schon sagte, was Ihr nicht kennt oder was Euch fremd erscheint, verspottet, fürchtet oder zerstört Ihr.

Wenn ich wegen der Rückforderung des Kopfschmuckes unseres 9. Herrschers Motekuhzoma Xokoyotzin in Österreich bin, benötige ich immer wieder ein großes Auto, wie einen VW-Bus, Ford-Transit o. ä., mit mindestens neun Plätzen, da ich immer viele Sachen und mehrere Leute transportieren muss. Da das Geld nie für ein gutes Auto reichte, muss ich mich immer mit alten Klapperkisten begnügen. (Man stelle sich vor: Einmal brauchte ich für die Strecke Nürnberg-Stuttgart-Wien nonstop 28 Stunden, weil die Benzinpumpe defekt war, und das zwei Tage, nachdem ich das Auto voll Vertrauen gekauft hatte.)

Früher fuhren wir mit dem Zug, aber wir waren immer viele Leute, und so wurden mir die Zugfahrten viel zu teuer. Denn die in Österreich seit Ende 1986 laufende Aktion habe ich allein finanziert. Selten wurde ich von Privatpersonen aus Österreich, Deutschland, der Schweiz und Italien oder durch die Organisation von Vorträgen finanziell unterstützt, oder wir wurden ab und zu zum Essen eingeladen. Man sammelte für uns Unterschriften und schenkte uns warme Kleidung für den Winter – besonders als wir vom 9. September 1987 vierzig Tage lang in einem Tipi fünfzig Meter vom Völkerkundemuseum entfernt die Wiener Hofburg belagerten, wo wir Tag und Nacht blieben und wo wir jeden Tag tanzten. Sie unterstützten und halfen uns in verschiedenen Belangen, harrten mit uns in den sehr kalten, windigen, regnerischen Nächten aus und kämpften mit uns in der Stadtmitte weiter, als es dem Museumsdirektor nach vierzig Tagen gelang, uns von dem Lagerplatz vor dem Museum zu vertreiben. Auch im Winter blieben sie uns treu und bezahlten größtenteils selbst für ihr Essen und ihren Transport.

So kamen z.B. unser deutscher Bruder Thorsten Buhse aus Kiel, der immer brav und fit war, unsere Münchner Schwester Inge Lösel, die immer bei der Arbeit und hilfreich war, und unser unvergesslicher Bruder Tim Sikyea vom Stamm der Dené aus Kanada, der mich nicht nur die ganze Zeit während dieser Mission, sondern auch zuvor in Kanada spirituell und kraftvoll unterstützt hatte. Alle drei kamen aus ihren Heimatorten nach Wien, nur um mir mit Rat und Tat beizustehen. Bei allen dreien und vielen anderen bedanke ich mich recht herzlich! Selbstverständlich werde ich auch eine Österreicherin nie vergessen, die mir seit Beginn meiner Aktion in Wien etwa sechs

Monate lang geholfen hat: Brigitte Pellet. Eine nette und liebe Frau, die mit ihren großen Kenntnissen sehr half. Ihr Interesse, mich zu unterstützen, ermöglichte viele Interviews, Fernsehauftritte und Gespräche mit Politikern. Auch ihr meine Dankbarkeit und Aufmerksamkeit. Ihre Verbundenheit zeigte auch Familie Gregory: Martin, Friedrun und Mama Gregory. Vielen Dank für die Unterstützung. Vielen Dank an alle. Im Tipi oder im Zelt waren wir dreizehn Mann; zwölf Azteken, davon neun Männer, eine Frau und zwei Kinder, sowie unser kanadischer Bruder Tim.

Doch zurück zur Geschichte mit dem Auto: Zurzeit fahre ich einen Ford Transit mit neun Sitzplätzen. Sobald wir Landesgrenzen überfahren, passiert immer das gleiche. Egal ob in Deutschland, Österreich, Italien, Griechenland oder sonst wo: Regelmäßig werden wir stundenlang aufgehalten. Meist suchen sie nach Rauschgift, durchsuchen unser ganzes Gepäck, holen Drogenhunde. Sie suchen überall, sogar unter dem Auto, aber ich amüsiere mich immer, denn ich weiß, dass sie nichts finden, nicht einmal Zigaretten, denn ich bin Nichtraucher. Öfter legen die Zöllner Rauschgift ins Auto, um ihre Hunde zu testen, allzu oft aber blieben die Drogen unentdeckt, worüber ich mich kaputtlachte.

Einmal ärgerte sich ein italienischer Grenzbeamter, weil er trotz genauer Kontrolle nichts entdecken konnte. Als ich ihn fragte, warum er gerade bei uns etwas Verbotenes zu finden glaube, erklärte er mir, dass für ihn alle Langhaarigen entweder Hippies oder Asoziale seien und diese wiederum mit Rauschgiftkonsum in Verbindung gebracht werden.

Der zivilisierte Mensch hat Angst vor seinen Mitmenschen, er hat das Vertrauen zu ihnen verloren, er betrachtet sie als unverständliche Wesen, er findet unter ihnen keine Freunde mehr. So sucht er anderswo Verständnis und Zuneigung, und zwar beim Tier. Hier steht in erster Linie der Hund. Er scheint am geeignetsten als Partner des Menschen. Er kann problemlos in die Umwelt des Menschen eingefügt werden, er ist im Vergleich zu anderen Tieren willensschwach, der Besitzer dominiert über den Hund, das Tier wird zum Freund auf Kommando. Doch im Unterbewusstsein hätten all die einsamen Leute, die im Hund ihren einzigen Freund sehen, doch lieber einen Menschen zum Freund. Gelingt ihnen dies nicht, beginnen sie einfach, das Tier zu vermenschlichen. Das beginnt bei der Masche am Kopf des degenerierten Rassehundes und endet beim Besuch von „Schönheitssalons" für Hunde und führt zur Entstehung neuer Berufssparten für den geliebten Vierbeiner.

Besonders dem gepflegten Stadthund kann schon einiges geboten werden. Abgesehen von den regelmäßigen Besuchen in „Hundesalons", in denen der Vierbeiner gewaschen, gefönt, gestylt... und entlaust wird, ist für ihn auch sonst das natürliche Hundeleben vorbei. Er trägt Hals- und Flohbänder in den Farben der Saison, bekommt über seinen abgeschorenen Körper ein hübsches Mäntelchen gestülpt, trägt Winterschuhe zum Schutz vor dem Streusalz oder lässt sich überhaupt spazieren tragen. Auch gibt es bereits Hunderestaurants, in denen dem Vierbeiner genau so ein schöner Teller wie dem Herrchen serviert wird. Doch nicht nur die Persönlichkeit des Tieres zählt, auch sein Aussehen. Auch gibt es für Vierbeiner Schönheitswettbewerbe, bei denen auch der Stammbaum, also die Ahnenreihe der Hunde von großer Bedeutung ist. Da nun der domestizierte Hund keineswegs ein "Hundeleben" mehr führt, wird er auch mit den Schattenseiten des zivilisierten Lebens konfrontiert. Dazu gehört sicherlich auch der Besuch beim Tierarzt, Impfungen, Krallenschneiden und Zivilisationskrankheiten, die auch beim Tier auftreten. Denn der Vierbeiner lebt keineswegs natürlich und problemlos. Weder für sich noch für die anderen. In Wien allein gibt es etwa 60.000 Hunde. Arme, unterdrückte Tierchen, wie manche ihrer Besitzer meinen. Sie kämpfen für mehr Rechte ihrer animalischen Freunde. Mir tun Hunde leid, die mit einem Beißkorb zwischen Menschenmassen in der Straßenbahn stecken. Aber auch die Personen, die von freilaufenden Hunden gebissen werden, tun mir leid. Die Hunde trifft nicht die Schuld, es ist einzig und allein die Verantwortung ihrer Besitzer. Aber wie können Menschen überhaupt für Tiere kämpfen, obwohl sie selbst weniger Rechte als diese haben. So darf z.B. jeder Hund sein Geschäft im Rinnsal verrichten. Setzt man aber ein kleines Kind zwischen parkende Autos, damit es Toilette macht, erntet es von allen Seiten verächtliche Blicke. Oder was wird ein Kind denken, dass sich im Vorraum die Schuhe ausziehen muss, während das Hundchen mit vier kotigen Pfoten auf das Sofa hechtet?

Ich ging einmal in Wien durch ein Gässchen, in dem man den ganzen Winter über keinen Schnee räumte. So ließen die Hundebesitzer ihre Tiere mitten auf dem Gehsteig ihre Notdurft verrichten, denn der Schnee deckte alles zu. Als jedoch die Schneeschmelze kam, bot sich langsam ein Bild des Grauens, welches erst durch einen kostspieligen Einsatz der Feuerwehr beseitigt werden konnte. Auf den Gehsteigen, vor Geschäften, auf Wiesen, auf Kinderspielplätzen, überall sind die Exkremente der Tiere anzutreffen. Steigt man versehentlich in so ein Häufchen, ist dies auch für Hundebesitzer selbst unangenehm. Vielleicht sagt Ihr deshalb auch so oft, wenn Ihr Euch ärgert, „Scheiße", weil Ihr wahrscheinlich zu oft in selbige tretet. (Vor fünf Tagen zählte ich, wie häufig dieses Wort benützt wird, und kam an einem Tag auf siebenunddreißig Mal.)

Natürlich müssen die Hunde auch in der Stadt ihr „Geschäft" verrichten, aber müssen Hunde überhaupt in der Stadt sein? Einmal versicherte mir eine Tierbesitzerin, dass es ihrem Hund und ihren zwei Katzen gut geht, weil sie immer Futter hätten und nie zu frieren brauchten. Sie lebte in einer Zwei-Zimmer-Wohnung, welche kaum Platz für die Frau und ihre Familie bot.

Ich kannte auch eine Frau, die sich einen großen Afghanen auf 25 Quadratmeter Wohnraum hielt. Trotzdem glaubt sie, dass es ihrem Hund ausgezeichnet geht, weil sie täglich morgens und abends mit ihm kurze Zeit spazieren geht. Überhaupt dürfen die Hunde oft nur hinaus, wenn ihre Besitzer Zeit und Lust haben, mit ihnen auszugehen, und nicht, wenn die Vierbeiner es wollen.

Der Hunde-Urin zersetzt auch Gemäuer, und diese Schäden bieten keinen schönen Anblick. Auch sind mir Hunde in Restaurants ein Dorn im Auge. Wenn so ein Tier ein Lokal betritt, und erstmal kräftig sein Fell schüttelt, um seine Flöhe richtig zu ordnen, und dabei seine Haare durch die Luft und in das Essen fliegen, vergeht mir sicher der Appetit. Öfter laufen Hunde in Gaststätten frei herum, und Ihr könnt Euch den Schreck eines Kindes vorstellen, das vor einem großen, fremden Hund steht, der es lauthals anbellt. Treffen sich aber Hunde in einem Lokal, übertönen sie mit ihrem Gebell sämtliche Konversation. Hunde sind keine Menschen, Menschen sind keine Hunde. Jeder hat seinen Platz. Auch die Adler fliegen nicht mit den Hühnern.

In Wohnungen werden außer Hund und Katze noch andere Tiere gehalten, wie z.B. Hasen, Hamster, Reptilien, Ratten, Fische und verschieden Vogelarten. Ihre Besitzer glauben, weil das Tier zu essen und ein warmes Plätzchen hat, gehe es ihm schon gut. Aber das ist ein großer Irrtum. Die Tiere wollen frei sein. Kein Käfig, und sei er aus Gold, ist gut für das Tier…, und auch nicht für den Menschen. Jeder Mensch und jedes Tier sind geboren, um frei und froh zu sein. Viele von den Tieren sind, wie Ihr meint, schön und exotisch. Auch deshalb sperrt Ihr Tiere ein, nicht nur weil Ihr einsam seid. Aber wer gab Euch das Recht, die Tiere ihrer natürlichen Umgebung zu entreißen?

Ihr glaubt doch nicht, dass Ihr den Tieren etwas Gutes tut? Eine Frau, die in einem Lastkraftwagen zwölf Käfige mit verschiedenen Tieren hatte, meinte voll Zufriedenheit, dass es ihren Tieren gut gehe, weil sie immer Futter hätten und keine Angst haben müssten, dass sie wie freilebende Tiere gejagt und erschossen würden. Als ich sie aber fragte, ob sie denn selbst lieber ihr ganzes Leben in Einzelhaft sitzen möchte, nur um vor Verbrechern geschützt zu sein, lehnte sie natürlich ab. – Sie sagte mir, dass ihr so ein Vergleich nie eingefallen wäre.

Ein Grund, warum Ihr derart mit Tieren umgeht, ist in Eurer Religion zu finden. So sprach im Christentum Gott in der Entstehungsgeschichte zu den Menschen: „Macht Euch die Tiere zu Untertanen." Ein anderes Zitat lautet: „Liebe deinen Nächsten wie dich selbst." Die Tiere sind Euch wohl nicht sehr nahe? Wir so genannten Wilden töten ein Tier nur, um selbst überleben zu können, Ihr aber nicht! Das am häufigsten wegen seiner Schönheit getötete Lebewesen ist die Blume. Solche toten Pflanzen werden zum Ausdruck von Liebe und Zuneigung verschenkt.

Denkt einmal darüber nach! ... Ist das nicht paradox? Zimmerpflanzen benötigen oft viel Dünger, weil sie zu wenig Licht und Sauerstoff bekommen. Ihr wollt die Pflanzen und die Tiere zivilisieren, aber Ihr merkt nicht, dass Ihr vielen damit nur den Tod bringt… Ja, ja, entfremdet Euch nur von der Natur, wie so oft…, denn anstatt eines Waldspaziergangs macht Ihr meist samstags oder sonntags einen ausgiebigen Schaufensterbummel. Solche Bummel verleiten Euch wiederum dazu, sinnlose Sachen zu kaufen, weil Euch Eure anderen Sachen schon alt erscheinen, und Ihr seid frustriert, weil Ihr Euch Dinge, die Euch gefallen, nicht leisten könnt.

Bei einem Spaziergang in der großen Einkaufsstrasse stechen einem nicht nur die Konsumartikel in die Augen, sondern auch jene Menschen, die von Eurer Gesellschaft überrollt wurden, wie Asoziale, Penner, Punker, Skinheads, Bettler u. a. Viele von denen sind reine Parasiten..., und gerade jetzt, da wir über Parasiten sprechen, denke ich an all jene Studenten und Arbeitslosen, die über Jahre hinweg wie Blutsauger oder Wanzen an der Staatskasse hängen und deren Leitsatz „Solange ich Arbeitslosengeld bekomme, werde ich doch nicht arbeiten!" ist. Ich kenne einen Deutschen, der seit acht Jahren arbeitslos ist, regelmäßig seine Unterstützung kassiert, trotzdem aber dauernd nebenbei durch Schwarzarbeit Geld verdient. Scheinstudenten wiederum immatrikulieren nicht wegen ihrer Ausbildung, sondern vielmehr wegen der Studienbeihilfen für Miete und wegen der Sondertarife bei Verkehrsmitteln und Veranstaltungen. Bei Vorlesungen trifft man sie, wenn überhaupt, nur selten an. Trotzdem haben sich viele von Euch eine Menge Wissen angeeignet, aber ich habe noch keinen von Euch mit Weisheit angetroffen. Denn Wissen und Weisheit sind nicht dasselbe. Wissen heißt nicht Verständnis, Weisheit aber schon.

Wenn ich auf der Straße oder in Kulturzentren, Schulen und an anderen Orten tanze, höre ich, was die Leute über mich und den Tanz sprechen. So vermuten viele, dass ich ein Häuptling oder ein Schamane sei. Manche halten mich für Winnetou selbst. Das kommt mir am häufigsten zu Ohren. Doch sagt man auch, dass ich ein Zauberer, Hexer, Teufelsverehrer oder sogar der Teufel selbst sei.

In Deutschland, Österreich der Schweiz und in Frankreich hatte ich Probleme beim Durchführen unserer Zeremonien, ja man wollte mich deswegen sogar schlagen, weil behauptet wurde, dass ich Rituale für satanische Mächte abhalte, nur weil es nicht ihre Religion und ihnen somit fremd war. Die Skepsis und Furcht der Leute gehen oft so weit, dass sie sich nicht einmal getrauen, mich anzufassen oder mir die Hand zu geben. Wenn wir tanzten, warf man uns Scherben auf den Boden, damit wir unsere bloßen Füße verletzen sollten, denn wir tanzen immer barfuss. Einmal musste ich deswegen drei Wochen ins Krankenhaus und konnte noch eineinhalb Monate danach nicht tanzen.

Das andere Extrem sind all jene Leute, die mich für einen Aztekenfürsten, den reinkarnierten Motekuhzoma oder den Jesus des 20. Jahrhunderts halten. Öfters sagen auch Eltern zu ihren Kindern, dass man deutlich erkennen könne, dass ich ein Häuptling sei. Frauen nannten mich einen Traumprinzen, und fünf Leute hielten mich sogar für Gott selbst. Als ich sie fragte, ob sie schon einen Gott gesehen hätten, verneinten sie natürlich. Aber ich würde ihren Vorstellungen von einem Gott entsprechen! Auch standen schon solche Frauen vor meiner Tür, die mit den Worten „Manitou schickt mich, um Dir zu dienen", ihren Mantel, den sie als einziges Kleidungsstück am Leibe trugen, öffneten! ... Ja, ja, Ihr seid voll von Überraschungen. Wenn ich mir nur Eure Wunschträume anschaue. So sehnt Ihr Euch z.B. nach einer einsamen Insel ohne Menschen – und ohne Insekten, wenn möglich. Wie verhaltet Ihr Euch eigentlich als

Touristen? Viel schlimmer als im eigenen Land. Denn alles, was zum fremden Kulturgut gehört, wird von Euch kaum respektiert. Ein Beweis dafür sind all jene dummen Beschimpfungen an Gebäudewänden wie „Jonny war hier" oder ähnliche Banalitäten. Alles muss fotografiert werden, aber fast nie wird um Erlaubnis gefragt, was besonders beim Fotografieren von Personen angebracht wäre; im Gegenteil, Ihr knipst sogar Verbotenes, wenn es nicht anders geht mit Teleobjektiv. Aber gerade Verbotenes scheint für Euch einen besonderen Reiz zu haben.

Ich habe Bekannte, die in Deutschland auf dem Land leben. Als ich sie besuchte, luden sie mich zum Erdbeer- und Kirschenstehlen ein. Ich schlug ihnen vor, doch lieber welche zu kaufen. Sie lehnten ab mit der Begründung, dass Gestohlenes doppelt so gut schmecke wie Gekauftes. Auch in Frankreich kenne ich Leute, die mit mir Erdbeeren stehlen wollten. Da es sich bei „ihrem Feld" um ein „Erdbeerland" handelte, schlug ich vor, gegen Bezahlung an die Erdbeeren zu gelangen, denn der Bauer musste ja schließlich auch arbeiten. Der Bauer brauche das Geld nicht unbedingt, war ihre Antwort, und als es Nacht wurde, schlichen sie mit Taschenlampen auf das Feld und pflückten eine beträchtliche Menge. Was mich aber am meisten erschreckte, war, dass in beiden Fällen die kleinen Kinder der Leute zum Stehlen mitgenommen wurden! In Gesprächen mit diesen Leuten betonen sie aber öfter, wie furchtbar es sei, dass es so viele Diebe und Verbrecher gäbe. Aber ich sah dabei auch ein Grinsen in den Gesichtern der Kinder, denen bewusst war, dass ihre Eltern auch Diebe waren. Wie kann sich die Welt verbessern, wenn die Leute selbst nicht merken, wie schlecht sie sind? Beispiele dieser Art könnte ich Hunderte geben.

Überhaupt steht für mich fest, dass Ihr einem Kind keine einwandfreie Entwicklung ermöglicht. So hörte ich auf einem Raststättenklo eine Mutter zu ihrem Kind sagen: „Geh jetzt Pipi, wegen Dir bleib ich nicht noch einmal stehen!" In einem

Freizeitpark vernahm ich ähnliches – Kind: „Mama, ich muss mal." Mutter: „Aber ich habe Dich doch vor zehn Minuten gefragt…, so eine verdammte Scheiße!"

Wollt Ihr mit Euren Kindern das gleiche machen, wie mit Euren Hunden, die auch nur „dürfen", wenn es dem Herrchen beliebt und wenn es Zeit hat? Wenn Euer Kind seine Notdurft nicht mehr zurückhalten kann, schlagt Ihr es dann auch wie einen Hund, der die Wohnung beschmutzt hat? Wie ist es mit Euch, Ihr Eltern und Tierbesitzer? Geht Ihr, wenn Ihr gerade Zeit habt oder wenn Ihr müsst? Leider ist es oft das erstere, sei es wegen zuviel Arbeit oder weil die Geschäfte sonst zusperren. Aber solches gesundheitsschädliches „Verkneifen" führt nicht selten zu einer Selbstvergiftung. Tja, das ist eben Zivilisation, nicht einmal Zeit für den Gang zur Toilette habt Ihr Zivilisierten. Wenn Ihr keine Zeit für die Toilette und zum Essen habt, wofür arbeitet Ihr überhaupt? Vielleicht arbeitet Ihr, um Euch eine Krankenversicherung leisten zu können, die Euch, wenn Ihr wegen Überarbeitung zusammenbrecht, den Spitalaufenthalt finanziert? Wenn Ihr aber Geld spart und Eure Lebenszeit zu kurz zum Geldausgeben ist, freuen sich nur der Staat oder die Erben. Wozu braucht Ihr mehrere Häuser und Autos, wenn Ihr doch nur eines benützen könnt?

Da wir doch gerade beim Vererben sind, möchte ich das Thema „Testament" nicht außer Acht lassen. Sehr viele Leute arbeiten ihr Leben lang und sterben, ohne ein Testament zu hinterlassen. In solch einem Fall werden in Österreich und in Deutschland, wenn es keine Nachkommen gibt, alle Ersparnisse vom Staat kassiert. In Deutschland gibt es aber die Erbschaftssteuer. In der Zivilisation – wo denn sonst – gibt es Leute, die ihr ganzes Vermögen einem Hund, einer Katze oder einem anderen Haustier vermachen. Was macht eine Katze z. B. mit einer Million Euro? Oder ein Hund mit einem geerbten Rolls-Royce? Oder ein Löwe mit einer Villa?

Ich kenne ein Mädchen, das mit 15 Jahren zu seinen Eltern sagte, dass sie doch endlich sterben sollten, es lege ohnehin niemand Wert auf ihre Anwesenheit, aber es möchte endlich die Wohnung erben können. Auch ist mir der Fall eines 27jährigen bekannt, der mehrmals seine Eltern fragte, wann sie doch endlich sterben würden, damit er mit ihrem Vermächtnis seine Schulden abzahlen könne. Das ist entsetzlich!

Es gibt bei Euch viele Leute, die nur an sich und ihren Vorteil denken. Diese haben auch noch die Untugend der Schadenfreude: „Was mir passiert, soll ruhig auch anderen passieren" oder „Was Dir passiert, ist nicht mein Problem" oder „Was bekomme ich schon, wenn ich Dir helfe?"

Ich beobachtete einmal eine Frau, die wegen einer Gassensperre zurückgehen musste und hämisch auf die Passanten blickte, die ebenfalls in die Sackgasse liefen. Auch sehe ich immer wieder Leute aus Telefonzellen kommen, die die Nachfolgenden beobachten, wie diese vergeblich versuchen, zu telefonieren, ohne ihnen vorher zu sagen, dass das Telefon nicht funktioniert. Leute amüsieren sich bestens, wenn andere ausrutschen, über Steigen oder ins Wasser fallen und über vieles mehr. Es gibt bei Euch sogar den Spruch: „Wer den Schaden hat, braucht für den Spott nicht zu sorgen."

Ihr habt viele Tierschutzvereine, die es meiner Meinung nach nicht zu geben brauchte, wenn die Menschen ein neues Bewusstsein entwickeln und nicht nur wie Menschen aussehen, sondern sich auch wie Menschen benehmen würden. Dann brauchte man die Tiere nicht vor den Menschen zu beschützen.

**Keine Revolution und kein Krieg können uns retten,
sondern nur ein neues Bewusstsein!**

Was nützt es, wenn Tierschutzvereine für größere Gehege für die Tiere kämpfen, obwohl doch jeder weiß, dass die Tiere in die Freiheit gehören? Tierquälerei jeder Art kann nur gestoppt werden, wenn es keine Menschenquälerei, in jedem Sinn des Wortes, gibt. Ich denke dabei nicht nur an das Verhalten der Eltern gegenüber ihren Kindern und Partnern, sondern auch gegenüber Verwandten, Bekannten, anderen Völkern und Nationen.

Es ist schon Zeit, dass Ihr Zivilisierten Eure unsinnige Selbstvernichtung beendet, denn Ihr zieht uns alle mit.

Wir haben nur eine Erde. Wenn sie zugrunde geht, gehen auch wir zugrunde, egal ob Mann oder Frau, ob alt oder jung und welche Religion oder politische Gesinnung und welche Hautfarbe wir haben.

Ihr seid leider sehr oft verrückt! Während Ihr Euere inneren Schönheiten zusehends verkommen lasst, legt Ihr alles daran, um Euer Äußeres zu erhalten. Wobei noch zu erwähnen ist, dass Ihr Schönheit oft mit Jugend gleichsetzt. Ihr seht nicht mit Würde dem Alter entgegen. Nein, im Gegenteil, Ihr versucht mit allen Mitteln, jung zu bleiben. Da sich das Märchen vom Jungbrunnen noch nicht verwirklicht hat, hofft man auf die Wunderwirkung der Schönheitschirurgie. Ihr gebt viel dafür, um Eure Falten los zu werden. Dabei sind Menschen ohne Falten wie ein unbeschriebenes Blatt Papier.

Aber Probleme mit der Schönheit haben nicht nur die älteren Semester. Schon in jungen Jahren versucht Ihr, Euer Aussehen künstlich aufzubessern. Stell Dir vor, Du sitzt in einem Café. Am Nachbartisch sitzt eine junge Dame mit langem blondem Haar. Sie trägt ein tailliertes Kostüm, das ihre wohlgeformten Brüste und ihre schmale Taille betont. Lange, gepflegte Fingernägel machen auf ihre Hände aufmerksam. Mit einem gekonnten

Augenaufschlag zieht sie Deine Aufmerksamkeit auf sich. Auf Dein schüchternes, bewunderndes Lächeln antwortet sie mit einem strahlenden Lächeln, bei dem ihr schönes weißes Gebiss zum Vorschein kommt. Der Bann ist gebrochen. Ihr lernt Euch kennen…, kommt Euch näher, bis Ihr an den Punkt gelangt, an dem man die Kleidung ablegt, um sich so nah wie möglich zu kommen. Nachdem das Fräulein ihr Kostüm abgelegt hat und nun verführerisch im Unterkleid vor Dir steht, beginnt sie, sich außer ihres Schmucks auch noch ihrer Fingernägel und Wimpern zu entledigen. An den Fingern kommen nun abgenagte Stummelchen und an den Augen kurze Borsten zum Vorschein. Sie zieht sich ihr Unterkleid über den Kopf, den sie offensichtlich skalpiert hat, denn die schöne Blonde hält auf einmal ihr Haar in der Hand. Am Kopf verbleiben ein paar zerzauste braune Härchen. Dieses Missgeschick lässt eine leichte Röte in ihr Gesicht steigen, die übrigens auch die einzige Farbe ist, denn im abgeschminkten Zustand wird das Urlaubsbraun zu einem Winterweiß. Sie setzt ihren Entkleidungsvorgang fort, zieht ihre Miederhose aus und lässt somit herbe Cellulitis zum Vorschein kommen. Um so weniger tritt beim Ablegen ihres Büstenhalters zum Vorschein. Die vermeintliche Oberweite bleibt in Form von Schaumstoff in dem Bekleidungsstück zurück. Doch bevor sie es sich mit Dir gemütlich macht, holt sie mit einem gezielten Griff ihr Gebiss aus dem Mund und lässt es langsam in einem Kukident-Brausebad versinken… Übrigens: Wie sieht es bei Euch mit der Liebe aus? Leider habt Ihr aus etwas sehr Schönem, dem Sex, etwas Schmutziges gemacht.

Sex, Sex, Sex, so viele tun es, aber doch schämt Ihr Euch irgendwie dafür, und in vielen Familien ist es bis heute tabu, darüber zu sprechen. Schon von klein an sollte man wissen, dass Sex nichts Böses, nichts vom Teufel Gemachtes ist, sondern etwas ganz Natürliches. Niemand sollte sich für seine Sexualorgane schämen. Sie kennzeichnen das Geschlecht, und kein Lebewesen wird mit Kleidung geboren. Solch falsch verstandene Scham führt, besonders während der Pubertät, oftmals zu bleibenden seelischen Schäden. Viele Homosexuelle und Lesbierinnen entstanden genau in dieser Gesellschaft voll von Unverständnis und Doppelmoral. Ich bin überzeugt davon, dass die meisten Homosexuellen nicht so geboren, sondern erst später so wurden. Jeder Mann hat in sich eine Frau, und jede Frau hat in sich einen Mann. Dies ist ein Gesetz der ewigen Dualität. Selbstverständlich gibt es auch so geborene, aber wie gesagt, für mich entstehen solche Gleichgeschlechtsbezogenen durch Vergewaltigung, Enttäuschung, Einsamkeit, Unverständnis, Komplexe und negative Erlebnisse mit dem anderen Geschlecht.

Viele Kinder und Jugendliche werden von Menschen vergewaltigt, die sich vielleicht an einem abartigen Porno inspirieren. Egal, ob Film oder Magazin, ob Buch oder Fotos von Perversitäten, sie sind in der zivilisierten Welt fast überall zu finden. In vielen Kinos, „Theatern" und Pornoshops werden auf großen Plakaten Menschen in obszönen Positionen dargestellt.

In Stuttgart konnte ich einmal einen Vater mit seinen zwei Kindern vor einem Sexkino beobachten. Als der Vater auf die Poster starrte, meinte sein etwa sechsjähriger Sohn, dass ein Mann auf einem Foto einen großen Schwanz habe, worauf ihn sein Vater ohrfeigte und ihn als Schwein bezeichnete. Aber welche Schuld hatte das Kind? Ihr nennt die Geschlechtsteile nicht bei ihren eigentlichen Namen, sondern bezeichnet den Penis etwa als „Ding", „Kleinen" oder „Spatzerl". Die Sprache in Pornos ist ordinär und vulgär, aber Ihr seid vielleicht schon an sie gewöhnt, so dass sie Euch nicht mehr auffällt.

Beobachtet einmal, wie sich Leute in kleinen oder großen Gruppen verhalten, wie sie in Großstädten wie richtige Horden in U-Bahnen aus- und einsteigen, wie sie sich in Fußballstadien benehmen, gegenseitig anheizen und in Notsituationen nur auf ihre eigene Sicherheit bedacht sind und andere niedertrampeln. In

Gruppen seid Ihr ganz anders als einzeln. Besonders nach Fußballspielen ziehen Horden von Fans durch die Gegend, und egal, ob sie sich freuen, weil ihre Mannschaft gewonnen hat, oder ob sie zornig sind, weil sie verloren hat, verwüsten sie ihre Umgebung, zerstören Autos, Telefonzellen, U-Bahnsitze oder belästigen Passanten. Auf jeden Fall erzeugen sie viel Lärm und brüllen durch die Gegend und verbrauchen somit sinnlos ihre Energie. Randalierende Vandalen, weiter nichts, aber mehr darüber in einem anderen Kapitel.

Niemals werde ich vergessen, was mir vor mehreren Jahren in New York passierte. Ich ging in ein First-class-Hotel, weil ich dessen hochinteressante Architektur auch von innen sehen wollte. Die Hände auf dem Rücken verschränkt, damit jeder sah, dass ich nichts stehlen wollte, betrat ich das Gebäude. Es war noch keine Minute vergangen, als ein großer, dicker Mann sich mir in den Weg stellte und mich zum sofortigen Verlassen dieses Platzes aufforderte, da dieses Haus nichts für Indianer sei. Auf meine Erklärung, dass ich nur die Architektur begutachten wolle, spottete er nur: „Wie kann sich ein Wilder für Architektur interessieren?" – „Lassen Sie mich noch vier Minuten hier, dann verlasse ich sicher das Hotel", bat ich. „Wenn Du nicht freiwillig gehst, wirst Du schon sehen…", warnte der Mann, sprach etwas durch sein Walkie-Talkie und packte mich am Hals. Unterdessen traf auch schon seine Verstärkung in Form von vier Schlägertypen ein. Unter Gewaltanwendung brachten sie mich in einen Keller, wo mich zwei von ihnen zu schlagen begannen, mit einer Brutalität, als hätte ich gerade ein Attentat auf den Präsidenten verübt. Begleitet wurde dieser Gewaltakt von jeder Menge Schimpfwörtern. Danach drückten sie mich mit dem Gesicht zur Wand und legten meine Hände auf dem Rücken in Handschellen und schlugen mich abermals, hauptsächlich ins Gesicht und in die Magengegend. Auch Fußtritte musste ich hinnehmen. Sie führten mich darauf in ein kleines Zimmer, in dem sie mich abermals schlugen, weil ich bis dahin nicht geweint hatte und sie die Behauptung, dass Indianer nicht weinen, widerlegen wollten. Die Männer nahmen mir alle Sachen aus meinen Taschen und fotografierten mich und meinen Reisepass. Nach etwa einer Stunde stießen sie mich durch einen Hinterausgang auf die Straße. Ich war von all den Schlägen fast bewusstlos, doch nach einiger Zeit stand ich auf und ging ein paar Straßen weiter. Meine Schmerzen waren so groß, dass ich mich wieder setzen musste. Ich begann bitter zu weinen. Immer wieder fragte ich mich: Was habe ich getan? Passanten gingen an mir vorbei, aber keiner fragte mich, was passiert sei oder ob er mir helfen könne. War es Angst, Unmenschlichkeit, Desinteresse oder einfach der Charakter der typischen Großstadtmenschen, die solche Reaktionen auslösten? Etwa eine halbe Stunde später kam ich zu einem Polizeirevier und erklärte, was mir passiert war. Es war deutlich zu erkennen, wo ich geschlagen worden war, besonders an den Handgelenken, die noch blutig waren von den viel zu engen Handschellen. Ein Polizist meinte, ich solle Gott danken, dass ich noch lebe. Weiterhin schlug er mir vor, das Ganze zu vergessen, da er sowieso nichts machen könne. Aber um mich zufrieden zu stellen, schickte er zwei Polizisten und mich zurück in das Hotel. Doch trotz der Anwesenheit der Polizisten verbot mir der Mann abermals den Eintritt in das Hotel. Doch ich konnte deutlich sehen, wie er den beiden Gesetzeshütern Geld zusteckte, worauf diese mit fröhlichen Gesichtern das Hotel verließen. „Wie Du siehst, hatte unser Captain Recht, als er sagte, dass wir in diesem Fall nichts tun können." Lachend stiegen sie in ihren Wagen und fuhren fort. Der Mann, der mich geprügelt hatte, kam zu mir und sagte mir noch: „See, you asshole, money is everything. Because you don´t have money, your just shit." („Siehst Du, Arschloch; Geld ist alles, weil Du keines hast, bist du nur Scheiße.") Mein Gerechtigkeitssinn war so verletzt, dass ich den Mann, als er lachend vor mir stand, einfach nur verprügeln wollte, aber ich bedachte, dass die Polizei zurückgekommen wäre und mich verhaftet hätte. Also ging ich wieder ein paar Straßen weiter, musste mich abermals setzten, und wieder fragte ich mich unter Tränen, warum in der Zivilisation Geld, Gold und Macht alles beherrschen... Der Mann warf all seine Komplexe, Frustrationen und seinen Hass auf mich, weshalb ich auch nur eines für ihn fühlte: Mitleid.

Ich ging meinen Weg weiter. Wir Naturvölker verzeihen, aber wir vergessen nie...! Ich habe nichts getan und wurde schon derart misshandelt; denkt einmal an all jene Menschen aus Naturvölkern, die für Gerechtigkeit kämpfen, für Gebiete in ihrem eigenen Land, wie z.B. unsere Brüder, die Navajos, die sogar um Teile ihrer Reservate kämpfen müssen, wegen des dortigen Uranvorkommens. Unsere weiter nördlich lebenden Brüder, die Lakotas, kämpfen um ihre Berge, die Cheyenne kämpfen um ihre Jagdgründe, die Raramuris kämpfen gegen die Abholzung ihrer Wälder, die Pima kämpfen für die Erhaltung der Stammessprache, die Maya-Lakandonen kämpfen für die Erhaltung der Urwälder, die Tzeltal kämpfen für ihre Religionsfreiheit. Leider hinterließen die „zivilisierten Menschen", wo sie hinkamen öfter nur Wüste, Gewalt und Tod.

Manchmal sind sie so arrogant, stolz und hochnäsig, dass sie nicht einmal richtig niesen, sondern es mit einem kleinen gequälten Laut unterdrücken, obwohl es sich bei diesem Vorgang um etwas Natürliches handelt, wodurch die Atemwege befreit werden. Sie schämen sich zu husten, weil sie glauben, alle Blicke dadurch auf sich zu lenken. Besonders aber viel mir auf, dass Leute, nachdem sie gestürzt sind oder sich verletzt haben, einfach so tun, als wäre nichts passiert, um nur ja nicht die anderen auf ihr Missgeschick aufmerksam zu machen. Obwohl es Euch sehr weh tut, wird Euer Gesicht nicht vor Schmerz, sondern aus Scham rot, es ist Euch furchtbar peinlich, denn Ihr glaubt, dass die Leute denken, Ihr seid dumm oder tollpatschig...

Wie kann ich Euch verständlich machen, dass Ihr genau wie wir auch nur Menschen seid und gar nichts Besonderes. Ihr schadet Euch sogar oft mit Euren „guten" Manieren, wenn Ihr z.B. statt aufzustoßen die Luft wieder runterwürgt. Ihr seid Menschen und keine Maschinen, und Menschen irren sich und machen Fehler. Wenn Ihr keine Fehler mehr begeht, dann werdet Ihr Maschinen sein, obwohl auch diese Fehler machen, weil sie von Menschen gebaut wurden. Ihr baut Maschinen, um Euch das Leben bequemer zu machen, aber zuviel Bequemlichkeit degeneriert den Menschen. Sie macht ihn einfallslos und nimmt ihm die Spontaneität und Flexibilität.

Mit Behelfsmitteln wie Werkzeugen oder Computern könnt Ihr viel machen. Aber ohne diese wäret Ihr wahrscheinlich verloren. Viele Zivilisierte arbeiten mit Theorie anstelle mit Praxis. Sie hören den Lärm der Autos und Straßenbahnen, der Flugzeuge, Sirenen oder Kirchenglocken, aber nicht mehr die Geräusche der Tiere, das Zwitschern der Vögel, das Zirpen der Grillen, das Quaken der Frösche, das Rauschen der Flüsse, den Gesang des Windes, denn sie hetzen voll Hektik durch die Gegend, ohne sich Zeit zu nehmen, um die Natur zu hören, zu atmen, zu fühlen, zu bewundern und selbstverständlich, um von ihr zu lernen. Ihr habt Euch zum Teil so weit von der Natur entfernt, dass Ihr nicht einmal mehr wie Menschen riecht. So wurde von Esteé Lauder ein Parfüm verkauft, das zu einem Verkaufsschlager in den USA wurde – „White Linen", mit dem Geruch nach frisch gewaschener Wäsche. Natürlich passierte dies in den USA, dem Land der Fast-food-Zivilisation, wo fast alles Unmögliche möglich wird und wo man Tennisschuhe zum Smoking trägt. Alles ist möglich, denn die Amis sind auch eine Mischung aus allem Möglichen, besonders aus Europäern: Deutsche, Engländer, Franzosen, Italiener, Spanier, Russen und Holländer. Nicht zu vergessen sind auch die Asiaten, Afrikaner und Mestizen (euro-indianische Mischung).

" SCHMELZTIEGEL USA "
ENGLISH
IN GOD WE TRUST

Aber zurück zum Parfüm, den Duftwässerchen. Je teurer und bekannter, desto beliebter. Manchmal übertreibt Ihr mit dem Parfümieren. Es gibt Leute, die beim Vorbeigehen intensiven Parfümgeruch hinterlassen und in der Nähe penetrant stinken. Bei uns heißt es, dass das Benützen von Parfüm ein Zeichen von Unsauberkeit sei. Der Geruch von Sauberkeit ist unser bestes Parfüm. Versetzten wir uns einmal zurück in das europäische Mittelalter, als die Begriffe Sauberkeit und Hygiene so gut wie unbekannt waren, als die Straßen in den Städten übelriechende Kloaken waren, als die Leute ihre Exkremente auf die Straße warfen und Seife kaum bekannt war. (Bei uns gibt es bis heute noch 15 verschiedene Naturseifen, Wurzeln und Samen, die noch aus der Zeit der Azteken stammen.) Könnt Ihr Euch Städte wie Paris, München oder Madrid ohne Müllabfuhr vorstellen? Auf Märkten, in Krankenhäusern und in Gassen gab es einst so viel Schmutz, dass Seuchen auftraten, die Hunderttausende von Bürgern hinrafften. Es gab noch vor ein paar Jahrhunderten in den meisten Häusern eigene Senkgruben, die erst nach vielen Jahren gelehrt oder überhaupt nur zugeschüttet wurden!

Das Volk benutzte Wasser sehr selten, der Adel überhaupt nicht, weil er es für zu gewöhnlich betrachtete, sich mit „ordinärem" Wasser zu waschen. Diese Leute verbargen ihren Schmutz und Gestank unter Parfüms, Puder und Essenzen. Sie badeten nicht einmal alle vier Monate. Selten wechselten sie auch ihre Kleidung. Könnt Ihr Euch vorstellen, ein halbes Jahr lang im gleichen Unterkleid rumzulaufen, ohne es zu wechseln oder zu waschen?

In der Wiener Hofburg wurde erst Ende des 19. Jahrhunderts ein Klo mit Fließwasser installiert. Bei den Azteken gab es dies bereits Hunderte von Jahren vor der Ankunft der Spanier und nicht nur für Motekuhzoma Xokoyotzin. Außerdem gab es bei uns Saunen, Massageplätze, Duschen mit Fließwasser, Badeplätze für Wanderer, botanische Gärten und sogar zoologische Gärten. Eure Unsauberkeit begünstigte das Entstehen vieler Seuchen wie

Pest, Cholera, Typhus, Fleckfieber, Pocken, Krätze und Läusebefall. Alles Krankheiten, die bei den Naturvölkern des amerikanischen Kontinents vor Ankunft der Zivilisierten unbekannt waren... Noch heute fragen sich viele Leute, wie es möglich war, dass die Azteken von den Spaniern besiegt wurden. Wenn ich Euch jetzt sage, dass mehr als die Hälfte der Einwohner von Mexiko Tenochtitlan allein an den eingeschleppten Pocken starb, wird man es verstehen. Das gleiche geschah mit den Kechua, den Mayas und anderen Indianerstämmen.

Tausende von Euch erlagen den Geschlechtskrankheiten wie Syphilis und Gonorrhöe; auch sie waren bei uns nicht bekannt. Ihr habt sie uns gebracht und durch die Vergewaltigung unserer Frauen verbreitet. Im 16. Jahrhundert gab es eine Frau, die von 25 „zivilisierten" Spaniern vergewaltigt wurde. Sie ließen sie am Leben. Einige Jahre später tötete sie einige von ihnen und anschließend sich selbst. Auch ist bei uns bekannt, dass sich 150 Frauen von einem Felsen stürzten, nur um nicht von den Spaniern vergewaltigt zu werden. Es gab mehrere solcher Verzweiflungsakte.

Heute noch sagt man in Europa, dass uns die Spanier Kultur gebracht hätten..., es ist lächerlich und unverschämt, so etwas zu sagen! Die Zivilisation Spaniens war in keinem Fall höher als unsere, was Rechte, Politik, Sitten, Religion, Respekt, Moral, Sauberkeit, Geschichte, Astronomie, Astrologie, Medizin, Architektur, Rechnungswesen, Staat, Justiz usw. anbelangt. Sogar in der Sprache waren wir fortgeschrittener. Ich versuche kurz zu erklären, was ich damit meine: Die Bibel (Neues Testament) weist 9.000 verschiedene Wörter auf, Shakespeare, der einen sehr großen Wortschatz besaß, verwendete nur 12.000 Wörter. (Zum Vergleich: Der Wortschatz eines deutschen Hilfsarbeiters umfasst etwa 1.000 Wörter.) Die Nahuatlsprache der Azteken hatte vor der Ankunft der Spanier über 28.000 Wörter. So gibt es z.B.

12 OKT. 1492 ......

PAAR WOCHEN SPÄTER....!!!!

17 verschiedene Begriffe für das Wort „Liebe". Für „Mutter" gibt es keine Übersetzung, denn wir sagen „verehrtes und geliebtes Mütterchen". Man bezeichnet Personen nicht als „alt", sondern nur Gegenstände. Zu Menschen sagen wir sinngemäß „verehrtes Reiferchen".

Ihr glaubt, dass Euch die ganze Welt gehört und dass Ihr der „dritten" Welt helfen müsst, dabei könnt Ihr Euch nicht einmal selbst helfen! Ihr habt in Euren Ländern viele Drogensüchtige, Alkoholiker, Verbrecher und Irre. Habt Ihr nicht genug vor Eurer eigenen Tür zu kehren? Denn der beste Richter fängt zu Hause an. Ihr habt viele Probleme, erledigt zuerst einmal die eigenen, bevor Ihr anderen helfen wollt. Auch solltet Ihr mit Euren Religionen die Sünder unter Euresgleichen und nicht in fremden Ländern suchen. Ihr habt selbst genügend Sünder. Wie könnt Ihr erwarten, dass wir einen Glauben annehmen, der besagt, dass man nicht töten soll, wenn seine Vertreter unsere Ahnen ermordet haben?

In Irland z.B. töten sich Katholiken und Protestanten gegenseitig, obwohl sie beide Christen sind. So etwas passiert heute. Könnt Ihr Euch vorstellen, was die Leute im Mittelalter unseren Vorfahren antaten? Noch dazu kannten wir Eure Mentalität nicht. Wir empfingen Euch mit offenen Armen – und offenen Türen und Toren.

Wir sind nicht so misstrauisch dem anderen gegenüber wie Ihr, denn wir wissen, dass er uns respektiert und umgekehrt. Ihr aber saht in unseren oft türlosen Häusern nur eine leichte Beute für Eure Raubgier. Ihr selbst hingegen scheint Euch gut zu kennen, denn überall, wo man in der Zivilisation hingeht, findet man Schlösser, Gitter, Alarmanlagen, Safes, Tresore und Banken, um seine Wertsachen möglichst gut vor den Mitmenschen zu schützen. Ja, ja, die Zivilisierten sehen oft sehr lieb aus…, aber sie sind manchmal ganz das Gegenteil.

Oftmals habe ich Euch auf Bahnhöfen, Flughäfen und Friedhöfen gesehen, wie lange Ihr winkt und wie Ihr beim Abschiednehmen weint, auch wenn jemand stirbt. Aber was nützt es dem Toten, wenn Ihr um ihn weint, wird er deshalb wieder lebendig? Aber Ihr weint vielleicht nicht, weil er tot ist, sondern weil Ihr ihn verloren habt?!"

Ich sah auch Leute, die sich über die Ankunft ihrer Lieben freuten und vor Glück in Tränen ausbrachen, wenn sie die Zurückgekehrten empfingen. Manchmal, wenn ich sie traurig sehe, weine ich mit ihnen. Sie sehen mich nicht, aber ich stehe neben ihnen und denke, dass sie doch sehr menschlich sind. Sie haben auch zwei Augen, ihr Herz liegt auch auf der linken Seite, durch ihre Adern fließt rotes Blut – wie unseres – sie atmen wie wir durch die Nase, sie sind gleich wie wir, denn von klein an lernen wir, dass wir alle Brüder und Schwestern sind. Lernt Ihr das nicht? Ihr seht aus wie wir. Warum also, wenn wir gleich sind wie Ihr, warum wart und seid Ihr gemein zu uns? Obwohl Eure Augen wie unsere zum Sehen geschaffen sind, strahlen sie überhaupt nicht. Obwohl manche Menschen viel haben, sind sie unglücklich. Obwohl sie unter vielen Menschen sind, fühlen sie sich einsam. Sie sprechen viel, aber sie tun das Gegenteil. (Ein großer Häuptling aus dem Norden resümierte: „Die Weißen haben uns viel versprochen, aber nur eines hielten sie, und zwar das Versprechen, dass sie uns das Land wegnehmen würden...") Warum bringen sie uns um, warum zerstören sie die Umwelt und dadurch sich selbst? Warum sind sie gar so geldgierig? Habt Ihr im zweiten Weltkrieg nicht bemerkt, dass Gold nichts zum Essen ist? Braucht Ihr noch einen dritten Weltkrieg, um sicher zu sein? Ich gehe kopfschüttelnd weiter. Ich drehe mich um mit einem Kopf voll Fragen. Ich sehe aber auch viele Leute, die sich menschlich verhalten, und wieder schießt mir der Gedanke in den Kopf: Die sehen alle sehr lieb aus...

Folgende Geschichte passierte in Wien: Als ich einmal zur mexikanischen Botschaft ging, parkte ich mein Auto so nahe an der Wand, dass ich auf der rechten Seite aussteigen musste. Als ich zum Auto zurückkam, fiel mir ein, dass man das Schloss der rechten Tür zwar verschließen, aber von außen nicht mehr öffnen konnte, weil es kaputt war. Also hielt ich es für das beste, auf das Dach zu steigen und von oben mit einem Draht das linke Seitenfenster zu öffnen. Also besorgte ich mir einen Kleiderbügel aus Draht, den ich mir an den Fenstervergitterungen einer nahen gelegenen Bank zu Recht bog. Es war zwölf Uhr mittags. Kurz nachdem ich auf das Auto gestiegen war, kamen plötzlich sieben Polizisten in zwei Streifenwagen, die mich wegen Bankeinbruchs festnehmen wollten, obwohl ich zehn Meter von der Bank entfernt war und auf dem Autodach gelegen hatte. (Es musste das linke Fenster sein!) Ein Polizist fragte, wo denn meine Komplizen seien. Ich war sehr überrascht und wunderte mich, was für Komplizen er meinte. „Tu nicht, als würdest Du uns nicht verstehen! Wo sind die anderen?" – „Wir sind aber nur zu zweit", beteuerte ich. Der weitere Dialog lief folgendermaßen ab: Polizist: „Das werden wir sehen. Öffnen Sie das Auto." – Ich: „Wie Sie sehen, bin ich gerade dabei." (Inzwischen fuhren fünf Polizisten weg, zwei blieben. Als das Auto endlich offen war, durchsuchten sie es von der Motorhaube bis zum Kofferraum.) Ich fragte: „Was suchen Sie eigentlich?" – „Das geht Dich nichts an." (Beide suchten weiter, wurden aber nicht fündig.) Der Polizist wandte sich an seinen Kollegen: „Irgendwas kann da nicht stimmen", und befahl mir, einen Koffer zu öffnen. Alles, sogar mein Adressbuch, wurde kontrolliert. Der Polizist fand die Pfeifentasche mit meiner heiligen Pfeife, nahm sie aus dem Beutel und warf sie in den Kofferraum. Ich sagte: „He, werfen Sie die Pfeife nicht! Sie ist mir heilig!" – „Heilig? Sind Sie denn ein Christ?" – „Nein, bin ich nicht." – „Na, wie kann Ihnen dann etwas heilig sein?" – „Glauben Sie, dass nur Christen etwas haben, was heilig ist?" – Der Polizist begann, im Wiener Dialekt zu sprechen, woraufhin ich ihn bat, mit mir Hochdeutsch zu sprechen, aber vergebens. Er setzte seinen mir unverständlichen Dialekt fort, und ich begann in meiner Muttersprache Nahuatl zu sprechen. Daraufhin meinte er: „Schimpf nicht!" – „Woher wissen Sie, dass ich schimpfe?" – „Ich weiß es nicht, aber es klingt so." – „Wenn Sie für mich verständlich sprechen, werde ich es auch für Sie tun." Nun wandte sich der Polizist einer Frau zu, die bei mir war: „Sagen Sie ihm, dass wir hier nicht in der Prärie sind." Ich entgegnete: „Seien Sie froh, dass wir nicht in der Prärie sind, denn was Sie mit meiner Pfeife gemacht haben, hätten Sie dort vielleicht mit dem Leben bezahlt."

Dieses Hin- und Her dauerte zweieinhalb Stunden, bis ein Oberinspektor kam, der mich nach einigen Fragen wegfahren ließ, aber nicht, ohne noch vorher meine Personalien genauestens zu protokollieren. Das alles nur, weil irgendjemand die Polizei anrief, als er mich auf dem Bankfenstergitter den Draht zu Recht biegen sah, und mich deshalb am helllichten Tag für einen Einbrecher hielt!

Uff! Dieses Kapitel war ganz schön lang, doch es könnte viel länger sein. Aber ich glaube, es ist genug, um Euch zu zeigen, dass Eure Gesellschaft nicht gesellschaftsfähig ist.

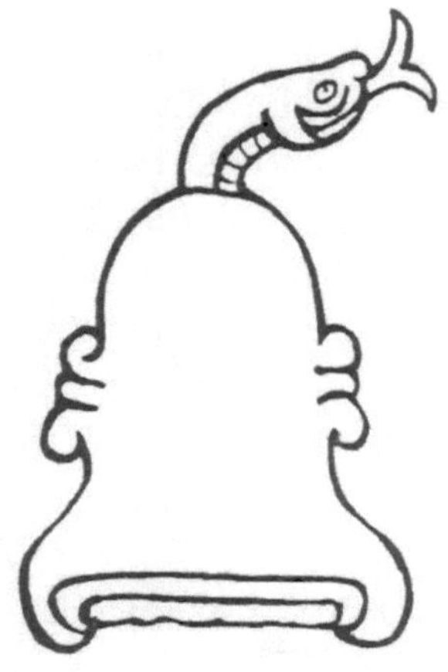

Die Großstadt… einsam unter Millionen!

Neun Personen sitzen in einem Lokal. Jede an einem anderen Tisch. Es gibt neun Tische. Zwei Frauen betreten das Lokal. Sie blicken durch die Runde und gehen wieder. „Gehen wir woanders hin, hier ist schon alles voll." Derselbe Schauplatz. Neun Tische. Acht Leute sitzen an acht verschiedenen Tischen. Eine weitere Person betritt das Lokal, geht an einen bereits besetzten Tisch und fragt, ob sie Platz nehmen darf. Die angesprochene Person weist den Fragenden zwar nicht ab, wirft aber sofort einen langen, unübersehbaren Blick auf den freien Tisch.

Dasselbe Lokal. Neun Tische. Alle sind besetzt. An einem Tisch sitzt ein junger Mann, an einem anderen eine junge Frau. Die Frau gefällt dem Mann, der Mann gefällt der Frau. Sie finden einander sympathisch. Beide sind allein und hätten gerne eine(n) Freund(in). Der Mann denkt: „Die gefällt mir gut, mit ihr würde ich gerne an einem Tisch sitzen. Aber was ist, wenn sie mir einen Korb gibt und alle rundherum beobachten es? Sie ist sehr sympathisch. Sie hat sicher einen Freund. Was ist, wenn der hier auftaucht, oder gar ihr Ehemann? Oh weh, wie peinlich. Ich werde mich nicht blamieren." Die Frau denkt: „Der Mann gefällt mir gut. Wenn er mich nur ansprechen würde. Ich als Frau kann doch nicht zu einem Mann gehen, man würde glauben, ich sei ein leichtes Mädchen. Aber was soll´s. Es wird sowieso gleich seine Freundin hereinkommen, denn nette Männer sind immer schon in festen Händen." So vergeht die Zeit, bis sie sich langweilen, aufstehen und jeder seiner Wege geht. Beide sind allein, obwohl sie sich gerne kennen gelernt hätten. Es wäre so einfach gewesen, wenn sie miteinander gesprochen hätten, aber sie hatten zu wenig Mut.

Szenenwechsel. Eine Straßenbahn, in der alle Sitzplätze besetzt sind. Ein Einzelsitz wird frei. Gleichzeitig springen drei Personen, die bereits auf Doppelsitzen saßen, auf, um den Einzelsitz zu ergattern. Denn man ist darauf bedacht, sich so gut wie möglich zu isolieren, um nur ja nicht an anderen Menschen anzustreifen. Man versucht, allein zu sein, doch man wird einsam, einsam unter Millionen.

Dies waren vier verschiedene Geschichten; ähnliches haben die meisten sicher auch schon erlebt. Für mich ist es schwer zu begreifen, wie es möglich ist, dass viele trotz der vielen Menschen, unter denen sie leben, einsam sind. Mir ist es bis heute unverständlich, dass in Millionenstädten wie New York, Tokio oder Mexiko City, aber auch in etwas kleineren Städten wie Wien, Berlin, München oder Amsterdam Leute einsam sein können. Es stimmt schon, dass keiner einsam ist, wenn viele zusammen sind, aber nicht, wenn viele nebeneinander sind. Man kennt in größeren Städten nicht einmal seine Nachbarn.

Aber sehen wir nur einmal ein Hochhaus genauer an. Ihr lebt wie in einem Taubenschlag, einer dicht neben dem anderen. Dieser Zustand führt auch dazu, dass man den Nachbarn nicht als Mitbewohner akzeptiert, sondern ihn manchmal sogar als aufsässigen, in die Privatsphäre eindringenden, unangenehmen Störenfried betrachtet, einerseits weil man wegen der Nachbarn viele Einschränkungen in Kauf nehmen muss, d. h. man kann nicht laut singen, musizieren, Musik hören oder feiern, wie man will, andererseits weil man sich durch den vom Nachbarn erzeugten Lärm belästigt fühlt. Es ist schön, viele Menschen um sich zu haben, aber Euch sind es offensichtlich schon zu viele. Oben, unten, an der Seite – Ihr fühlt Euch eingekreist. Ihr müsst Euch mit Massen von anderen Menschen wie Sardinen in öffentliche Verkehrsmittel zwängen…, überall trefft Ihr Schwärme von Menschen an.

Also was macht Ihr? Ihr beginnt Euch zu isolieren. Ihr meidet Kontakte mit den Nachbarn. (Deshalb werden oft Leichen von alleinstehenden Menschen erst nach Monaten gefunden, weil sich kein Nachbar um den anderen kümmert.) Auch setzt Ihr Euch lieber in Euer eigenes Auto, nehmt Staus, im Winter mühsames Schneeschaufeln u. a. in Kauf, nur um den anderen Menschen zu entgehen. Ihr seid den Ratten ähnlich. Auch sie gehen aufeinander los, ja werden sogar zu Kannibalen, wenn sie auf zu engem Raum zusammengedrängt sind. Ihr versteckt sogar Eure Gefühle vor den anderen. Ihr schämt Euch, anderen Euren Kummer zu erzählen, weil Ihr glaubt, sie zu belästigen. Man soll nicht übertreiben, aber auch nicht das Gefühl haben, allein in der Welt zu stehen. Helft Euch gegenseitig und sprecht Euch aus, aber gebt auch den anderen die Möglichkeit, sich bei Euch auszusprechen. Eure Scheu, mit Freunden über Eure Probleme zu sprechen und sie um Rat zu bitten, treibt Euch sogar dazu, dass Ihr fremde Menschen bezahlt, damit sie Euch zuhören und beraten – die Psychiater. Viele Leute gehen zu Ärzten, nicht weil sie krank sind, sondern weil sie nur einen Ansprechpartner suchen, der ihnen das Gefühl des Geholfenwerdens vermittelt und der sich um sie kümmert, denn sie fürchten die Einsamkeit, obwohl sie sie selbst suchen. Bei ihren Gesprächspartnern aber geraten Sie oft an den Falschen. Denn besonders die Zeit von Ärzten und Psychiatern ist sehr begrenzt. Einerseits wollt Ihr bei Eurem Arztbesuch so schnell wie möglich angenommen werden und nicht lange warten müssen. Ist ein Patient länger als 15 bis 30 Minuten in einer Ordination, wird im Warteraum bereits geschimpft und gemeckert. Fertigt ein Arzt aber seine Patienten schnell ab, heißt es, er behandelt sie wie Nummern.

Die Städter werden von den verschiedensten Ängsten befallen. Eine von den vielen heißt Klaustrophobie (Furcht vor dem Aufenthalt in geschlossenen Räumen). Die Leute geraten im Gedränge leicht in Panik. Das beginnt schon in U-Bahnen, wo Ihr Euch bereits zwei Stationen, bevor Ihr aussteigt, zu den Türen und beim Aussteigen durch die im Gedränge Wartenden, die einsteigen wollen, kämpft. Im Katastrophenfall hat so etwas verheerende Folgen. So wurden bei Theaterbränden oft schon Leute zertreten, und Leute sprangen bei Hochhausbränden aus den Fenstern, aus Höhen, bei denen die Überlebenschancen gleich null waren. So etwas würde alles nicht passieren, wenn Ihr nicht nur zivilisiert, sondern auch kultiviert wäret!

Doch trotz allem Übel der Großstädte fühlen sich deren Bewohner gegenüber den Landbewohnern als etwas Besseres. Denn noch heute werden Bauern, die uns Nahrung zum Leben liefern, geringgeschätzt. Aber eines ist sicher: die Bauern könnten problemlos ohne die Städter leben, die Stadtbewohner aber niemals ohne die Bauern!

Ihr müsst gegen Eure Ängste ankämpfen; die Welt ist nicht gegen Euch, kämpft für eine bessere Zukunft und versucht, glücklich zu sein. Niemand wurde gefragt, ob er auf diese Welt kommen will, aber Ihr seid hier, Ihr existiert schon – versucht, ein Leben daraus zu machen…

Macht das Unmögliche schwer, macht das Schwere möglich, und das Mögliche macht einfach.

Kämpft gegen Eure Komplexe, Euren Neid, Euren Stolz, Euren Egoismus, Eure Faulheit und gegen Eure Ängste an, denn wie schon jemand sagte:

„Wer kämpft, kann verlieren.
Wer nicht kämpft, hat schon verloren."

Die Unterhaltung...
Freizeit, was ist das?

Hui, jetzt sind wir bei einem erholsamen Thema gelandet, nämlich bei der Unterhaltung und Freizeitgestaltung des „Homo civilicus", die einem aber doch den einen oder anderen Nerv kostet. Denn so wie der Zivilisierte selbst ist, ist auch die Art seiner Unterhaltung, die sich hauptsächlich auf vier „Dauerbrenner" beschränkt: Politik – Geld – Wetter – Arbeit. Bis jetzt war ich noch an keinem Platz, an dem man nicht über diese vier Bereiche gesprochen hätte, besonders in der Familie. Ich esse auch in Europa oft Mangos, Papayas, Kakteenfrüchte und andere „exotische" Früchte. Wenn mich Bekannte mit solchem Obst antreffen, fragen sie mich nicht, wonach die Frucht schmeckt, sondern sie erkundigen sich sofort, wie teuer sie war.

An einem regnerischen Tag traf ich drei Leute, die mir keinen „guten Tag" wünschten, sondern mich mit den Worten „Scheiß Wetter, gell?" begrüßten. Aber ich hörte Euch auch schon über schönes Wetter jammern. „Diese Hitze ist unerträglich heute!" Aber ohne Regen kann nichts wachsen, genauso wenig ohne Wärme.

Mir fällt gerade die Begegnung mit einem etwa neunjährigen Jungen in der Nähe von Nürnberg ein. Er hatte zwei meiner Bücher gelesen, konnte sie teilweise zitieren und erinnerte sich an angeführte historische Daten und Zahlen. Während unserer Unterhaltung äußerte er auch seine Meinung über Rumäniens Parteichef Ceausescu und erklärte mir, dass er seine Informationen aus Büchern, Zeitungen und Rundfunksendungen habe. Da mir seine interessanten Fragen und Kommentare gefallen hatten, bot ich ihm an, sich selbst aus den verschiedenen Perlen eine Kette zu basteln. Als Mittelstück seiner Kette nahm er eine große silberne Maske, die ich, als ich mein Angebot machte, übersehen hatte. Ich erwähnte beiläufig, dass es sich hierbei um das weitaus teuerste Stück handle. Daraufhin entschuldigte er seine Wahl mit folgenden Worten: „Sie können es ohne weiteres zurückhaben. Ich habe nur keinen Bezug zu materiellen Dingen." Selbstverständlich durfte er das Stück behalten, ich hatte ja mein Wort gegeben. Als er sich von mir verabschiedete, sagte er mir, dass ich bis jetzt sein bester Gesprächspartner gewesen sei. Dieses Kind war kein Kind mehr. Seine Wortwahl, seine Gestik, seine Mimik und seine Augen waren wie die eines Erwachsenen. Seine Familie sprach und lehrte ihn viel über Politik, so viel, dass er sogar gegenüber seinem Vater hervorragte. Natürlich war dieses Kind eine Ausnahme, wenigstens ich hatte noch keines dieser Art vorher kennen gelernt. Zum Glück, denn ein Kind muss immer ein Kind sein, damit es, wenn es ein Erwachsener ist, auch erwachsen ist. Denn bei Euch gibt es viele kindliche Erwachsene, von denen mehrere große böse „Kinder" sind. Genau diese sind es, die Soldaten spielen und Krieg führen..., aber von weitem, denn sie lassen arme, unschuldige Leute für sich kämpfen, ohne sich des Ausmaßes ihrer Gräueltaten bewusst zu sein. Ich meine „unbewusst" deshalb, weil sie, wenn sie wissen würden, was sie anrichten, keine bösen Kinder wären, sondern sehr böse Erwachsene. Diese so genannten Erwachsenen vergewaltigen, massakrieren und töten andere... Eine große Hilfe und Ideenlieferanten sind die Gewalt-, Horror- und Kriegsfilme, die detailliert die Planung und Ausführung von Verbrechen bestialischer Art demonstrieren. Je mehr Gewalt, Leichen, Blut und Schrecken, umso besser.

Es wird viel zerstört (z.B. Autos und Gebäude) und Phantasiehelden wie Rambo oder Conan spucken nur einmal und erledigen damit gleich fünf Vietnamesen, Krokodile, Skorpione, Taranteln und sonstiges. Sie pinkeln auf die Erde, und es entsteht ein Loch, wo sie durchgehen können, sie pinkeln noch einmal, und das Loch schließt sich, damit die Feinde nicht folgen können.

Manche Eltern kaufen ihren Kindern Fernseher und Computer, um ihnen die Zeit zu vertreiben, ohne darauf zu achten, was die Kinder visuell und mental konsumieren. In Mexiko City z. B. gibt es Kinderprogramme von 14 bis 20.30 Uhr. Vor lauter Fernsehen essen Kinder manchmal nichts, oder sie essen, während das Programm läuft, und beachten dabei überhaupt nicht, was sie eigentlich in sich hineinfuttern. Da man aber beim Fernsehen keine Bewegung hat, bleibt der Hunger meist ganz aus. Trotzdem aber schiebt man Süßigkeiten und Knabberzeug in sich hinein, und man wird nur fett und faul. Während der Schulferien ist es noch schlimmer. Da beginnt das Kinderfernsehen schon ab 9 Uhr und endet um 22 Uhr (sonntags läuft es bereits ab 7 Uhr!). Und so sehen die Kinder fern – „Kinderfilme" -, Stunde für Stunde, Tag für Tag. Habt Ihr Eltern schon einmal diese Kinderprogramme gesehen? Diese sind nichts anderes als Filme voll von Verbrechen, Gewalt, Monstern, Toten, Vampiren, Dämonen, Hass, Zerstörung und Geldgier, nur mit Zeichentrickfiguren anstatt wie bei den Erwachsenen mit Menschen. In den USA laufen mancherorts gleichzeitig 750 Programme und noch viel mehr, unter denen man wählen kann.

Das Fernsehen verändert den Charakter Eurer Kinder und nimmt ihnen ihre ganze Spontaneität und Kreativität und auch ihre Mobilität... Als ich etwa elf Jahre alt war, sprachen wir am Lagerfeuer über all das Leid, das uns die Zivilisierten angetan hatten. Ein Junge fragte meinen Onkel, warum wir die Zivilisierten nicht mehr bekämpfen und er antwortete: „Wir brauchen sie nicht zu töten, sie vernichten sich selbst!" Damals habe ich es nicht verstanden, aber jetzt weiß ich es ganz genau – leider hatte er Recht! Ihr zerstört Euch selbst mit Tabak, Alkohol, Drogen, Stress, Technik, schlechtem Essen u. v. m. Mein Onkel vergaß aber zu erwähnen, dass sie sich nicht nur selbst, sondern auch alles andere mit zerstören.

Was kann man anderes von Leuten erwarten, wenn ihnen von klein auf Kriegsspielzeug geschenkt wird: Plastikpanzer, Platzpatronengewehre, Wasserspritzpistolen, Knallkörper, Gummikampfmesser, Maschinenpistolen und Vorbilder wie He-Man, Superman, Batman, Transformers, alles vernichtende, Feuer speiende Plastikmonster und Videospiele, in denen Sieger derjenige ist, der die meisten Bomben geworfen oder die meisten Menschen ermordet hat. Das alles baut in den jungen Leuten nur Aggressivität und Destruktivität auf. Die wenigsten Eltern sehen mit ihren Kleinen gemeinsam fern, um ihnen erklären zu können, was wahr und was utopisch ist, denn es mangelt ihnen an Zeit und Interesse! Was mir auch missfällt, sind die voll automatischen Puppen, die auf Knopfdruck weinen, sprechen, singen, gehen und Pipi machen. Bei solch einem Spielzeug verkümmert die Phantasie eines Kindes vollends. Habt Ihr das bis jetzt noch nicht bemerkt, oder macht Ihr es mit Absicht?

Ich kenne zwei Familien, die öfter spät nachts bis fünf Uhr morgens, nachdem sie bereits verschiedene Videos gesehen haben, beim letzten Film einschlafen, aber ihre Kinder sitzen noch hellwach und verfolgen gespannt und verängstigt den Thriller oder Horrorfilm bis zum Ende. Eine der Mütter erzählte mir, dass sich ihre Familie im Vorjahr Videos im Wert von 2.000 Euro ausgeliehen habe. Eine Bekannte von mir besitzt einen Videoverleih und berichtete mir, dass Leute sich über Jahre hinweg wöchentlich acht bis zehn Filme ausgeliehen hätten. Die sind süchtig!

Lass doch Dein Kind mit der Phantasie spielen! Gib ihm Farben, Papier, Holz, Perlen, Steine, Stoffe, Muscheln! Lass das Kind eigene Figuren und Formen entwickeln…! Ein Mensch ohne Phantasie und Träume kann auch leben, aber er genießt das Leben nicht! Ist Euch schon aufgefallen, dass Eure Kinder manchmal nicht mit dem teuren Spielzeug spielen, weil sie aufpassen müssen, dass es nicht kaputt geht, sondern mit dem

Verpackungskarton, in dem es eingepackt war? Denkt einmal darüber nach, und macht es besser! Denn ein aggressives, gewalttätiges Kind kann als Erwachsener Macht erlangen und uns alle auf einmal vernichten. Denkt daran!

Weil wir jetzt gerade beim Fernsehen und Film sind, möchte ich eines nicht unerwähnt lassen: die Daily Soaps. Hass, Intrigen und Neid bestimmen die Handlung, doch sie werden von Luxus überstrahlt, und somit werden Familien wie die Ewings aus „Dalles" oder die Carringtons aus „Denver Clan", aber auch die Brinkmanns aus der „Schwarzwaldklinik" zu Traumfamilien. Wie kann so eine Wunschfamilie uns zu einer besseren Zukunft verhelfen? Überhaupt nicht! Eine andere Art von Filmen, die meist nur aus Lügen, Klischees und Brutalität bestehen, sind die meisten Western. In solchen Filmen wird oft gezeigt, wie die „Weißen" Kultur, Erziehung, Lebensweise und Geschenke zu den „armen" Wilden bringen.

Aber was heißt arm? Bei Euch wird Armut nach Besitz gemessen. Wer kein Haus, kein Auto, keine Kleidung, keine Schuhe und kein Geld hat, der gilt als arm. Das ist Eure Meinung… Bei uns sind diejenigen arm, die körperlich, seelisch oder geistig krank und die traurig sind. In Wahrheit sind die Menschen arm, die viel besitzen, aber wenig lachen; Menschen, die in Angst leben; Menschen, die andere Menschen fürchten; Alkoholiker, Drogensüchtige, Penner; Leute, die sich zu einer Religion bekennen, aber nicht deren Gesetzte befolgen und sich somit selbst belügen; unzufriedene Leute, die sich wegen jeder Kleinigkeit ärgern; Habgierige, die mit nichts zufrieden sind; Kinder, die neue Schuhe von guter Qualität haben, aber deren Augen nicht strahlen; Kinder die neue Kleidung tragen, aber nicht damit spielen dürfen, weil sie kaputt gehen könnte; Menschen ohne Hoffnung, Spontaneität, Phantasie und Träume; Menschen, die glauben, dass wir Kriege brauchen, um in Frieden leben zu können… Ihr könnt deutlich sehen, dass unsere Begriffe von Armut sehr verschieden sind. Aber jetzt, da Ihr die Unterschiede kennt, überlegt einmal, was nun wirklich „arm sein" bedeutet, denn unsere Kinder haben keine Swimmingpools, aber sie schwimmen in Lagunen, Flüssen, Teichen, Seen und im Meer; unsere Kinder brauchen kein Himmelbett, sie haben ja das ganze Firmament; unsere Kinder brauchen keinen Garten, denn sie haben die Mutter Erde; unsere Kinder brauchen keinen Spielplatz, sie brauchen keinen Kindergarten, denn jeder passt auf sie auf… Tja, wie Ihr seht, sind wir anders…, einfach anders.

Dass Ihr anders seid, lässt sich leicht erkennen, wenn man sich Eure Idole ansieht und wie Ihr mit ihnen umgeht. So legt Ihr z.B. sehr viel Wert auf Autogramme, Kleidung und Gebrauchsgegenstände von Stars, Politikern, Heiligen und anderen wichtigen Persönlichkeiten der Geschichte. So würdet Ihr Unsummen für Büstenhalter von Marilyn Monroe oder Brigitte Bardot ausgeben, und abartig, wie einige von Euch sind, würden sie sogar das Tablettenröhrchen, aus dem Marilyn Monroe ihre Überdosis Schlafmittel nahm, zu Höchstpreisen versteigern.

Vielleicht legt Ihr Euch Gegenstände von Berühmtheiten zu, weil Ihr glaubt, dadurch auch jemand Besonderer zu sein. Denn Ihr habt öfter einen sehr ausgeprägten Minderwertigkeitskomplex und steigert mit solchen Gegenständen Euer Selbstwertgefühl. Andererseits fühlt Ihr Euch aber besser als andere Völker und werdet dadurch überheblich. Aber Ihr seid nicht besser und auch nicht schlechter, Ihr seid nur anders… Es ist mir bis heute unverständlich, dass Gemälde, Zeichnungen und öfter nur Skizzen, Briefmarken, Münzen oder Antiquitäten Preise in Millionenhöhe erreichen. Das Erstaunlichste aber daran ist, dass sich Leute finden, die solche Kunstobjekte zu diesen Preisen kaufen. Können sie mit soviel Geld nichts Besseres anfangen? Zum Beispiel: Verbesserung des Lebensstandards für alte Leute; Kauf von großen Landstücken, um sie dann als

Naturschutzgebiete zu deklarieren; Land, auf dem Naturvölker leben, kaufen und es ihnen schenken, damit sie rechtmäßige Besitzer sind und dort leben können, wie sie wollen, ohne gestört oder vernichtet zu werden; Universitäten errichten, in denen Leute aus aller Welt ihre Erfahrungen, Weisheit und Kenntnisse über Naturmedizin, Umweltschutz und Philosophie, Astronomie und Astrologie lehren und lernen können, um in ihrer Heimat ihr erlerntes Wissen weitergeben zu können, damit mehrere Schulen diesem Beispiel folgen können, denn das ist unsere einzige Rettung... ein neues Bewusstsein! Grundstücke für vom Aussterben bedrohte Tiere kaufen, um diese zu schützen, z. B. Elefanten, Pandabären, Tiger, Jaguare, Pumas, Wale, Adler, Schildkröten, Krokodile und Alligatoren, Papageien und vieles andere mehr. Habt Ihr, Brüder und Schwestern, wie ich jetzt auch das Gefühl, dass die Welt für uns alle besser sein könnte? Wahrscheinlich schon, aber damit es erfolgreich wird, müssen wir alle mitmachen, ob jung oder alt, es geht uns alle an! Es gibt Tausende Sachen, die wir tun können, damit es uns besser geht. Uff, es ist schwer für einen Wilden zu überlegen, was für uns alle das Beste sein könnte. Vielleicht, weil ich keine Schulbildung wie Ihr habe. Aber Ihr habt sie! Ich habe das Gefühl, dass wir am Beginn eines neuen Zeitalters stehen, denn im Moment verändert sich die Welt sehr viel. In China, Pakistan, Polen, Ungarn und in anderen Gebieten: Sensationsreporter berichten detailliert über die Geschehnisse. Manche von Ihnen bleiben objektiv, andere aber sind richtige Skandal- und Katastrophenreporte, die auf Klatsch, bluttriefenden Schauergeschichten, Terror und Mord basieren. Die Reporter stecken ihre Nase in die Privatsphäre von Schauspielern, Sportlern, Künstlern, Politikern, die sie überhaupt nichts angeht und ruinieren durch Verbreitung von Unwahrheiten den Ruf oder sogar die Existenz der Persönlichkeiten, über die sie berichten. Aber nicht nur, dass manche Reporter sehr subjektiv sind, sie drehen einem sogar das Wort im Mund rum und bringen es, obwohl man ihnen alles deutlich erklärt hat, völlig konträr zu Papier, das weiß ich ganz genau. Denn ich sprach bereits mit Hunderten von Reportern aus mindestens 47 verschiedenen Ländern bezüglich der Rückkehr der Federkrone unsers Herrschers Motekuhzoma Xokoyotzin. In Wien unterhielt ich mich mit einem Reporter über eine Stunde und erklärte ihm genau den Sachverhalt. In seinem Artikel aber stand dann, dass ich die Federkrone zurückbekommen möchte, weil ich es so fühlte. Als Interviewter weiß man manchmal nicht, ob man lachen oder sich ärgern soll oder dem Reporter, wie es unsere Brüder im Amazonasgebiet zu tun pflegen, einen Schrumpfkopf verpassen sollte, damit sich seine Schädelgröße seiner Gehirngröße anpasst.

Aber Ihr glaubt auch alles, was Ihr lest. Für Euch gilt das geschrieben Wort. Auch Gerüchten messt Ihr viel Wert bei, was sowohl im Privaten als auch im öffentlichen Bereich viel Schaden verursachen kann. Ich kenne eine Menge Leute, die ihre Kenntnisse über andere Länder nur aus Büchern und den Medien haben, die nie selbst in diesen Ländern waren und doch ihr Wissen aus zweiter Hand vehement verteidigen, sogar gegen Einheimische dieser Länder. Aber was nützt es, wenn sie das Land besuchen und sich mit ihrem Reiseführer in einem Hotelzimmer verschanzen, anstatt mit der Bevölkerung in Kontakt zu treten, um deren Meinung zu erfahren und von ihr zu lernen?

Einmal gab man mir das Buch eines deutschen Schriftstellers, der vier Monate in Mexiko verbracht hatte. Er beschrieb Kultur, Geschichte, Anthropologie, Archäologie und Gebräuche unserer Vorfahren. Meiner Meinung nach entnahm er sein Wissen aus anderen Fachbüchern, denn es ist unmöglich, in vier Monaten ein solches Buch aus eigener Erfahrung verfassen zu können. Der Mann, der mir das Buch zeigte, fragte mich, was ich davon halte. Als ich ihm zu erklären versuchte, dass man in so kurzer Zeit nicht derartige Behauptungen aufstellen könne, meinte er nur, dass der Autor sicher seine Gründe habe musste, warum er es so schrieb. Wie oft habe ich schon gelesen, dass es überhaupt keine Indianer mehr gebe. Ebenso oft hörte ich die erstaunte Frage: „Was, Indianer gibt es noch?" Wenn Leute erfahren, dass ich aus Mexiko stamme, sagen sie oftmals, dass sie über Mexiko Bescheid wüssten, denn sie hätten schon viel darüber gelesen.

Ich staune immer noch darüber, dass bei Vorträgen, die ich halte, die Kindergarten- und Volksschulkinder viel mehr fragen als Studenten oder andere Erwachsene. Warum fragt man in Gymnasien oder Universitäten so wenig? Wahrscheinlich weil Ihr, je älter Ihr werdet, Ihr mehr und mehr Angst und Komplexe bekommt und die Befürchtung habt, Ihr könntet Euch mit einer Frage blamieren. Ein kleiner Rat: Gesteht Euch ein, dass Ihr Hemmungen habt – fragt Euch, warum Ihr Hemmungen habt – versucht, Eure Hemmungen zu überwinden – seid ungehemmt!

Ungehemmt, oft sogar hemmungslos hingegen seid Ihr, wenn Ihr unerkannt bleibt. Damit meine ich, wenn Ihr maskiert seid, im Karneval. Obwohl oder gerade, weil Ihr eine Maske tragt, seid Ihr vielmehr Ihr selbst als ohne, und Ihr versteckt hinter Eurer Maske auch Eure Ängste. Mit der Verkleidung schlüpft Ihr in die Rolle von Wunschgestalten wir Zauberern, Königen, Vampiren, Tieren, Mumien, Monstern, aber auch Bettlern und Vagabunden sowie den beliebten Clowns. Die Kostüme dienen dazu, sein Äußeres zu verstecken, um sein wahres Inneres zeigen zu können, und so macht Ihr einige Tage lang, was Ihr Euch das ganze Jahr über wünscht: glücklich sein…

Aber braucht Ihr Kostüm und Maske, um glücklich zu sein? Doch die Maske wird nicht nur zum Spaß angelegt; auch Räuber und Gewalttäter tragen Masken.

Doch man benötigt gar keine Verkleidung, um mutig zu sein. Auch Alkohol oder Drogen schaffen den Mut, ein Mädchen anzusprechen oder jemandem seine Meinung zu sagen. Ein

Alkoholiker sagte mir einmal, dass er trinke, weil er dann alles tun könne, was er wolle, und so glücklich sei. Als ich ihn fragte, ob er denn im nüchternen Zustand unglücklich sei, erklärte er mir, dass dies eigentlich nicht der Fall sei. „Warum versuchen Sie nicht, all das, was Sie glücklich stimmt, ohne Alkohol zu machen?" erkundigte ich mich. „Weil ich Mut brauche und diesen durch den Alkohol bekomme."

Es gibt bei Euch kein Fest, ob klein oder groß, das nicht mit Alkohol begossen wird. Leider ist der Alkoholkonsum in den zivilisierten Ländern enorm hoch. Kommt Besuch, wird ihm gleich zur Begrüßung ein alkoholisches Getränk serviert. Auch wird Alkohol gern geschenkt. Wie viele Alkoholiker werden dieses Jahr wieder sterben? Oder vielleicht, wie viele Tote wird es dieses Jahr durch den Alkohol geben? Leider Tausende und Abertausende. Oft werden bei einem Autounfall Menschen getötet, nur der alkoholisierte Unfallverursacher nicht. Unschuldige Leute werden zu Krüppeln oder verlieren ihr Leben...

Für uns sind Alkoholiker keine Kranken, sondern mut- und couragelose Menschen, die nicht gelernt haben, zu leben und die mittels Spirituosen Depressionen zu überwinden versuchen. Wenn sie aber mit ihrem Leben nicht zu Recht kommen, können sie auch nicht auf das von anderen aufpassen... Bei uns gab es vor der Invasion der so genannten zivilisierten Menschen keinen einzigen Alkoholiker!

Alkohol gab es zwar, aber erstens durfte ihn nicht jeder trinken, und zweitens wurde er nur für Zeremonien und bei Festen benützt, aber niemals in großen Mengen. Erst Leute ab dem 52. Lebensjahr waren berechtigt, etwas mehr zu trinken.

Bei den Getränken handelte es sich z.B. um vergorenen Agavensaft, der acht Prozent Alkohol hatte. Er wurde auch für medizinische Zwecke verwendet, denn er hat hohe Anteile an Calcium, Phosphor, Magnesium und Vitaminen. Im Grunde ist ein wenig Alkohol nicht schlecht. Er fördert Durchblutung, Verdauung und beruhigt die Nerven. Unvergorener Agavensaft wird auch Honigwasser genannt, weil er wie Wasser aussieht, aber süß wie Honig schmeckt. In der Aztekensprache Nahuatl heißt er „Meoktli“, was soviel wie „Agavenlikör“ heißt (interessanterweise heißen bei uns alle Niederschläge „Likör der Erde“). Dieses Getränk eignet sich u. a. bestens zur Behandlung von Durchblutungs- und Verdauungsstörungen sowie Menstruationsbeschwerden. Schwangere und stillende Mütter produzieren eine besonders nährreiche Milch, wenn sie den Meoktli trinken. Konsumiert Wein und Schnaps, aber übertreibt nicht. Denn jede Übertreibung, egal auf welche Art und Weise, ist nicht gut. Seid lieb zu den anderen…, aber selbstverständlich vergesst Euch selbst nicht!

Die Zivilisierten suchen immer nach Idolen und Führern. Nicht nur in politischen oder geistigen Bereichen, nein, sogar wenn es um Eure äußerliche Schönheit geht. So entstehen Miss- und Mr.-World-Wahlen, deren Sieger(in) der (die) „Schönste“ der Welt ist. Was ich aber nicht verstehe, sind die Wahlen von Miss und Mr. Universum. Wo bleibt die Konkurrenz aus dem All? …Wo sind Miss Mars, Miss Venus, Miss Saturn? Ihr wisst doch nicht einmal, wie viele Sterne es in der Milchstrasse gibt… wie könnt Ihr Euch dann anmaßen, gerade eine Erdenbewohnerin zur Miss Universum zu küren? Es sind bei Eurer Konkurrenz ja nicht einmal alle Nationen der Erde vertreten. Außerdem bedeutet Länder nicht auch Völker. Schon vor Jahrhunderten habt Ihr den Schönsten, aber auch den Hässlichsten, den Kleinsten, den Größten, den Dünnsten und den Dicksten gesucht. Im Mittelalter ergötzten sich die Leute bei Volksfesten an verstümmelten, deformierten Menschen. Das Interesse, den Elefantenmenschen zu sehen, ist bis heute nicht erloschen. Eine Abnormitäts- und Kuriositätenschau, untermalt von einigen sinnlosen

„Höchstleistungen", ist zweifelsohne das „Guinness-Buch der Rekorde". Ihr amüsiert Euch über Unsinn wie: „Wer spuck am weitesten?", „Wer küsst am längsten?" oder über kostspielige Unternehmungen, wie die eines Mannes, der eine ganze Insel mit einer rosaroten Plastikfolie bedeckte. Dabei sehe ich, wie viel unnütze Sachen Ihr macht. Das kommt davon, dass Ihr nicht wisst, was Ihr in Eurer Freizeit tun sollt.

So vertreibt Ihr Euch die Zeit mit Unsinnigkeiten, von Euch als sportliche Veranstaltung oder Fest bezeichnet, wie z. B. Stierkämpfen. Ihr könnt sagen, was Ihr wollt, für mich ist das einfach nur Tierquälerei. Was gefällt Euch daran? Seht Ihr gerne, wie das Tier blutet, wie es qualvoll umgebracht wird, oder wartet Ihr vielleicht gar darauf, wie die von Euch so genannte Bestie den Matador aufspießt? Matador... Die richtige Übersetzung dieses spanischen Wortes ist „Killer" oder „Mörder", auf deutsch gesagt: „Berufsmörder". Und genau das ist er, der Matador. Er lernt über Monate oder sogar Jahre hinweg, diese Art zu töten. Das ist Euer Spaß. Genauso wie die Hundekämpfe, die Hahnenkämpfe, aber auch Rodeos, wo zugerittenen Pferden oder Stieren die Hoden abgeschnürt werden, um die Schmerz leidenden Tiere wild erscheinen zu lassen. Das passt keineswegs zu Zivilisierten, sondern zu Barbaren. Es gibt auch Hobbyjäger, die die Tiere nicht schießen, weil sie sie brauchen, sondern weil sie Trophäen sammeln, die sie ganz oder teilweise ausstopfen lassen oder als Teppich benützen.

So endeten Tausende von Jaguaren, Bären, Löwen, Tigern, Panthern, Schlangen, Wölfen, Zebras, Büffeln, die verschiedensten Fischarten und viele Vogelarten. Nicht einmal die Insekten werden verschont; sie werden gesammelt, weil sie exotisch, schön oder einfach selten sind. Berufsjäger benutzen großkalibrige Gewehre, und Fischer bedienen sich zum Fang sogar des Dynamits, wodurch nicht nur die zu fangenden Tiere sterben, sondern alles rundherum. Man verfolgt die Tiere mit Autos und sogar mit Helikoptern. Soll das „jagen" heißen?

Man kann eine Jagderlaubnis bekommen, eine „Lizenz zum Töten" also. Aber Ihr vernichtet Euch auch gegenseitig. Menschen die aus Spaß ein Tier töten, sind Mörder, die gerichtet werden sollten. Egal welche Tierart, auch wenn sie noch nicht vom Aussterben bedroht ist – es sollte verboten sein, aus der Jagd ein Vergnügen zu machen. Die Jagd gibt es immer, denn es ist natürlich, für den „Nahrungsbedarf" zu jagen. Es ist ja auch selbstverständlich, dass ein Adler ein Kaninchen frisst, eine Schlange eine Maus oder ein Kojote ein Huhn. Aber wenn sie satt sind, jagen sie auch nicht mehr. Werdet Ihr niemals satt? Wenn es keine Tiere mehr gibt, werdet Ihr die Pflanzen ausrotten, und wenn es keine Pflanzen mehr gibt, werdet Ihr Euch gegenseitig auffressen. Respekt gegenüber anderen zu haben bezieht sich nicht nur auf die Menschen, sondern auch auf Tiere, Pflanzen, Mineralien und Steine, denn sie haben viel Kraft. Lernt von den Tieren, Pflanzen, Steinen, lernt ihre Welt kennen und beobachtet sie. Stört sie nicht!

Ihr seid nicht fremd in dieser Welt. Ihr seid ein Teil von ihr. Lernt, in Einheit zu leben, mit den andern und mit Euch selbst. Denn oft seid Ihr mit Euch selbst gar nicht zufrieden. Aber anstatt nach Lösungen oder Veränderungen zu suchen, belasst Ihr alles, wie es ist, und flüchtet Euch in Scheinwelten von fragwürdigen Büchern und Filmen. Ihr wisst genau, wann der Serienheld heiratet, aber Ihr sucht Euch selbst keinen Mann. Ihr entwickelt bei Sportwettkämpfen ein ungeheures Nationalbewusstsein, nicht zuletzt, um nach einem Sieg sagen zu können: „Wir haben gesiegt!", obwohl Ihr nur über Fernsehen beigewohnt habt.

Und wenn Ihr vielleicht auch noch das gleiche Shampoo wie der erfolgreiche Skirennläufer benutzt, glaubt Ihr, obwohl Ihr Euch nach wie vor in Pflugbögen die Piste hinunter müht, dass Ihr etwas Besonderes seid, und Ihr seid bereit, für solche Illusionen eine Menge Geld auszugeben. Ihr bezahlt die Wahnsinnslöhne von Schauspielern, Sängern und Sportlern. Ihr macht aus einem Mann wie „Du" und „ich" einen Star, den Ihr neidvoll betrachtet, weil Ihr überzeugt seid, dass Ihr selbst nie etwas Besonderes sein werdet. Ich verstehe nicht, warum Ihr einem Diego Maradona zujubelt, wenn er Tore schießt. Das ist sein Beruf und deshalb nichts Besonderes. Würdet Ihr einen Chirurgen, der Euer Kind erfolgreich operierte, voll Begeisterung mit Blumen bewerfen oder ihm ein Kusshändchen schicken, der es meiner Meinung nach mehr verdient hätte? Außerdem hat Maradona nicht allein gekämpft, sondern mit der Mannschaft, in der er spielte. Da gibt man sein Bestes, um zu gewinnen. Ein Profi wird bezahlt und bekommt sogar Prämien. Es ist also nicht bewundernswert, dass er Tore schießt, dazu ist er ja da! Fußballer, Tennisspieler, Boxer (Muhammed Ali kassierte für einen Sieg zehn Millionen Dollar netto, Ivan Lendl und Boris Becker stehen ihm verdienstmäßig in nichts nach)… Ein Baseballspieler verdiente bei einem Ein-Jahres-Vertrag Millionen Dollar, aber er ist nicht einmal des Schreibens oder Lesens mächtig. Sein Wortschatz ist dermaßen begrenzt, dass er sogar in seiner Muttersprache nur unverständliche Satzfetzen hervorbringt, trotzdem ist er ein Dollarmillionär.

Lass doch Dein Kind Sportler, Schauspieler, Künstler oder Sänger werden! In diesen Berufen braucht man keine Verantwortung zu tragen, aber ein Arzt kann ins Gefängnis kommen, wenn ihm ein Fehler unterläuft, genauso ein Architekt oder Wirtschaftsbeamter. Ein Arzt braucht eine 20jährige Schulbildung, was aber nicht heißt, dass er auch Erfolg hat… Immerhin, Schule oder Sport? … Ihr habt das letzte Wort.

Besonders interessant für Euch sind Spiele, bei denen Gewinne zu erzielen sind: das Kartenspiel, Lotto oder Toto, Pferderennen,

Roulette in Spielcasinos oder sonstiges. Man spielt über Jahre hinweg in der großen Hoffnung, vom einen zum anderen Tag mit Geld überhäuft zu werden. Eine der höchsten Formen von Zufriedenheit der Zivilisierten ist es, Geld zu haben. Geld, Geld, Geld… Und mit dem vielen Geld kommen die vielen Probleme, die man sich ohne das viele Geld hätte sparen können. Eure Spielsucht konnte ich am besten bei Spielautomaten beobachten, besonders in Deutschland und den USA. Die Spieler bleiben oft den ganzen Tag und kommen nicht zum Essen. Manche von ihnen stehen vollkommen teilnahmslos vor den Maschinen, ohne Emotionen, und mir ist klar, dass diese Leute nur spielen, damit die Zeit vergeht. Sie spielen sogar mit zwei oder drei Maschinen gleichzeitig. Andere verdecken mit der Hand die Zahlen und sehen dann ganz vorsichtig nach, ob sie gewonnen haben. Das ist für mich eine Art von Selbstbetrug. Manche verspielen Häuser, Grundstücke und sogar ihre Frauen. Sie treiben sich selbst in den finanziellen Ruin und begehen daraufhin Selbstmord. In vielen Zivilisationsländern, in denen die Leute bereits ihre Wurzeln vergessen haben, suchen manche ihre Identität in anderen Kulturen, so auch in indianischen. Aber meist nur äußerlich, d. h. sie kleiden sich wie „Indianer", wohnen in ihrer Freizeit in einem Tipi (Indianerzelt) und verleihen sich selbst stolze Namen wie „Weiße Feder", „Roter Büffel" u. a. Die meisten von Ihnen haben aber noch nie einen Indianer in natura gesehen, denn ihre Inspirationen entnahmen sie den Büchern von Karl May (der vor Erscheinen seiner Bücher niemals in Amerika war!). Andere verkleiden sich als Westerncharaktere wie Cowboys, Trucker oder Rancher, ja, sie bauen sich sogar ganze Ranchen auf. Eure eigenen Traditionen, Sitten und Kulturen verliert Ihr daneben immer mehr. Tut doch was dagegen!

An den Plätzen, wo die Zivilisation Einzug gehalten hat, ist eines nicht zu übersehen: das Geschäft mit dem Sex. Überall gibt es Sex-Shops, Porno-Videos, Magazine, Peepshows, Animierlokale und Bordelle, um nur einige zu nennen. Es ist erstaunlich, dass es

Aids erst seit wenigen Jahrzehnten gibt, Syphilis, Gonorrhöe und Filzläuse gab es schon vor Hunderten von Jahren, sie wurden von den Europäern zu uns eingeschleppt. Wahre Liebe gibt es bei Euch leider nur selten, aber umso öfter Abarten des Sexes. Pornos sind überall zu finden. Im Grunde seid Ihr Voyeure. Man muss sich nicht von Fenster zu Fenster schleichen, um einer zu sein, es reichen schon Sexfilme und Pornoheftchen. Aber seid doch ehrlich: Wenn Ihr jemanden beim Essen beobachtet, werdet Ihr Hunger bekommen, aber niemals satt werden. Trotzdem ist es für Euch relativ normal, einen Porno mit Erwachsenen zu sehen, in allen Stellungen, ob zu zweit oder als Orgie. Doch das Erschreckende ist, dass Kinder- und Tierpornos auch ihre Zuschauer finden. Sexuelle Misshandlungen an Kleinkindern werden gefilmt, Eltern vergewaltigen vor der Kamera ihre Kinder und vermieten sie zu Höchstpreisen an absolut perverse Kreaturen. Geschlechtsteile von Kindern werden in Großaufnahme gezeigt, wenn diese auf der Toilette sind. Mir wird schon übel, wenn ich überlege, dass sich solche Leute als die Hochzivilisierten der „ersten" Welt betrachten und wenn ich darüber schreibe. So was sollen Vorbilder für die „dritte" Welt sein? Nein, danke! Lasst uns in unserer Wildnis in Ruhe. Absolut und total in Ruhe!

Die Religion...
Glauben bedeutet, nicht wissen!

Als die Spanier zu uns kamen, brachten sie uns viele Seuchen, wie die Pest, Cholera, Pocken… und das Christentum. Letzterem vielen die meisten zum Opfer, und es hat bis heute kein Ende gefunden. Mit dem Christentum zwang man unseren Ahnen eine ihrer Ideologie völlig fremde Religion auf. Wir hatten keine Religion in Eurem Sinne. Es wird bei uns viel verehrt, aber nichts vergöttert, das haben die katholischen „Eroberer" nie verstanden. Um es verständlicher zu machen: Man kann seine Mutter verehren und schätzen, aber nicht vergöttern, denn das wäre krankhaft. Meiner Meinung nach waren die Christen das Schlimmste, was uns passieren konnte. Denn sie taten genau das Gegenteil von dem, was sie predigten. Unter dem Deckmantel der Religion konnten sie uns Heiden oder Atheisten, wie wir genannt wurden, vernichten. Sie fanden in unseren Büchern immer wieder das Symbol der Schlange, das für uns Weisheit bedeutet. Die Christen jedoch kannten die Schlange nur aus der biblischen Entstehungsgeschichte als Symbol alles Bösen, als Symbol des Satans selbst. Sie schienen aber dabei zu übersehen, dass sich die Schlange im Baum der Erkenntnis befand. So vernichteten sie nahezu alle unsere Schriftstücke. Einer der größten Übeltäter war der Priester Juan de Zumarraga. Er ließ an einem einzigen Tag im Jahre 1528 zweihunderttausend unserer Bücher als Werke des Teufels verbrennen. Er wurde deshalb sogar mit dem Bischofsamt belohnt. (Er hat die Bücher nicht verstanden, auch nie versucht, sie zu verstehen… Er meinte, sie seien böse, und nur deswegen zerstörte er alles.) Was für die Azteken dieser Zumarraga war, war für die Mayas der Priester Diego de Landa.

Torquemeda und viele andere ließen „im Namen Gottes" Indianer von vier Pferden in Stücke reißen und verfütterten sie dann an ihre Hunde. Diese Mastinohunde waren große Jagdhunde, die darauf abgerichtet waren, Indianer zu zerfleischen. Hunderttausende unserer Brüder wurden wie Rinder im Gesicht mit einem „A", was „Atheist" bedeutet, gebrandmarkt.

Was heißt wie Rinder, die Rinder werden wenigstens auf ihrem Hinterteil gebrandmarkt, unsere Leute aber im Gesicht. Horden von Priestern und Mönchen – Jesuiten, Dominikaner u. a. – zerstörten nicht nur das Leben unserer Brüder, sondern auch unsere Tempel, Observatorien und sonstigen Bauwerke, um an denselben Plätzen, bei denen es sich meist um Kraftstätten handelte, ihre Kirchen zu erbauen. Dazu verwendeten sie die Steine der abgerissenen Tempel. Ein Glanzbeispiel dafür ist die Kathedrale von Mexiko City, die nicht nur auf dem Platz des Sonnentempels steht, sondern auch aus dessen Steinen errichtet wurde. An der obersten Stufe dieses Tempels stand übrigens der „Aztekenkalender", bei dem es sich um eine Art Computer handelt, der einen Kalender beinhaltet. (Dieser weltberühmte „Aztekenkalender" wurde in einen 24 Tonnen schweren Stein aus Basalt gemeißelt, dessen Durchmesser 3,60 Meter betrug.)

Auch der Platz, wo heute der größte Wallfahrtsort Amerikas – Guadalupe – ist, war ein Kraftort, wohin schon Hunderte von Jahren vor der Ankunft der Spanier Brüder verschiedenster Stämme von weither kamen, um dort Zeremonien zu Ehren Tonantzins, der Mutter Erde, abzuhalten. Als die Spanier unsere Brüder immer mehr quälten und unterdrückten, erließen die Ältesten ein Gesetz, welches folgendermaßen lautete: „Tut, als ob Ihr gläubig wäret, aber glaubt nicht." So gingen unsere Ahnen zu den Kraftplätzen, wo nun Kirchen standen. In Guadalupe hörten die Priester immer wieder, wie unsere Brüder zu „Tonantzin Guadalupe" sprachen. Also fragten sie, wer denn „Tonantzin" sei, und die Azteken antworteten ihnen: „Tonantzin ist das Mütterchen Eurer Mutter!"

Eines der zehn Gebote der Christen fordert: „Du sollst nicht töten", aber sie richteten die fürchterlichsten Massaker an. Ein anderes heißt: „Du sollst nicht stehlen", aber sie stahlen alles, was nicht niet- und nagelfest war. Ein weiteres Gebot besagt, dass man nicht unkeusch sein soll, aber die „Eroberer" vergewaltigten und misshandelten unsere Frauen, und ihr Anführer, Hernán Cortez ermordete eigenhändig seine Frau, um sich mit der Eingeborenen Malintzin befreunden zu können. Auch das Gebot „Du sollst nicht lügen" ignorierten sie, denn sie belogen uns, so oft es nur möglich war. Es erübrigt sich, die Missachtung des Gebotes „Du sollst nicht begehren Deines Nächsten Gut" überhaupt zu erwähnen. Aber bis heute scheinen die zehn Gebote nicht befolgt zu werden, sie sind vielmehr eine Auflistung jener Dinge, die die Christen am meisten machen. Nehmen wir doch nur einmal das Gebot „Du sollst den Namen Gottes nicht verunehren." Wie oft aber wird der Name Gottes achtlos ausgesprochen und sogar zum Schimpfen verwendet. Hier nur einige Beispiele:

Um Gottes Willen!
Weiß Gott, wann!
Herrgott noch mal!
In Gottes Namen!
Ach Gott!
Himmel, Herrgott, Sakrament!
Kruzifix!
Jesus, Maria und Josef!
Heiliger Strohsack!
Kreuz´Teufel!
Hol´s der Teufel!
Der Teufel soll mich holen!
In drei Teufels Namen!
Himmel, Arsch und Zwirn!
und, und, und…

Glaubt Ihr, dass Ihr Christen seid, nur weil Ihr getauft seid, Ihr Kirchensteuer zahlt, ab und zu in die Kirche geht oder weil eine Kette mit einem Kreuz Euren Hals schmückt? (Wenn die Kette aus Gold wäre…, umso besser! Und noch Diamanten dazu…, noch schöner!) Für mich ist der ein Christ, der nicht sagt, dass er ein Christ ist, sondern sich wie einer benimmt. Gibt es überhaupt einen Christen, der sich wie einer benimmt? Vielleicht, aber mir ist noch keiner begegnet! In unserer Muttersprache gibt es kein Wort für „Gott", „Teufel", „Hölle", „Paradies", „Heilige" etc. Wir haben uns niemals das Bildnis von etwas Göttlichem geschaffen. Wie sieht Gott aus? Ist er dick oder dünn? Schwarz oder gelb? Ich habe immer wieder gehört, dass er Geist ist. Aber ein Geist hat keine Augen, wie kann er uns sehen? Ein Geist hat keinen Mund, wie kann er zu uns sprechen? Gott ist überall, heißt es. Aber wozu braucht er denn die Kirchen, damit die Leute zu ihm ins Haus Gottes kommen? Ein Chief sagte über die Christen: „Sie reden über Gott, wir reden mit ihm."

Im Namen Gottes ließen sie Hunderttausende von Ungläubigen ermorden. Die „Heilige Inquisition" und die Kreuzzüge forderten zehnmal soviel Tote wie das „Tausendjährige Reich". Dabei ist zu erwähnen, dass Hitler von der Kirche unterstützt wurde. In Australien, ganz Amerika, Afrika und Asien wurden Millionen Menschen im Namen Gottes und im Namen der Religion getötet. Menschen wie du und ich, unschuldige Menschen, die nur einen anderen Glauben und eine andere Lebensphilosophie hatten…

Aber wer ist der richtige Gott? Der, welcher die meisten Anhänger hat? Der, dessen Kirche am reichsten ist? Der, welcher mehr Arme hat? Soviel ich weiß, gibt es derzeit über 2250 verschiedene Götter! Welcher ist der richtige?

Die Naturvölker sagen immer, dass der Richtige der Älteste ist! Für uns ist der älteste „Gott" in unserem Sonnensystem die Sonne selbst. Das bedeutet nicht, dass für uns die Sonne ein Gott ist. Ich werde versuchen, es Euch zu erklären. In unserer Philosophie heißt es, dass das ganze Universum miteinander verwandt ist. Also wir gehören alle zur selben Familie, d. h., Ihr seid meine Schwestern und Brüder, und ich bin Euer Bruder, denn wir kommen alle aus der Mutter Erde. Ihr braucht mich nicht zu kennen und ich Euch auch nicht, aber trotzdem müssen wir uns alle respektieren und liebhaben. Wir sind nicht mehr und nicht weniger als jeder andere Teil des Universums. Ich bin die Sonne, denn die Sonne ist Natur und ich auch. Die Sonne ist riesengroß, und ich bin winzig klein, aber trotzdem bin ich ein Teil davon. Aber die Sonne ist, wie ich, winzig klein im ganzen Universum.

Ein kleines Beispiel: eine Uhr, die auf die Hundertstelsekunde genau geht. Ich bin der Zahn eines Zahnrädchens. Obwohl ich ganz klein bin, kommt, wenn ich kaputt bin, das ganze Uhrwerk zum Stillstand. Ich weiß, dass das Beispiel nicht auf das Universum bezogen werden kann, aber doch ist es ein Beispiel für Teil und Gesamtheit. Ich finde, dass es völlig gleichgültig ist, welche Konfession man hat, solange man die anderen respektiert und keiner dem anderen seinen Glauben aufzudrängen versucht.

Jeder sollte seine Meinung sagen, wenn er das Gefühl hat, dass es den anderen nicht so gut geht, aber letztendlich soll bei jedem selbst die Entscheidung liegen, was für ihn am besten ist. Der Glaube bewegt Berge. Davon bin ich überzeugt. Aber glauben heißt nicht wissen. Der Glaube ist ein Dogma, d. h. man glaubt an etwas, was man nie gesehen hat. Man muss nur einfach glauben…

Wie Ihr sicher schon bemerkt habt: Ich bin Atheist oder Heide, aber ich bin glücklich so. Ich brauche nicht Gottes Strafe zu fürchten, wenn ich nicht gut bin. Aber was ist im Grunde genommen „gut“? Ist es gut, wenn man Gott Geld gibt, oder ist

Katholiken und Protestanten…
beide Christen.

Aber von Liebe und Brüderlichkeit keine Rede!!!

es gar ein Frevel, denn Gott will doch mit dem Mammon nichts zu tun haben? Anstatt der Kirche Geld zu geben, sollte man sich gut benehmen, und die Pfarrer müssten doch glücklich sein, dass es unter ihren Schäfchen keine Sünder mehr geben würde, oder…?

Ich war im Vatikan. Obwohl ich nur einen sehr kleinen Teil sah, wurden mir die Ausmaße seines Reichtums bewusst. Darauf fragte ich mich immer wieder, wozu Gott ein so großes irdisches Imperium braucht, um bestehen zu können. Was für ein Glaube ist es nur, den uns die Spanier aufzwingen wollten? Sehen wir uns das Lehrbuch, die Bibel, einmal an, oder besser gesagt, die Version der Bibel, die von mittelalterlichen Mönchen geschrieben wurde. Mir ist schon unverständlich, dass Gott Diener und Gehilfen braucht, wie, Engel, Serafine, Cherubine, Erzengel etc., Gott ist perfekt, warum also schafft er keine perfekten Engel? Denn unter ihnen gab es Rebellen wie Belial, Luzifer und andere, die später als Dämonen sogar ihr eigenes Reich, die Hölle gründeten. Mir kommt jetzt noch eine Frage: Vor diesen Dämonen gab es keine anderen Dämonen? Wer aber war es, der die Engel zur Rebellion trieb? Ein Urteufel, der vielleicht älter als Gott selbst ist? Überlegt einmal: Wie kann ein Engel böse sein, obwohl es das Böse überhaupt noch nicht gibt? Warum konnte Gott nicht alles auf einmal schaffen? Warum brauchte er für die Erde sieben Tage, während er das Firmament in einem Augenblick schuf? Er brauchte ja ohnehin nur zu denken, was geschehen würde, aber als er mit seinem Werk fertig war, war er müde und brauchte einen Tag zum Ausruhen. Wie kann man behaupten, dass Gott müde wird? Ich glaube keineswegs, dass Gott erschöpft sein kann, und so steht man vor einem Berg von Fragen, von denen keine einzige beantwortet werden kann. Sagt nicht, dass ich das nicht verstehe, weil ich nicht gläubig bin. Aber selbst Gläubige werden nicht antworten können, wenn sie es mit Logik betrachten. Ich glaube, dass die Menschen keinen Glauben

HÜA – HÜA

brauchen, um gut zueinander zu sein. Man sollte einfach die Tatsache sehen, dass es einem nicht gefällt, wenn einem etwas Schlechtes passiert, also sollte man es auch nicht anderen wünschen oder zufügen.

Zum Beispiel: Ich will nicht, dass ich bestohlen werde, also soll auch ich niemanden bestehlen. Sehr oft benötige ich die Hilfe von anderen, deshalb soll ich auch anderen helfen. Es gefällt mir nicht geschlagen zu werden, also soll auch ich niemanden schlagen. Ich mag keinen unfreundlichen Menschen, also darf auch ich nicht unfreundlich sein. Es ist ganz einfach! Vergesst nicht: „Nehuan ni tehuan, tehuan ni nehuan!"

„Xiktle Panita Mo Koltzin, Xiktle Panita Mo Zihtzin,
Xiktle Panita Mo Tatzin, Uan Mo Nantzin
Uan Nochi Yolkamech Uan Nochi tlamantli."

„Respektiere Deinen Großvater, respektiere Deine Großmutter.
Respektiere Deinen Vater und Deine Mutter und alle Wesen und
alle Dinge, mit denen Du zusammenlebst."

Aztekisches Sprichwort

Die irdischen Repräsentanten von Gott, die Päpste, führten Kriege, regierten Könige, stürzten Kaiser, ließen ihre „Gegner" töten und eigneten sich Unmengen von irdischen Reichtümern an. Ich habe im Prinzip nichts gegen Religion, nur dass die Kirche daraus ein Riesengeschäft macht, missfällt mir außerordentlich. Ein Glaube, solang er nicht fanatisch praktiziert wird, ist nie etwas Schlechtes.

Bei keiner Religion fiel mir wie beim Christentum auf, dass die Anhänger nur bedingt gläubig sind, d. h. erst wenn ihnen das Wasser bis zum Halse steht, kriechen sie zu Gott, den sie als letzten Rettungsanker betrachten. Diesen nicht gerade edlen

Charakterzug ihrer Schäfchen nutzte die Kirche schamlos aus, denn sie wusste, dass die Gläubigen in einer Notsituation ihr letztes Hemd geben würden, nur um einen Fürbitter bei Gott zu haben, und dafür schien ihnen ein Pfarrer geeigneter als sie selbst.

Gott muss überall sein. Dritte-Welt-Länder wie Mittel- und Südamerika, Indien u. a. warten auf ihre Götter. Aber wo sind Christus, Krishna und all die Götter, warum helfen sie den Menschen nicht? Obwohl Spanier, Portugiesen und Italiener gläubiger als Österreicher oder Deutsche sind, geht es ihren Ländern schlechter. Wie ist das zu verstehen? Taufen, Kommunionen, Firmungen, Trauungen kosten etwas. Ich weiß nicht genau, wie es in Europa ist, aber in Mexiko hängt die Preislage von dem Bezirk ab, in dem die Kirche steht, wie groß und schön sie ist, ob bei der Zeremonie ein Teppich ausgerollt wird, vom Blumenarrangement – bei Blumensorten gibt es gewaltige Preisunterschiede -, von der Musikbegleitung – mit Orgel oder mit Chor -, von der Anzahl der Pfarrer und vielem mehr. Bußen, Sterbesakramente und Begräbnisse sind die Haupteinnahmequelle der Kirchen.

Bis Ende des 19. Jahrhunderts gab die Kirche in Mexiko Kredite, die sie hoch verzinste. Man konnte sich Stammplätze in der Kirche kaufen, und es war dem katholischen Mönch Martin Luther nicht zu verübeln, dass er sich von seiner Konfession lossagte, denn zu seiner Zeit konnte man sich nicht nur von Sünden freikaufen, sondern gegen Bezahlung sogar Tage im Himmel erwerben.

Eine weitere Einnahmequelle der Kirchen sind Wallfahrtsorte. Damit Ihr es Euch vorstellen könnt: Zu dem Wallfahrtsort Guadalupe in Mexiko pilgern allein im Monat Dezember zehn Millionen Gläubige. Es ist nahezu unvorstellbar, wie viel Geld dort gescheffelt wird. Mehrmals in der Woche werden die Einkünfte mit schwer bewachten Panzerwagen zu den Banken

gebracht. Die Kirche besitzt neben dem „Gotteshaus" einen
Friedhof und Katakomben mit 20.000 Gräbern. Je näher man das
Grab bei der Erscheinungskirche haben möchte, umso teurer ist
es. Der Parkplatz vor der Kirche hat über 4.500 Abstellplätze.
Die Gebühr für so einen Platz ist keineswegs gering, aber weit
und breit gibt es keine andere Parkgelegenheit. In und vor der
Kirche wird das große Geschäft mit Christus-, Marien- und
sonstigen Heiligenfiguren in allen Größen und Materialien sowie
mit Rosenkränzen, Bibeln, Medaillons, Kelchen, Priesterkleidung,
Kreuzen aus Holz bis Gold, Monstranzen u. a. gemacht. Die
meisten Geschäfte dort gehören der Kirche, aber es gibt noch
etwa 20 im Umkreis, die an die Kirche Pacht zahlen müssen.
Dazu kommen Fotografen, die Pilger mit einer Marienstatue oder
einem Marienbild fotografieren. Während des Jahres kommt für
die Kirche auch einiges Geld für Seelen- und Totenmessen
zusammen. Ebenso von den 15-Jahr-Feiern.

Ursprünglich wurde bei den Azteken ein 13jähriges Mädchen
gefeiert, weil es in diesem Alter zur Frau wurde. Die Kirche ließ
sich diese gewinnträchtige Festivität nicht entgehen, setzte aber
das Alter um zwei Jahre hinauf und verlegte die Zeremonie in das
Gotteshaus, um dort gegen entsprechendes Entgelt die neue Frau
zu segnen. Gesegnet werden aber nicht nur Personen, sondern
auch Bilder, Testamente, Autos, Häuser, Schmuck und Kleidung,
nicht umsonst natürlich.

Nicht unerwähnt sollten auch der Kerzenverkauf und die
Almosen bleiben. Allein in der Hauptkirche von Guadalupe (es
gibt mehrere Kirchen an diesem Platz) stehen über 100
Opferstöcke. Man kann auch bei einem Pfarrer ein schriftliches
Gelübde ablegen, dass man z. B. nicht mehr trinken oder einen
Monat lang nicht rauchen wird, und und und… Ob das
Versprechen eingehalten wird, interessiert die Geistlichen wenig,
denn die Reuigen haben bereits im Voraus bezahlt! Ich bin sicher,
wenn Christus jetzt wieder geboren würde, würde er das gleiche

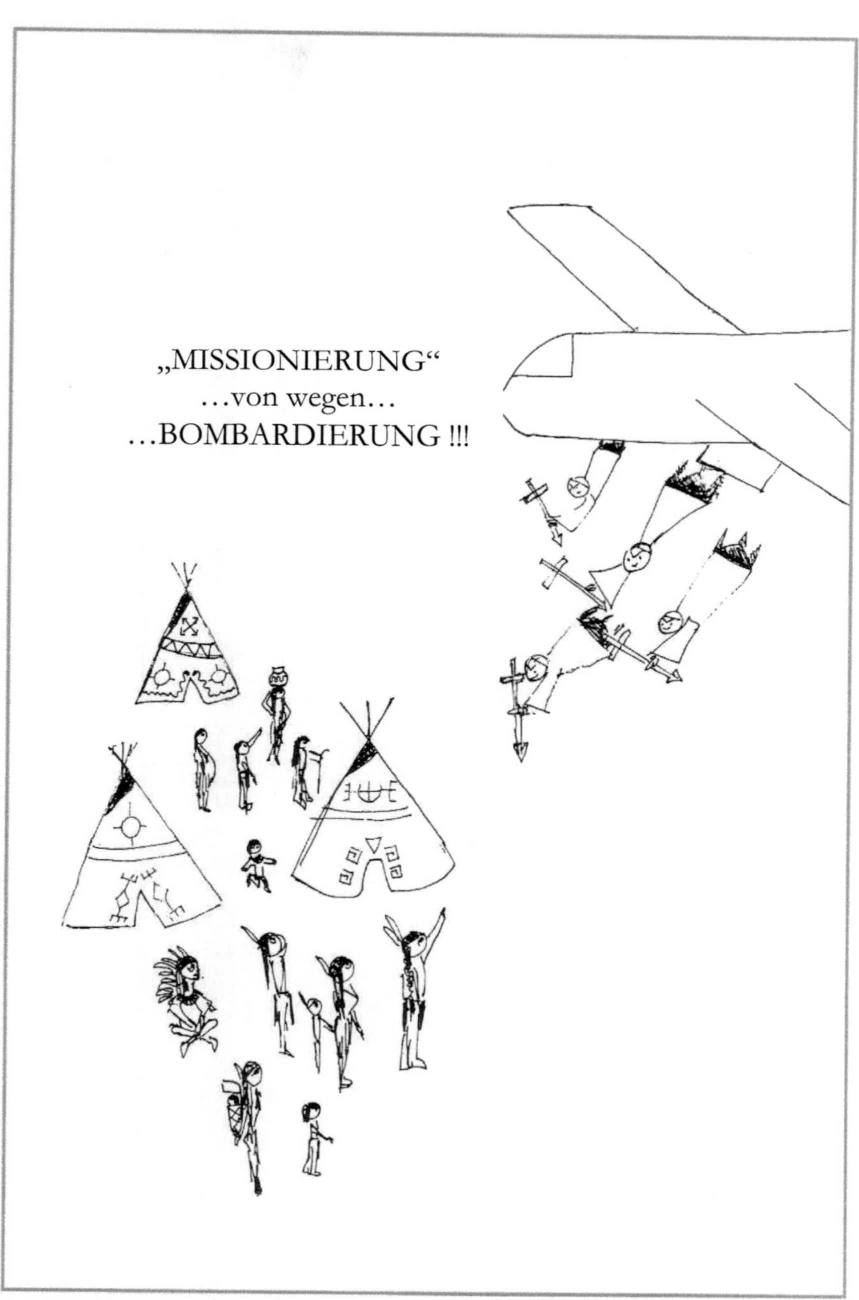
„MISSIONIERUNG"
…von wegen…
…BOMBARDIERUNG !!!

$ $
So bleib' doch stehen und lasse dich zivilisieren !!!
GOLD
GOLD
GOLD
IGOLD
GOLD
GOLD

wie vor 2000 Jahren machen. Er würde den Pfarrern einen Tritt in den Hintern versetzen, denn sie haben wie damals aus seinem Tempel einen Markt gemacht…

Glaubt, was Ihr wollt, Hauptsache Ihr seid glücklich. Aber lasst die anderen auch glauben, was sie wollen, damit auch sie glücklich sein können!

Ich bin, wie gesagt, Heide und bin, wie viele andere, die meine Ansichten teilen, glücklich und zufrieden, ohne Furcht und Scham, ein Sünder zu sein. Aber obwohl ich überzeugt bin, das Richtige zu tun, bin ich nicht bestrebt, Andersdenkenden meine Ideologie aufzudrängen. Wenn ich über andere Religionen spreche und dabei oftmals die negativen Seiten beleuchte, so heißt das nicht, dass ich die Leute von ihrem Glauben abbringen, sondern dazu anregen möchte, alles einmal objektiv zu betrachten, um selbstkritisch entscheiden zu können. Es ist gut, frei denken oder sprechen zu können, denn im Mittelalter wurden unsere Leute für ihre eigene Meinung, die der Kirche missfiel, noch hingerichtet.

„Missionar" kommt von „Mission", und die Mission der Missionare war, altes Kulturgut zu vernichten und aus der übrig gebliebenen Asche ihr eigenes zu errichten…

Aber was war ihr eigenes? Das Christentum wurde von den Römern übernommen und durch das Römische Großreich an Euch weitergegeben. Hätten die Römer das Christentum nicht übernommen, würdet Ihr wahrscheinlich heute noch Eure eigenen Religionen und Gottheiten haben. Als das Christentum im mitteleuropäischen Raum Fuß fasste, wurden uralte heidnische Kultstätten zerstört und darauf, ähnlich wie bei uns, Kirchen und dergleichen errichtet. Ein Beispiel dafür ist eine keltische Kultstätte in Deutschland, die Externsteine im Teutoburger Wald. Dort zerstörte man an den riesigen Steinen teilweise die

Originalinschriften und gravierte an ihrer Stelle christliche Motive ein. Ein Großteil der Touristen, die den Platz besichtigen, versteht und respektiert ihn nicht. Denn Ihr habt nach Jahrhunderten von Predigten und Zwängen Eure eigenen ursprünglichen Religionen vergessen. Immer wieder kommt man zum selben Schluss: andere Religionen, Kulturen, Sitten und Sprachen werden nicht respektiert. Immer sollte der Respekt von den Eltern an die Kinder weitergegeben werden und nicht andersherum. Die Eltern müssen die Kinder respektieren, damit diese Respekt erlernen.

Ein Baumstamm hält viele Äste mit Blättern, die Wurzeln aber haben die Kraft, um den ganzen Baumstamm zu halten, und wer war zuerst da? Die Wurzeln natürlich!

Die Bibel spricht sehr oft über Hass, Morde, Kriege, Verbrechen, Blut, Gewalt, Prostitution, Menschenopfer und Diktatoren. Wenn Ihr das nicht glaubt, dann habt Ihr die Bibel sicher noch nicht gelesen. Denn ein Großteil der getauften Christen kennt die Bibel nicht einmal auszugsweise. Außerdem sind Christus und die Kirche keineswegs dasselbe. Warum gehen die Leute in die Kirche, aber bessern sich nicht? Weshalb muss man einem anderen Menschen seine Sünden beichten, anstatt sie selbst zu erkennen und es besser zu machen? Ein deutscher Theologe namens Verbeck meinte, dass die Kirche die beste Schule sei, um ein guter Atheist zu werden. Dem stimme ich vollkommen zu, denn wer die Kirche richtig kennt, der weiß auch, dass es Päpste gab, die Mörder, Verheiratete, Ehebrecher, Homosexuelle und Diebe waren. Papst Felix V (1440-1449) war nicht einmal Priester, sondern ein Witwer mit mehreren Kindern.

Oft gab es mehrere Päpste gleichzeitig, wie z. B.:
        Benedict XIII – Spanien
        Bonifazius IX – Italien
        Clemens VIII – Frankreich

Welcher war nun der wirkliche Repräsentant Gottes? Wenn nun die Vertreter Gottes gar nicht so lieb und nett waren, was konnte man sich von den anderen erwarten? Sie sind nicht einmal lieb untereinander. Päpste waren im Gefängnis, aber nicht als christliche Märtyrer, und andere wurden aus Rom verbannt.

Der letzte Papst, der vorzeitig verblich, war Johannes Paul I, ein gesund aussehender Mann, den der Vatikan ein paar Tage nachdem er eine Rede gehalten hatte, in der er den Geiz der Arbeitgeber und die Unterdrückung der Armen als Sünden bezeichnete, die von Gott bestraft werden, an einem „Herzinfarkt" am 29. September 1978 sterben ließ. Einen Tag später gab der Vatikan Gehirnschlag als Todesursache an. Eine Autopsie wurde nicht erlaubt, weil man dies als respektlos betrachtete, obwohl der Leichnam dreier früherer Päpste einer Autopsie unterzogen worden war. Der lächelnde und menschliche Papst Johannes Paul I wird dem Volk sicher lange in Erinnerung bleiben.

Der Vatikan ist wie eine Monarchie, wo kaum reformiert oder etwas verändert wird. Viele Könige wären wahrscheinlich lieber Päpste gewesen, weil sie als solche viel mehr Macht und Besitztümer gehabt hätten. Obwohl die katholische Kirche einen Großteil ihres Machtpotentials in Europa verloren hat, ist ihr Einfluss in Mittel- und Südamerika gleichgeblieben. Dennoch sind die meisten Christen nur deshalb Katholiken, weil sie als solche getauft wurden. Man fragt keinen, und sie wurden irgendwie zum Christentum gezwungen. In mehreren europäischen Ländern, wie in Deutschland, wird man für sein Bekenntnis zum katholischen oder evangelischen Glauben durch den Staat zur Kasse gebeten. Zahlt man z.B. in Österreich diese Kirchensteuer nicht, wird man einfach zwangsweise gepfändet. Raffiniert ist dieses System in Deutschland, wo auch Atheisten und Muslime Kirchensteuer bezahlen müssen. Sie ist ganz einfach

EINE
KLEINE
SPENDE
FÜR
UNSERE
ARMEN
UND
HUNGERNDEN

in der pauschalen Lohnsteuer enthalten; ein wirklich raffiniertes System, wo doch der Staat überparteiisch sein sollte!

Jesus war arm, die Kirche ist reich. Wie man sieht, handelt es sich hierbei um zwei verschiedene Dinge. Klöster gab es in den verschiedensten Kulturen. Ihre Bewohner, die Mönche oder Nonnen, kamen zu den Plätzen, um in Armut und Demut dem Göttlichen zu huldigen und Erleuchtung zu erlangen.

Der katholischen Kirche kam dies nicht ungelegen. Man gründete Klöster, die im Unterschied zu anderen Religionen auch die Besitztümer der Gläubigen entgegennahmen. Damit nur ja kein Geld in die Familie von Mönchen und Nonnen aus dem Kloster fließen konnte, führte man das Zölibat ein, ein Eheverbot, das die Klosterinsassen ein weiteres Stück von der Außenwelt abtrennte.

Bis 300 n. Chr. durften die Priester heiraten, danach wurde es verboten. Dem Zölibat Folge zu leisten ist gegen die Natur; Nonnen, Mönche, Pfarrer und der Papst selbst sollten heiraten, damit sie sich nicht wegen etwas ganz Natürlichem zu schämen brauchen. Man sollte nicht vergessen, dass es sich bei ihnen auch nur um Menschen handelt. Außerdem wurde Jesus selbst nur 33 Jahre alt (wie es offiziell heißt). Solche Mönche müssen aber öfter mehr als ein halbes Jahrhundert in Einsamkeit verbringen. Dass sie aber jemanden brauchen, ist logisch und selbstverständlich.

Die Kirche unterstützte seit jeher die Reichen und die Mächtigen, Kriminelle und Mörder wie Hernán Cortez, Francisco Pizarro, Somoza, Strössner, Franco u. v. a. Überall lagen Leichen und liegen immer noch, und sie werden immer liegen. Da ich gerade an Leichen denke, fallen mir Hunderttausende von Weihnachtsbäumen ein, die jährlich ermordet oder – wie Ihr sagt – gefällt werden. Ihr habt überhaupt keine Vorstellung davon, wie viele Millionen Bäume für das Fest gefällt werden! Diese Bäume symbolisieren Liebe und Frieden. Wie kann ein lebloser Baum die

Geburt eines Lebens symbolisieren, um den sich am 24. Dezember die ganze Familie schart und singt und der ein paar Tage später achtlos auf den Müll geworfen wird? Zu erwähnen wäre, dass zwischen Weihnachten und Neujahr die Selbstmordraten am höchsten sind.

Wir brauchen keine Religion, sondern nur Liebe. Liebe findet man überall. Doch bevor man Liebe sucht, sollte man Liebe geben: Zuerst geben – dann bekommen, wie beim Bauern, von dem zuerst gesät und dann geerntet wird. Ist doch logisch und einfach! Sagt jetzt nicht, dass die Theorie einfach, aber die Praxis schwer ist. Macht es einfach! Liebe sollte keine Symbole haben, Liebe sollte praktiziert werden, mit Verständnis und Geduld.

Unser großer Bruder Walking Buffalo sagte folgendes: „Mein Volk kennt kein Gesetz. Aber es lebt in Harmonie mit den Mächten der Natur. Ihr seht in uns nur Tiere, ihr versteht unsere Gebete nicht, ihr habt nie zu verstehen versucht, wenn wir uns an den Mond, an die Sonne oder an die wilden Winde wenden. Ihr behauptet, dass wir den Teufel anbeten. Ihr habt uns verurteilt, ohne uns zu verstehen, nur weil sich unsere Gebete von den Euren unterscheiden."

Einer der sehr wenigen katholischen Priester, die auf der Seite der Indianer waren, Bartholome de las Casas, schrieb 1542 an den spanischen König seine Ansichten über das Verhalten der Kirche gegenüber den Eingeborenen. Der Text trägt den Titel „Kleine Relation über die Zerstörung der Indianer":

„Die Indien wurden 1492 entdeckt, ein Jahr später kamen Spanier und andere Christen, um dort zu leben. Alle Plätze waren voll von arglosen, ruhigen, friedlichen und freien Menschen: ohne Hass, Neid oder Vergeltungsdrang, wie es ihn auf der Welt gibt. Auch waren es Menschen, die auf materielle Dinge keinen

Wert legten. Deswegen waren sie weder eingebildet noch habgierig, sondern sauber und hilfsbereit.

Seit 40 Jahren taten die Spanier nichts anderes, als sie zu ermorden, zu zerstören, zu vernichten, zu foltern und zu zerstückeln. Ich spreche die Wahrheit und Wirklichkeit, dass viele Menschen von der Tyrannei und Teufelei der Christen umgebracht wurden und werden. Ich spreche von 15 Millionen Seelen, Männern, Frauen, Kindern, und ich wage sogar zu behaupten, dass es mehr als 20 Millionen sind. So viele Menschen starben, weil die Spanier nur Gold wollten und in sehr wenigen Tagen ein Vermögen scheffeln wollten…

Es ist wahr, dass die Indianer den Christen nichts Böses antaten, ganz im Gegenteil, sie waren gut zu ihnen. Die Spanier kamen in die Dörfer und ließen weder Kinder noch Alte am Leben. Sie schnitten Schwangeren die Bäuche auf und zerstückelten sowohl Mutter als auch Kind. Sie machten Wetten, wer am besten köpfen kann. Die kleinen Kinder wurden an den Beinen gepackt und mit dem Kopf gegen einen Stein geschlagen. Es wurden lange Galgen angefertigt, und immer wurden jeweils 13 Leute lebendig verbrannt, um unseren Christus und seine zwölf Apostel zu verehren… Ich habe alle diese Sachen gesehen und noch dazu viele andere mehr.

Im Jahre 1518 kamen unter dem Vorwand der Kolonisation Christen aus Spanien, um zu stehlen und zu morden. Was ich hier sage, ist sogar noch untertrieben, wenn man betrachtet, was alles geschehen ist, denn die Massaker, Wahnsinnstaten und Verbrechen, die im Namen Gottes und Ihrer Hoheit begangen *wurden, übertreffen dies bei weitem. Nach den Kriegen wurden die Leute versklavt. Der Teufelsrichter rief 100 Indianer zu sich und ließ sie aufhängen, bzw. er schnitt 30 bis 40 den Kopf ab und sagte zu den anderen: `Das gleiche werde ich mit Euch machen, wenn ihr nicht dient, oder wenn ihr ohne meine Erlaubnis fortgeht. ´ Sie hatten Hunde, die darauf dressiert waren, Indianer zu töten. Die Indianer wurden wie Schweine in Ketten herbeigebracht, ermordet und geschlachtet, und die Spanier sagten untereinander: `Gib mir ein Viertel von so einem Gauner, damit meine Hunde was zu essen haben. ´ Ich schwöre bei Gott und meinem Gedächtnis, dass nichts von den Zehntausend Sachen, die ich gesagt habe, falsch ist. "*

Zitat Ende

Ist das Zivilisation… Christentum… Kultur oder Verständnis? „Liebe deinen Nächsten wie dich selbst." Es klingt sehr schön, leider ist es hundert Prozent Theorie und null Prozent Praxis. Seit der Entstehung der Kirche ist ihre Mission, alles, was dem Denken der Kirche nicht entspricht, zu zerstören. 385 n. Chr. wurde der erste Heide geköpft, nur weil er nicht an die Dreifaltigkeit glaubte. Das heißt, dass seit dieser Zeit keiner mehr zu dem stehen durfte, was er wollte… wenn es mit der Meinung der Kirche nicht übereinstimmte.

Während der ganzen Inquisitionszeit wurde kein einziger Indianer in einem Prozess freigesprochen. Aber Weiße auch nicht! Am 24. August 1572 (Bartholomäusnacht) ermordeten Tausende von Katholiken alle Protestanten, die es in Paris gab, auch Frauen und Kinder.

Wer ist mehr Christ? Derjenige, der glaubt, dass Christus Gott war, aber seine Lehren nicht befolgt, oder der, der nicht glaubt, aber Christi Lehren lebt? Jesus war kein Dieb, aber die Kirche eignete sich vieles unrechtmäßig an. So auch die Riten, Feste und Vorbilder, bei denen sonst nichts als der Name geändert wurde, wie es auch in Mexiko geschah. So wurde aus Tonantzin (Mutter Erde) die Jungfrau Maria von Guadalupe; aus Huitzilopochtli (Symbol des Willens) wurde Gott Vater, das männliche Regensymbol Tlalok wurde der heilige Isidor, und das weibliche Wassersymbol Chalchitikue wurde zur Mutter Gottes.

Wie viele andere, sprach auch der Papst, der schon mehrere Male nach Mexiko gekommen war, über Evangelien, Armut auf der Welt, Gottes Liebe, Frieden und Respekt für die Menschheit. Wie kann er so sprechen, obwohl jeder weiß, dass der Papst der Repräsentant von Macht und Geld ist. Genau dieses ist der Grund, warum so viele Priester und Bischöfe bei uns gegen diese Geschäftskirche sind, und sie fragen sich immer wieder, wie sie Mitglieder einer Kirche sein können, die Reiche, Mörder, Diktatoren und Lügner unterstützt.

Kinder, die am Verhungern sind, werden vom Beten nicht satt!

Keine christlichen Theorien..., sondern Praxis!

- Die Kirche war auf der Seite der Mörder, die leider zu uns kamen (in Europa auch „Konquistadoren" genannt).
- Die Kirche selbst hatte Indianersklaven!
- Die Kirche war gegen die Unabhängigkeit Mexikos (1810-1821).
- Die Kirche war gegen Reformen (fast überall).
- Die Kirche und der Staat waren bis 1857 in Mexiko nicht voneinander getrennt, d. h. es gab keine Gewaltenteilung.

- Die Kirche brachte Maximilian von Habsburg als „Kaiser" nach Mexiko.
- Die Kirche war gegen die mexikanische Revolution.
- Die Kirche unterstützte bei uns in Mexiko den Diktator Victoriano Huerta.
- Die Kirche focht „christliche" Kriege aus (überall).
- Die Kirche machte 40 Jahre nach der Invasion der Spanier offiziell aus den „armen Wesen ohne Seele" Menschen.
- Die Kirche erlaubte 300 Jahre lang die Versklavung der Indianer (in Mexiko und von Menschen in anderen Ländern).

Sei ehrlich zu Dir selbst, und denk darüber nach…!

Geld, Gold und Macht…
Die Götter der Zivilisierten!

„Wenn die Weißen das gelbe Metall sehen, das für uns die Sonne symbolisiert und welches sie Gold nennen, scheint sie eine seltsame Krankheit zu befallen, denn ihre Augen treten aus den Höhlen, und sie beginnen, wie Affen durch die Gegend zu springen…"

Feststellung eines Azteken Anfang des 16. Jahrhunderts

„Wenn der letzte Baum gefällt und der letzte Fisch gefangen ist, werdet Ihr feststellen, dass man Geld nicht essen kann."

Cree (einige Jahrhunderte später)

„Wie könnt Ihr Macht über andere haben, wenn Ihr Eurer selbst nicht mächtig seid…?"

Maya, Mitte des 16. Jahrhunderts

Hat sich etwas verändert, oder gelten die alten Aussprüche immer noch? Leider blieb es genauso oder wurde sogar noch schlimmer.

Der zivilisierte Mensch braucht vor seiner Geburt und nach seinem Tod Geld… Vor seiner Geburt deswegen, weil viele junge Leute sich zuerst finanziell sanieren möchten, bevor sie überhaupt ein Kind in Erwägung ziehen. Nach dem Tod, weil gerade Begräbnisse eine Menge Geld kosten; das Grab selbst kann entweder gekauft oder für Jahre gepachtet werden; wenn die Hinterbliebenen kein Geld für den Verstorbenen mehr aufbringen wollen oder können, verfällt das Grab, die Gebeine werden entfernt, und es wird Platz für einen neuen Zahlenden gemacht.

Es ist unvorstellbar, in der Zivilisation ohne Geld zu leben und ohne Geld zu sterben. Ihr müsst ja sogar bezahlen, um auf die Toilette zu gehen. „Wer etwas hat, ist jemand, wer nichts hat, ist niemand", „Geld regiert die Welt", „Zeit ist Geld" sind Sprüche, die sich bereits in Eurer Gedankenstruktur festgesetzt haben. Juwelen, Antiquitäten, Kunstgegenstände und sonstige Wertgegenstände erlangen bisweilen dermaßen hohe Preise, dass sie sich für Normalbürger im Bereich des Unvorstellbaren bewegen. (Die keineswegs „Mammon verachtende" Kirche predigte den Reichen, aber auch den Armen Geld und andere irdische Güter förmlich aus der Tasche.) Es ist für mich unbegreiflich, dass man Milliarden für einen Gegenstand bezahlt, während andere Menschen vor Armut verhungern. Geld, Gold und Macht, das hättet Ihr am liebsten gemeinsam.

Wie viele Millionen Menschen mussten deswegen ihr Leben lassen, ja sogar Milliarden wurden im Laufe der Geschichte wegen Geld, Gold und Macht ermordet, aber es hat noch kein Ende gefunden.

Es werden leider noch Milliarden mehr werden. Das war, ist und wird sein, weil Ihr den Sinn des Lebens vergessen habt. Ihr legt viel zu viel Wert auf Äußeres und Materielles, das Innere, die Seele, beachtet Ihr kaum. Es gibt sogar Frauen, aber auch Männer, deren Bestreben es ist, eine möglichst reiche Person ehelichen zu können.

Aber nicht immer ist Geld im Spiel. Auch die Hochzeit mit einem verarmten Adeligen oder sonstigem Titelträger hebt das Ansehen gewaltig. Der Adel selbst verehelichte sich meistens untereinander. Nicht nur wegen des blauen Blutes, sondern wegen der Mitgift des Ehepartners, auf welche Weise schon riesige Imperien entstanden sind. Aber solche Menschen wurden nicht glücklich, sondern ließen ihren Ärger und Hass an ihren Kindern, ihren Dienern und an den Völkern aus.

Ihr habt Eure Welt kaputt gemacht, nur um Geld und Macht zu haben! Ihr habt die Naturgesetzte vergewaltigt..., und sehr schnell wird es ein Ende haben, ein gewaltiges aber! Ja, ja viele von Euch werden denken oder sagen: „Ach was, er übertreibt, er gibt uns die ganze Schuld, ist sehr aggressiv in seinen Bemerkungen, so schlimm ist es auch wieder nicht." Glaubt mir, nichts hätte mir mehr gefallen, als zu hören (mit Beweisen), dass ich übertreibe... Leider habe ich Recht! Mit der Welt wird all der Stolz, die Taubheit und Arroganz und alles Gold untergehen... Auch Ihr werdet mit untergehen! Doch solange es Leben gibt, gibt es auch eine Chance!

„Öffnet die Augen, seht ihn Euch an, er kann nur eine kleine Mahlzeit verzehren..., doch er will das Essen von Millionen anderen auf einmal verschlingen!

Seht ihn Euch an, fürchtet ihn, er kann nur in einem kleinen Bett schlafen, doch er will die Betten von Millionen Schlafenden auf einmal in Beschlag nehmen!

Fürchtet ihn, verflucht ihn, er kann nur unter einem kleinen Dach hausen, doch er will unter den Dächern von Millionen Familien auf einmal wohnen!

Verflucht ihn, verdammt ihn, er kann nur in einem kleinen Grab beerdigt werden, doch er will die Gräber von Millionen auf einmal an sich reißen!

Nehmt ihn fest, verurteilt ihn! Er ist der schlimmste Terrorist des Volkes!"

René Philombe

NEHUATL NIH TLAZOHTLA
IN ZENTZONTOTOL IKUIKATL
NEHUATL NI TLAZOHTLA
IN CHALCHIUITL IN TLAPALLIZ
IUAN IN AHUIAMEH XOCHIME
ZAN OK ZENKA
NO KUALTZIN IN TLAKATL
NEHUA NI TLAZOHTLA

Ich liebe den Gesang
des Zentzonvogels,
des Vogels mit den
vierhundert Stimmen.
Ich liebe die Farbe der Jade
und das betörende Parfüm
der Blumen, aber
am meisten liebe ich
den Menschen, meinen Bruder.

Von Nezaualkoyotl
(Aus meinem Buch:
„Unser einziger Gott ist die Erde")

„ACHTUNG! Mensch, halte ein!"

Weißer Mann, halte einen Moment inne, um nachzudenken –
Warum gehst Du so schnell, ohne Dich umzusehen,
mit einem phlegmatischen Ausdruck der Apathie und des
Unglücks? Schau hinter Dich und sieh, was Du zerstört hast:
alle Hochkulturen, hübsche Flüsse, zerbrechliche Blumen
– alles gemordet -, und die Nester der Vögel sind zerbrochen.
Sogar Deinen eigenen Bruder und manchmal sogar
Deine eigene Mutter! Menschen, genau so gleich
wie Du oder ich –
Du bringst sie um mit Gewalt.

Du bist oft im Schatten, in der Dunkelheit…
Und Du attackierst, ohne nachzudenken!
Vielleicht wirst Du danach um Entschuldigung bitten,
aber die Störung ist bereits von Dir verursacht.
Unsere Welt fordert und bittet, dass Du sie
nicht vergisst, dass Du sie nicht weiter umbringst
mit Deiner Ignoranz und Dummheit.
Die Tiere vom Urwald, die Fische im Meer,
die Schildkröten, die Wale, alle fragen Dich:
„Warum lässt Du uns nicht in Ruhe?"
Von Deinem Bruder, dem „Indianer", hast Du
seine symbolischen Schätze aus verschiedenen Metallen,
besonders die aus Gold, das Du niemals essen wirst, gestohlen.

Hast seine Geschichte und Kultur kaputt gemacht –
gewalttätig zertreten. Es sieht so aus, dass wenn Du so
schnell gehst, Deine Füße die Samen des Friedens,
der Freiheit und der Liebe zertreten.
Du setzt damit Deine eigenen Samen –
die Samen der Selbstzerstörung.
Willst Du, weißer Mann, Dich selbst zerstören?
Damit Du in ein Dir unbekanntes Paradies eingehst?
…Dann bringe Dich um!
Aber lasse uns am Leben, denn wir leben
in einem Paradies und wir waren zufrieden…,
bevor Du angekommen bist!

Wo sind Deine Freunde?
Wo ist Deine Liebe?
Wo ist Dein Verständnis?
Wo ist Dein Hunger, zu lernen?
Das Heute, das Du lebst, benutze es
für die Wiederherstellung… damit
Deine Zukunft, die Du selbst aufbaust,
nicht gefüllt sein wird mit Selbstmitleid.
Niemand weiß, was er besitzt…,
bis er es verloren hat!

(Aus meinem Buch:
„Die wahre Geschichte der Azteken")

Die Medizin… Kunden statt Patienten!

Ich erinnere mich noch sehr deutlich an die Zeit, in der ich mit einem Arzt in Mitteldeutschland zusammenarbeitete, denn er wollte wissen, ob ich seinen Patienten helfen könne. Fast alle der Arztbesucher waren aber keineswegs krank, sondern hatten Beschwerden, verursacht durch Angst, Stress, falsche Ernährung sowie Mut- und Hoffnungslosigkeit. Ich bin überzeugt, dass ein Großteil der in der Zivilisation existierenden Krankheiten nur in den Gedanken ist. Viele der restlichen Krankheiten basieren auf falschen Ernährungs- und Lebensgewohnheiten, die natürlich auf falsche Erziehung zurückzuführen sind. Dazu mehr in einem anderen Kapitel.

Was ist ein Arzt? Für mich ist ein Arzt oder Heiler derjenige, der die Menschen zu heilen sucht, egal ob sie alt oder jung, männlich oder weiblich, reich oder arm sind. Seine einzigen Ziele sollten die Heilung der Krankheit und die Bewahrung der Gesundheit sein. Sieht er keine kranken Leute, so sollte er sich freuen, dass die Menschen gesund sind.

Der Arzt sollte zuerst den Leuten helfen und erst dann nach Bezahlung fragen, der Heiler muss psychisch und physisch gesund sein, denn nur so kann er auch andere gesund machen, er muss jeden Moment bereit sein, die Leute zu behandeln, er muss wissen, dass die Heilung eines Menschen eine wundervolle Sache ist, und er muss seinen Beruf lieben und verstehen, mit anderen Worten: Er oder sie muss glücklich leben! Dies sind unter anderem für mich die maßgebenden Forderungen, um Arzt zu werden. Solche Heiler, die Ihr Medizinmänner nennt, sind aber meist nur in der Wildnis zu finden, Eure Ärzte sind ganz anders. Viele werden nicht aus Überzeugung Arzt, sondern weil man als Doktor mehr Ansehen hat, weil es ein gut bezahlter Beruf ist, weil man die Praxis eines Verwandten übernehmen soll oder weil kein anderer Studienplatz mehr frei war.

Der Kranke wird nicht als Patient, sondern als Kunde betrachtet, der umso mehr Geld bringt, je öfter er kommt. Die Aussprache mit dem Patienten darf eine Viertelstunde nicht überschreiten, denn nur soviel zahlt die Krankenkasse. Es besteht kein Freundschaftsverhältnis zwischen Arzt und Krankem, was dazu führt, dass der Patient nicht über alles spricht, weil er Hemmungen hat.

Besonders in Krankenhäusern werden die Patienten zuerst nach Personalien, Krankenkassenzugehörigkeit bzw. Zahlungsfähigkeit gefragt und erst danach behandelt. Ich selbst habe einen tragischen Fall miterlebt: Ein Paar kam mit seinem kranken Kind ins Spital. Der Kleine litt an hohem Fieber, das eine sofortige Behandlung nötig machte. Doch die Ärzte wiesen den Patienten ab, weil er weder versichert noch die Eltern zahlungsfähig waren. Ich bot mich an, die Leute ins nächste Krankenhaus zu fahren, doch bevor wir es erreichten, war der Junge tot.

Ähnliches trug sich in Deutschland zu. Ein Junge litt an einer Neurose. Es war dermaßen schlimm, dass ihn vier Männer im Auto halten mussten, damit wir überhaupt ins Spital kamen. Als die Schwester, welche die Personalien aufnahm, merkte, dass der Junge keine Versicherung hatte, wandte sie sich sofort an den Dienst habenden Arzt und fragte, ob das Spital überhaupt so einen Jungen aufnehme. Der Arzt untersuchte ihn kurz und verwies uns an eine Nervenklinik in einer größeren Stadt. Als wir dort ankamen, lehnten die Ärzte die Aufnahme ab, ohne ihn untersucht zu haben: „So was nehmen wir hier nicht, der ist ja völlig daneben", meinte der Psychiater. Ohne uns an eine andere Klinik zu verweisen, kehrten sie uns den Rücken. Erst eine heftige Intervention meines Bekannten entlockte ihnen eine Adresse. Diese Klinik nahm ihn schließlich auf, aber unter der Bedingung, dass immer jemand bei ihm bleibe, erstens, weil niemand die Verantwortung für ihn übernehmen wollte, und zweitens wegen der Bezahlung. Danach wurde er untersucht.

Ja, es gibt solche und solche Ärzte. Diejenigen, die ihren Beruf mit Pflichtbewusstsein und Liebe ausführen, bekommen meine volle Liebe, Zuneigung und Anerkennung. Die anderen aber, die in der Krankheit ein Geschäft sehen und sich deswegen auch wie profitgierige Geschäftsleute benehmen, verachte ich zutiefst. Denn ein Mensch kann niemals wie eine Sache behandelt werden und obwohl wir uns im Zeitalter der Roboter befinden, ist es keineswegs zu begrüßen, wenn an Menschen eine maschinelle Heilungstaktik ohne Zuspruch angewendet wird, denn man verliert dabei das Gefühl und den Bezug zum menschlichen Wesen.

Viele Fachärzte suchen oftmals nicht den Ursprung einer Krankheit, der irgendwo in, oft sogar außerhalb des Körpers liegen kann, sondern konzentrieren sich viel zu sehr auf ihr Spezialgebiet. Sie vergessen, dass der Körper aus Tausenden von Teilen besteht, die jedoch eine Einheit bilden. Der Arzt sollte auch über die Umgebung, in der sich der Patient befindet, und selbstverständlich auch über sein Vorleben Bescheid wissen. Es gibt sehr viele Auslöser einer „Krankheit". Deshalb muss der Patient zum Arzt viel Vertrauen haben, damit er ihm auch alles erzählt, ohne Hemmungen und falsche Scham.

Die Zivilisation brachte und bringt viele Krankheiten, die es ohne sie nicht gegeben hätte. Es gibt sehr viele Beispiele. Hier nur einige davon: Übergewicht. („Rund ist gesund", heißt es heute noch. Dieser Satz stammt sicher von einem Dicken.) Viele fettleibige Menschen wissen nicht, dass man nicht nur äußerlich, sondern auch innen fett ist. Damit meine ich die Organverfettung. Dies führt zu Herzinfarkten, Gehirnschlägen, Thrombosen, Atem- und Kreislaufbeschwerden u. a. Falsche Ernährung und Bequemlichkeit (um nicht Faulheit zu sagen) verursachen dieses Übergewicht. Allein in den USA gibt es über zehn Millionen Menschen, die die 100-Kilo-Markierung überschreiten. Ich sprach von nur 100 Kilogramm, es gibt aber auch Millionen, die über 150 Kilogramm wiegen. Es scheint so, als hätten diese Leute erfahren, dass den Ureinwohnern der Kreis heilig ist, und nun versuchen sie, so rund wie möglich zu sein, um auch heilig zu werden.

Ich habe zu meinem Bedauern viele Kinder im Alter von vier bis acht Jahren gesehen, die schon sehr dick sind und deren Eltern nichts unternehmen, damit sie wieder normalgewichtig werden. Sie sind wie die Vögel: Sie essen den ganzen Tag. Aber trotzdem scheinen es die Vögel besser zu machen. Denn kein Vogel, egal ob Strauß, Fasan, Truthahn oder Pfau, war jemals fettleibig. Sagt jetzt nicht, dass Walfische, Elefanten, Nashörner auch dick sind. Das ist ihre normale Körperform, die sind normalgewichtig. Die wären krank, wenn sie wie die Menschen aussehen würden. Genauso verhält es sich auch im gegenteiligen Fall.

Andere Krankheitsverursacher sind Hektik und Stress. Um alles rechtzeitig machen zu können, plant Ihr sehr viel, und um diese Pläne einhalten zu können, kommt Ihr in Stresssituationen, d. h. Euer ganzes Nervensystem wird zerstört. Außerdem begeht Ihr in Eurer Hektik viele Fehler und baut sogar viele Unfälle. So gefährdet Ihr Euch nicht nur selbst, sondern auch die anderen. Ein Beispiel dafür sind die zahllosen Autounfälle, deren Ursache der Stress ist.

Alkohol und Nikotin sind legale Gifte, die der Staat toleriert. Obwohl sie nachweislich zur Sucht führen können, werden Spirituosen und Zigaretten als etwas Gewöhnliches betrachtet, und obwohl die Ärzte vom Rauchen und Trinken abraten, tun es die meisten selbst. Andere „erlaubte" Drogen wie Schlaf- und Aufputschmittel sowie Antidepressiva und sogar injizierter Hustensaft werden zur Erleichterung eines stressigen Alltags verwendet. Illegale Drogen sind u. a. Heroin, Kokain, LSD, Haschisch und Marihuana. Letzteres wird von uns seit Jahrhunderten als Heilmittel eingesetzt. Es dient zur Behandlung von Krampfadern, Rheuma, Herzschmerzen u. a. Die „Zivilisierten" machten es zum Rauschmittel, ohne zu wissen, warum, wie, was und wo.

Bei uns sind auch andere „Drogen" bekannt, gewonnen aus Pilzen, Kakteen, Baumrinden, Blättern u. a. m., welche heute noch als Narkotika bei Operationen verwendet werden. Man heilt damit u. a. tiefe Wunden und Verbrennungen, reinigt das Blut, stoppt Krebs und beseitigt starke Ekzeme. Auch dienen diese Stoffe zur Bewusstseinserweiterung. Als die Zivilisierten kamen, interessierte sie besonders letzteres. Doch sie dosierten willkürlich und machten diese Mittel so zu gesundheitsschädigenden Drogen. Um solche Stoffe als Medizin benützen zu können, muss man u. a. genau wissen, wie viel, wo, wann, warum und was genommen werden muss. Mit „was" meine ich den Teil der Pflanze, der zu einer bestimmten Zeit geerntet und an einem bestimmten Ort gelagert werden muss, und und und. Gierige Leute aßen und rauchten diese Pflanze oder Teile von ihnen wie verrückt, bis sie auch verrückt wurden. Sie aßen oder rauchten auch Pflanzen, die tatsächlich nur für Einreibungen geeignet sind.

In der Regensaison kommen viele Kanadier und US-Bürger zu uns. Ausgerüstet mit einer Taschenlampe machen sie sich um etwa vier bis fünf Uhr morgens auf die Suche nach den „magic mushrooms". Ich kenne den Fall eines Amerikaners, der bei einer Ureinwohnerin eine Schale mit Pilzwasser entdeckte und sie, ohne vorher zu fragen, einfach austrank. Die Frau war sehr erstaunt, denn sie wollte eigentlich dieses Wasser zur Reinigung des Intimbereichs ihrer Tochter verwenden. Ha, ha, ha! Die Frau und ich lachten ganz schön laut. Es ist bedauerlich, dass diese Leute Drogen nehmen müssen, um träumen zu können…
Wo bleiben Phantasie, Träume, Verständnis, Spontaneität, Hilfsbereitschaft, Mut und Zivilcourage? Sie sind in der Zivilisation fast zu Fremdwörtern geworden.

Ihr wollt alles sehr schnell wissen, und Ihr nehmt Euch nicht die Zeit, mit dem Alter zu lernen. Der Same eines Apfelbaumes muss „sterben", damit ein neuer Baum entstehen kann. Wenn nun der Baum schon Blätter, Blüten und Früchte trägt, müssen die Früchte einen gewissen Reifeprozess durchmachen, und obwohl sie äußerlich manchmal schon reif aussehen, bleiben sie weiter am Baum hängen, bis auch ihr Inneres, die Kerne, ihre endgültige Reife erreicht haben. Die Vögel sind öfter den Menschen überlegen, denn sie erkennen genau, welche Frucht ganz reif ist, während sich die Menschen leicht von der äußerlichen Reife der Frucht beeindrucken lassen und deshalb nicht selten in den „sauren Apfel" beißen! Alles hat eine gewisse Zeit und einen gewissen Grund. Beachtet man diese beiden Faktoren nicht, verläuft der natürliche Vorgang nicht mehr normal.

Ich glaube, dass von hundert Irren nur einer so geboren wurde, der Rest wurde erst irre gemacht. Eure Gesellschaft und Umgebung machen Euch verrückt… Viele Blinde, Taube oder Krüppel wären nicht so zur Welt gekommen, wenn die Eltern die Naturgesetzte gekannt und befolgt hätten. Eure Medizin ist nicht darauf bedacht, zu heilen, sondern um Schwache am Leben zu erhalten, was zu einer gewissen Degeneration führt. Es ist sehr bedauerlich, dass sehr viele Menschen in der Zivilisation in einer gewissen Weise degeneriert sind. Doch das kann jederzeit geändert werden. Man braucht nur zu wollen und mitzumachen.

Ein gutes Beispiel hierfür sind Erbkrankheiten. Während früher schwer Zuckerkranke, Bluter und andere mit Erbdefekten geborene Kinder nach kurzer Lebenszeit wieder in die Mutter Erde zurückgingen, werden sie heute, teilweise ziemlich qualvoll, am Leben erhalten. Die Kranken erreichen das Erwachsenenalter und geben ihren Gendefekt an ihre Kinder weiter.

Krankheiten, die nicht heilbar sind, sollte man mit den Krankheitsträgern aussterben lassen, anstatt sie in neuen

Menschen weiterleben zu lassen. Das Beste wäre natürlich eine Heilung, aber wie schon gesagt: ein kaputter Apfel kann eine ganze Kiste guter Äpfel verderben, wenn er nicht vorzeitig entfernt wird. Das klingt vielleicht radikal und herzlos. Viele werden es als unmenschlich bezeichnen. Aber betrachtet die Natur selbst! Die natürliche Selektion räumt den Schwachen keinen Platz ein. Das heißt nicht, dass solche Kranken umgebracht werden sollten, nur muss man darauf achten, dass keine weiteren geboren werden.

So wie unsere Umwelt aussieht, bedarf es sowieso radikaler Änderungen, denn sonst ist das Ende aller nicht mehr weit! Verbrecher, Diebe, Vergewaltiger, Lügner, Verantwortungslose, Mutlose, Gierige u. dgl. werden nicht als solche geboren, sondern von der Gesellschaft so geformt... Zu dieser Reihe von Abnormitäten paart sich eine andere Reihe „normaler" Menschen, die bestrebt sind, jene abnormen wieder „gesellschaftsfähig" zu machen. Dazu gehören Psychoanalytiker, Psychologen, Psychiater, Psychotherapeuten, Neurologen, Bewährungshelfer..., d. h., man könnte sich durch eine gesunde Entwicklung der Menschheit Gefängnisse, Gefängnispersonal, Polizei, Nervenkliniken, Irrenhauspersonal, viele Behindertenheime plus deren Personal, Waisenhäuser, Altenheime, Internate, Kinderheime (deren Einwohner bei den Naturvölkern üblicherweise bei ihren Verwandten einen Platz finden), Tierschutzvereine und Tierheime, Organisationen für Menschenrechte, Gesellschaften für bedrohte Völker sowie viele nationale und internationale Umweltorganisationen etc. etc. sparen. Sogar Feuerwehr und Rettungsdienste jeder Art hätten viel weniger Einsätze und weniger Arbeit. Die vielen Arbeitslosen, welche so entstehen würden, könnten vieles andere machen.

Wie Ihr seht, wäre es leicht, eine bessere Welt zu schaffen. Dazu brauchen wir nur Geduld, Liebe, Verständnis, Selbsterkenntnis und Menschlichkeit!

Aber alle müssen mitmachen! Statt Theorie – Praxis!

Bauern, Ärzte, Ingenieure, Architekten, Fabrikanten, Geschäftsleute, Pensionisten, alte Menschen, Hausfrauen, Jugendliche, Kinder, Erwachsene, Politiker, Mechaniker, Bankiers, Ölmagnaten, Erdgaslieferanten, Großhändler, Zwischenhändler, Politessen und Polizisten, Krankenschwestern, Krankenpfleger… und alle anderen…

Es geht uns alle an! Jeder soll seinen Teil dazu beitragen!

Denn wenn Ihr untergeht, werden wir mit untergehen. Wir werden alle zugrunde gehen. Überlegt es, Brüder. Überlegt es, Schwestern. Wir brauchen keine Änderung morgen, sondern heute…, jetzt! Wie gesagt, überlegt es, BITTE! Es wird für Euch und auch für uns sein.

Wie bereits erwähnt, werden viele Leute durch die Umwelteinflüsse krank. So kannte ich ein liebes Mädchen. Seine Umwelt, die Schule und seine streitenden Eltern machten es überdurchschnittlich ruhig. So starrte es stundenlang wortlos in die Gegend, was bei den Eltern Besorgnis erregte. So besuchten sie mit ihm mehrere Psychiater, von denen keiner die Ursache, sondern die Symptome behandeln wollte. Ein sehr bekannter und teurer Psychiater verschrieb ihm sechs verschiedene Medikamente. Das Mädchen dosierte etwas höher und „verbesserte" die Wirkung mit Alkohol. Es wurde medikamentensüchtig und unternahm zwei Selbstmordversuche. Bemerkenswert ist auch Eure „Esskultur". Die Hauptnahrungsmittel sind nicht nährwertreich, sondern reine Dickmacher wie Hamburger, Cola, Kartoffelchips. Es gibt sogar schon richtige „Fast-food"-Restaurantketten. Ihr versucht, Euch mit großen Mengen Zucker das Leben zu versüßen…, doch der Nachgeschmack ist sehr bitter. Tausende sterben wegen zuviel Cholesterin. Das traurigste aber ist, dass nahezu alle wissen, wie ungesund Zucker ist, aber ihn dennoch in gleichen Massen weiter essen.

Genauso ist es übrigens auch mit der Natur. Ihr wisst, wie schlecht es um sie bestellt ist, aber Ihr tut nichts, um die Sache zu verbessern. Vielmehr versucht Ihr, Chemie mit Chemie zu bekämpfen, d. h. Ihr behandelt Leute, die durch die viele Chemie krank wurden, wieder mit Chemikalien. Wie soll man das verstehen? Religion gegen Religionen, Krieg gegen Kriege? Bedenkt nur, dass Ihr aus etwas Natürlichem etwas Unnatürliches gemacht habt, das Natürliches jetzt zerstört – Chemie.

Ihr seid krank von dem, was Ihr geschaffen habt!

Und Ihr selbst müsst Euch wieder heilen, denn die beste Medizin hilft nicht, wenn es der Patient nicht will. Jeder sollte in gewisser Weise sein eigener Arzt sein. Durch Optimismus, Selbstkontrolle und gesunde Ernährung halfen sich schon viele. Fast alles kann heilend, aber auch gleichzeitig vernichtend sein. Deshalb müsst Ihr lernen, mit der Natur richtig umzugehen, anstatt sie zu zerstören. Ihr seid Naturmenschen wie wir, nur respektiert Ihr die Natur nicht. Genau das ist Euer Fehler! Warum respektiert Ihr sie nicht? Weil Ihr es wie Eure Jugend macht. Ihr reißt Eurer Mutter das letzte aus der Tasche, ohne Euch darum zu kümmern, wie es ihr nachher geht. Ihr seid Ausbeuter!

Ich bin keineswegs frech oder aggressiv. Diejenigen, die ich hier anspreche, haben sich sicher schon erkannt, und diejenigen, die sich zu Unrecht angesprochen fühlen, sollten noch mal überlegen, ob es sie nicht doch auch betrifft. Einem Dieb gefällt es auch nicht, wenn man ihn einen Dieb nennt!

Ein Mann ärgerte sich einmal sehr über Leute, die Wände bekritzelten und beschmierten, kurze Zeit später ertappte ich ihn auf der Toilette, als er gerade selber über der Waschmuschel seine Initialen hinterließ. Ist das normal? Ich war in vielen Ländern und kenne keine öffentlichen Toiletten, deren Wände nicht beschrieben sind. Hauptsächlich handelt es sich bei dem Geschreibsel um Schimpfwörter und Obszönitäten. Durch das Hinterlassen von Telefonnummern versuchen manche, sexuelle Kontakte zu knüpfen. Manchmal ist kein einziges Fleckchen unbeschriebener Wand mehr zu entdecken. Ich dachte öfter, dass nur Männertoiletten so beschmiert sind. Aber bei den Frauen ist es genauso. Sonderbar ist nur, dass sowohl bei Frauen als auch bei Männern die Zeichnungen von männlichen Geschlechtsorganen dominieren. Dann gibt es auch noch jede Menge Löcher in den Türen und Seitenwänden, meist in WC-Höhe, welche von Voyeuren gebohrt wurden – bemitleidenswert!

Da wir gerade beim Leiden sind: Bei Euch heißt ein Spruch „Schönheit muss leiden". Es ist eine Tatsache, dass viele Frauen bei Schönheitsoperationen ihr Leben lassen mussten, der Silikonbusen brachte sie um. Brüste, Bauch, Po, Beine und natürlich das Gesicht werden am meisten „verschönert". Doch werden auch Haare verpflanzt und ein ganzes Gebiss neu eingesetzt. Frauen mit kleinen Brüsten wollen große haben, vollbusige Frauen schwärmen von kleinen Brüstchen, die kein Büstenhalter zu halten braucht. Frauen wollen Männer und Männer Frauen sein. Kleine wollen groß und Große wollen klein sein. Mensch, sei zufrieden damit, wie Du bist. Mach Dir das Leben leichter. Schönheit ist immer subjektiv und noch dazu vergänglich!

Bei uns wird öfter folgende Geschichte erzählt: Ein Mann hatte einen Truthahn, den er ganz allein essen wollte. Deshalb ging er, nachdem er ihn zubereitet hatte, in den Wald, um ihn dort zu verspeisen. Als er zu essen anfing, kam der Teufel und sagte: „Ich bin der Teufel, gib mir etwas von Deinem Truthahn!" Darauf antwortete der Mann: „Nein, ich gebe Dir nichts!" – „Warum nicht? Ich bin der Teufel, der Allmächtige!" – „Das bist Du nicht", entgegnete ihm der Mann. „Gott lässt nicht zu, dass Du alles tust, was Du willst, Dir gebe ich nichts!" Der Teufel entfernte sich, der Mann fing wieder zu essen an, da erschien ihm plötzlich Gott. „Ich bin Gott, der Allmächtige, gib mir von Deinem Truthahn!" Doch der Mann verneinte wiederum. „Obwohl Du Gott bist, handelst Du ungerecht, es gibt sehr viele Kriege, Kranke und Arme. Dir gebe ich nichts!" Gott ging. Doch als der Mann sein Mahl fortsetzen wollte, kam jemand anderer – der Tod. Er stellte sich vor und bat um ein Stückchen Truthahn. Daraufhin meinte der Mann: „Setz Dich und nimm vom Truthahn, Dir gebe ich etwas, denn Du bist der einzige Gerechte, Du nimmst jung und alt, arm und reich, Bauern und Adlige. Nimm Platz und sei mein Gast!"

Ihr habt viel Angst vor dem Tod, panische Angst sogar, denn Ihr habt vergessen, dass der Tod etwas Natürliches und deshalb Normales ist. Aber Eure Arroganz und Euer Egoismus lassen den Gedanken, dass Ihr einmal nicht mehr leben werdet, nicht zu. Doch wenn Ihr das Leben so liebt, warum macht Ihr es Euch (und uns auch) so schwer? Ihr versucht, den Tod zu verstehen, und vergesst dabei, das Leben zu verstehen. Aber warum müsst Ihr überhaupt immer alles verstehen? Lebt und sterbt einfach, ohne Probleme. Der Tod existiert nicht! Nichts stirbt und geht kaputt. Es wechselt nur seine Form. Deshalb sagt man auch bei uns nicht, dass man stirbt, sondern dass man zur Natur zurückkehrt. Materie wird zu Energie, Energie wird zu Materie…, das hat es immer gegeben, das wird es ewig geben.

Weil Ihr zum Tod ein gestörtes Verhältnis habt, geht Ihr auch dementsprechend mit Sterbenden um. Ihr begegnet ihnen mit Furcht, Ekel und Abneigung und isoliert sie deshalb, so gut es geht. Besonders in Spitälern und Heimen ist dies deutlich zu beobachten. So werden an solchen Orten Sterbende schon vorzeitig aus dem Zimmer geschoben und müssen ihre letzten Stunden oft ganz allein in Abstellräumen, Badezimmern oder in zugigen Gängen des Krankenhauses verbringen. Wenn Ihr endlich versteht, was Natur ist, werdet Ihr nie wieder den Tod fürchten.

Aber wie kann man mit Euch über Natur sprechen, wenn Ihr so unnatürlich seid? Wenn es kalt ist, braucht Ihr überall Heizung: zu Hause, im Auto, in den Geschäften. Die Strecken zwischen diesen geheizten Stellen sind natürlich kalt, und diese starken Temperaturschwankungen machen Euch für diverse Krankheiten anfällig. Der an die Wärme gewohnte Körper hat zu wenig Abwehrstoffe, weshalb Euch schon Kleinigkeiten angreifen.

Bei uns werden viele Früchte mit der Schale gegessen. Auch Wurzeln werden nur ein wenig geputzt und gleich danach, ohne sie vorher zu waschen, verzehrt, denn dies dient zur Stärkung der Abwehrkräfte. Bei Euch ist leider alles schon so weit vergiftet, dass man es zwangsweise waschen bzw. schälen muss.

Wegen der starken Hygiene braucht der Körper keine Antikörper aufzubauen. Aber ist Euer Wasser eigentlich sauber? Es schmeckt nach nichts, und obwohl es frei von Krankheitserregern ist, stellt sich die Frage, ob es wegen des vielen Chlors und anderer Desinfektionsmittel nicht doch gesundheitsschädlich ist...

Die vielen Gifte und Abwässer, die Ihr in den Boden oder in Gewässer leitet, verdunsten und bilden Wolken, die ihren giftigen Regen über die ganze Welt tragen. Ihr benützt sogar Regenschirme, die Euch vor dem sauren Regen schützen sollen... unsere Brüder trinken noch immer Regenwasser...

Wenn Du die Natur vergiftest, vergiftest Du Dich selbst und alles, was um Dich herum ist. Ich sprach vorhin von dem gar nicht mehr so natürlichen Wasser und dem gespritzten Obst und Gemüse.

Den Gipfel des ganzen erreichen Eure Fleischprodukte. Abgesehen davon, dass Konservierungsstoffe, Farb- und Geschmacksverstärker sowie Emulgatoren verwurstet werden, muss man das Fleisch selbst betrachten. „Du sollst Tiere nicht quälen" sagt die Mutter zum Sohn, der gerade den Haushund am Schwanz zieht, und serviert dem Kind danach ein knuspriges Hähnchen – aus der Hühnerbatterie. Das ist mir unverständlich. Ihr habt zwei verschiedene Tiere geschaffen: All jene Tiere, die zum Essen sind, und die Schmusetiere, wie Hund und Katze, jener tierische Menschenersatz, dem oft mehr Aufmerksamkeit als dem Mitmenschen geschenkt wird. Anders ist es beim Schlachtvieh. Es wird wie eine Sache betrachtet und dementsprechend behandelt. Ein Großteil der Hühner, die in der Pfanne landen, hat niemals Freiheit gesehen, sondern verbrachten ihr ganzes Leben auf einem Gitterrost dicht neben anderen Hühnern, wo jedes Huhn auf etwa 70 Prozent der Fläche eines DIN-A4-Blattes vegetiert. Genauso ergeht es Schweinen und Rindern, die man auf engstem Raum einsperrt, damit sie ja wenig Energie verbrauchen und somit, begünstigt durch Hormonnahrung, in kurzer Zeit ihr Schlachtgewicht auf die Waage bringen. Wie grausam ist es doch, dass Kälber nur schlecht schmeckendes Milchpulver trinken dürfen, weil durch eisenhaltiges Wasser ihr Fleisch rot werden würde, was dem Feinschmecker missfallen würde. All diese Tiere ändern durch diese naturwidrigen Lebensbedingungen ihr Verhalten. Sie werden nervös, aggressiv, was bis hin zum Kannibalismus führt. Kälber werden mit Hämoglobin reduzierter Nahrung gefüttert, damit ihr Fleisch möglichst weiß bleibt. Diese anämiekranken Tiere brechen öfter schon auf dem Weg zum Schlachthof zusammen. Dort erwarten sie dann die letzten Qualen, denn es ist für ein Tier nicht minder schrecklich, die Tötungen seiner Artgenossen mit ansehen zu müssen. In seiner Todesangst entwickelt das Tier Toxine, die das Fleisch verändern und vergiften. So etwas wird einem dann zum Essen vorgesetzt. Diese Tiere sind keineswegs gesund. Sie sind Träger von Stoffwechselgiften. Aber wie kann man Gift essen? Besonders selbst geschaffene Gifte. Das ist doch auch nicht normal, oder?

Dazu kommt noch, dass diese ohnehin schon ungesunden Nahrungsmittel noch tiefgefroren bzw. konserviert in Dosen erhältlich sind. Wann und auf welche Weise ist das Tier gestorben? Handelt es sich bei dem geköpften, gerupften und eingepackten Tier überhaupt um das vermeintliche, oder wird so mancher Geier als Truthahn verkauft? Das klingt vielleicht etwas übertrieben, aber seid ehrlich: Würdet Ihr den Unterschied bemerken? Um den Bedarf an Tierfutter und Weideplätzen decken zu können, rodet man bei uns die wertvollen Urwälder und pflanzt Klee u. ä., damit Rinderherden ihr Futter haben. Aber diese Leute leben nicht mehr mit der Natur. Wenn ich die herabstürzenden brennenden Bäume sehe, ist mein Herz voll von Trauer und sind meine Augen voll von Tränen, denn ich fühle, wie ein Teil meiner Familie stirbt…

Ich weiß, dass dies manchen Leuten lächerlich erscheint, denn es sagte mir bereits sogar jemand: „Warum weinst Du, wenn der Wald brennt? Es ist nur Holz, sonst nichts." Ich versuchte, ihm zu erklären, dass Urwälder nicht nur die Lungen dieser Erde sind, sondern auch reich an Lebewesen, wie Papageien, Reptilien, Insekten, Affen, Raubkatzen und vielen anderen mehr. Alle diese Tiere verbrennen mit den Pflanzen und Bäumen.

„Tja", meinte der Mann unbekümmert, „ein paar Tiere weniger, was soll´s!" In mir entbrannte Wut. Ich packte ihn am Kragen und brüllte: „Das sind meine Verwandten, verstehst Du?" Als ich ihn aus lauter Zorn schon schlagen wollte, kam mir in den Sinn, dass es sich auch bei ihm um meinen Verwandten handelte. Ohne ein Wort zu sagen ließ ich ihn los und ging mit einem Kopf voller

Gedanken weiter… Als ich schon weit weg von ihm war weinte ich noch immer laut vor mich hin, und ich hörte, wie ein großer Baum durch das Feuer entzweibrach. Es war, als würde mein Körper selbst abbrechen. Ich schrie vor Trauer und Schmerz, und ich rannte, ich weiß nicht wie lange, aber ich weiß, dass ich öfter stürzte. Ich erinnere mich an einen Flug über den Dschungel, als ich so viele Stellen brennen bzw. schon kahl und verbrannt sah, und ich erinnerte mich an meine Brüder und Schwestern aus dem Süden, Osten, Westen und Norden, wie sehr sie leiden mussten, und ich dachte an die Dschungel Asiens, Brasiliens, Afrikas, Mexikos und die Wälder verschiedenster Länder, denen das gleiche widerfährt…

Jetzt, da ich solche Erinnerungen niederschreibe, bin ich voller Trauer und Hilflosigkeit und weine wieder; wir werden immer weniger, und wir werden von der Zivilisation absorbiert, wie von einem Sauger, der alles um ihn herum verschlingt… Vor einem Monat war ich in Südtirol, und ich sah, wie schön dieses Land ist. Danach war ich in Deutschland und sah auch dessen Schönheit. Ein paar Tage später kam ich nach Österreich, das ebenfalls ein wunderschönes Land ist, jetzt bin ich in der Schweiz, welche genau so schön ist.

Kanada, Guatemala, Peru, Indien und Spanien sind wunderbare Länder, Brüder und Schwestern: Wir leben alle in herrlichen „Ländern", denn es sind Teile unserer Mutter Erde… Weinen ist menschlich, aber auch irren ist menschlich, machen wir es besser, machen wir es schön!

Als Abschluss dieses Kapitels möchte ich noch etwas über die traditionelle Medizin erwähnen, die noch immer bei den Naturvölkern und in kleinen Dörfern praktiziert wird. Diese stammt von mündlichen Überlieferungen, deren Wurzeln Hunderte, sogar Tausende Jahre zurückreichen und deren Wissensträger meist Frauen waren und sind. Eine der wichtigsten

Heilerinnen dieses Jahrhunderts war Doña Sabina. Sie war eine wunderschöne Kenntnisträgerin (wobei sich die Schönheit auf ihr Inneres bezieht). Sie wurde zu unserem Glück sehr alt und konnte so anderen Leuten ihre Kenntnisse weitergeben. Präsidenten, Minister, Anwälte und selbst Ärzte konsultierten diese Frau. Wenn die Kunst der Ärzte zu Ende war, hoffte man immer auf ein Wunder, das damals Doña Sabina hieß. Sie heilte Krebs, Diabetes, multiple Sklerose wie auch andere Krankheiten. Sie heilte mit Pflanzen, Bädern, Wurzeln und ganz besonders mit Pilzen.

Die Schulmedizin betrachtete dies mit äußerster Skepsis. Genauso passiert es jedoch auch anderen, die nach traditionellen Heilweisen behandeln… Zuerst gab es Wasser, dann Pflanzen, danach gab es Heiler, erst viel später gab es Ärzte. Da verjagte man die Heiler und verfolgte sie als „Hexer", „Teufelsbrut" und „Zauberer". Obwohl viele umgebracht wurden, besteht die Tradition weiter und wird selbstverständlich nie zugrunde gehen.

Heiler und Ärzte sollten zusammenarbeiten, damit am Ende beide profitieren. Die Ärzte sollen erkennen, dass man Kenntnisse nicht nur in Schulen erlangt. Es gibt sehr viele Heiler und Heilerinnen, die Fähigkeiten besitzen, die für manche sogar unglaublich erscheinen. Ärzte sollten ihren Patienten und den Heilern nicht hochnäsig entgegentreten, sondern versuchen, sie zu verstehen. Der Heiler verwendet nicht nur Kräuter, Pilze, Öle u. a., sondern er heilt mit der unsichtbaren Medizin, den Kräften und Energien, die für viele rätselhaft sind, weil sie sich selbst und ihre Fähigkeiten nicht kennen. Doch sind der Dschungel und die Wälder die größten Apotheken der Erde, wo alles umsonst zu finden ist. Zerstört sie nicht!

Ihr arbeitet, um eine Krankenversicherung zu bezahlen, damit Ihr, wenn Ihr krank seid, durch die Krankenversichertenkarte einen Krankenwagen benutzen könnt, zu einem Krankenhaus gebracht werdet, um mit der Hilfe einer Krankenschwester oder eines Krankenpflegers nicht mehr krank zu sein. Aber das alles ist schon ganz von alleine krankhaft. Ihr gehört in ein Gesundheitshaus, damit Ihr gesund werdet. Wer möchte in ein Krankenhaus kommen, wenn er krank ist?

Das beste Mittel gegen Krankheit ist, gesund zu leben, d. h., man soll durch Vorbeugung die Krankheiten abwehren. Jeder muss wissen, was für ihn gut ist. Aber man sollte nicht nur wissen, was getan werden soll, sondern es auch tun. Wir sind Tagmenschen, d. h. wir sollten bei Sonnenaufgang aufstehen und bei Sonnenuntergang schlafen gehen – wie die Hühner. Es gibt keine Nachtmenschen. Keines unserer Sinnesorgane ist darauf ausgerichtet, in der Nacht besser zu funktionieren. Aber Ihr bringt Euch durch Eure Technik aus dem natürlichen Rhythmus. Fernsehen, Videos, Diskos, Bars und sonstige Nachtlokale halten Euch vom Schlafen ab. Eines vom Wichtigsten im Leben ist, genügend Schlaf zu bekommen. Auch rate ich Euch vom vielen Fleisch essen ab. Fleisch enthält Gutes, vorausgesetzt, das Tier wurde richtig ernährt. Doch wer zuviel Fleisch isst, wird aggressiv. Lasst Euch auch mehr Zeit beim Essen! Eure Zeit ist so knapp, dass Ihr die Speisen nicht einmal richtig kauen könnt. Ihr sollt essen und nicht fressen. Nehmt Euch für die Verdauung Zeit und keine Tabletten. Am Gebiss ist deutlich zu erkennen, wie die Nahrung sein soll. Pflanzennahrung soll überwiegen. Auch sollte die Nahrung abwechslungsreich sein.

In vielen europäischen Ländern wird hauptsächlich Schweinefleisch gegessen. Das schmeckt zwar gut, ist aber ungesund. Deshalb sollte man nicht vergessen, dass bei der Wahl der Nahrungsmittel in erster Linie auf ihre Werte geachtet werden muss und erst dann auf den Geschmack. Es gibt Schweineschnitzel, Schweinebrüste, Schweinskotelett, Schweinsbraten und vieles Schweinische mehr. Macht Ihr so viele Schweinereien, weil Ihr so viel Schwein esst?

Zum Schluss ist noch zu erwähnen, dass positives Denken viel zur Gesundheit beiträgt. Probiere es, Du wirst die Besserung nach kurzer Zeit bemerken.

Sagt nicht mehr: „Wie alt bist Du?", sondern: „Wie jung bist Du?" Nicht mehr: „Wie spät ist es?", sondern: „Wie früh ist es?" Nicht wie teuer, sondern wie billig, nicht wie weit, sondern wie nah usw.

Du weißt nicht, wie die Blumen duften,
weil Du nur Arbeit kennst und schuften,
und so vergehen die schönsten Jahre,
dann liegst Du plötzlich auf der Bahre,
und hinter Dir da grinst der Tod…
Kaputt geschuftet… Du Idiot!

(Verfasser unbekannt)

Die Umwelt

„Sie ziehen tiefe, unheilbare Narben in Mutter Erdes Gesicht, denn sie bauen Autobahnen und Straßen, sie nehmen die Lungen von Mutter Erde, denn sie roden den Dschungel."

In den letzten Jahren regnete und schneite es, wenn es nicht sollte; im Sommer war es kalt, im Winter warm; starke Erdbeben traten an Orten auf, wo es nie zuvor welche gab. Vulkanausbrüche, Stürme, Dürren oder Überschwemmungen häufen sich; es werden mehr Behinderte geboren etc. etc.

Dies ist eine Warnung der Natur! Warum hört Ihr sie nicht?

Es mehren sich Unfälle mit Tankschiffen. In nur zwei Monaten verloren Schiffe so viel Öl, dass damit 500.000 Familien ihre Wohnungen einen ganzen Winter lang hätten beheizen können… Aus einer leck gewordenen Ölquelle flossen täglich mindestens 250.000 Liter Öl ins Meer (am Golf von Mexiko).

Die Selbstmordrate steigt jedes Jahr mehr und mehr…

Kinder, Naturvölker, Tiere, Pflanzen, Frauen und alte Menschen werden bedroht…

Überall herrschen Chaos und Furcht; ohne Hoffnung vegetieren viele Jugendliche, Kinder und alte Menschen vor sich hin…, Respekt, Moral und Verständnis sind nirgends zu sehen! Leider sind dies keine Science-fiction-Filmauszüge, sondern es handelt sich um Tatsachen, die auf unserem geliebten Mütterchen Erde passieren, jetzt und heute. Der zivilisierte Mensch belastet seine Umwelt im höchsten Masse. Er lebt nicht mit der Fauna und Flora, die ihn umgibt, im Einklang, sondern versucht sie auf eine sehr egoistische Art zu nutzen. Dabei übersieht er aber, dass er sich schadet.

Seht doch nur einige Beispiele: Allein in Deutschland werden
jährlich 30.000 Tonnen Pestizide versprüht, um Schädlinge zu
vernichten. Doch dies erweist sich als Bumerang. Denn nicht die
„Schädlinge" gehen zugrunde (sie werden sogar noch resistenter),
sondern viele nützliche Tiere.

So versuchte man auch Blattläuse zu töten, doch das Insektizid
konnte den Chitinpanzer der Läuse nicht durchdringen und tötete
somit nicht das Ungeziefer, sondern die Marienkäfer, die die
Blattläuse fressen. So rottete man den natürlichen Feind des zu
vernichtenden Feindes nahezu aus, was zu einem erneuten
Ansteigen der Läusepopulation führte. Als die Chemie
letztendlich den Kampf gegen die Läuse verloren hatte, begann
man, Marienkäfer zu züchten und setzte sie an Laus befallenen
Stellen aus – und siehe da, die Läuse wurden auf eine ganz
natürliche Art dezimiert.

Wegen des sorglosen Umgangs mit der Umwelt müssen viele
Lebewesen sterben. Ich denke dabei an das Robbensterben in der
Nordsee, die Millionen toten Fische in den vergifteten Flüssen,
die Seevögel, deren schönes weißes Gefieder ein Klumpen von
Öl und Teer ist, und all jene Tiere, denen man ihre natürlichen
Biotope zerstört. Immer wieder erscheint vor meinen Augen das
Bild der Millionen Fische, die nach dem riesigen Ölteppich der
lecken Ölquelle im Golf von Mexiko an den Küsten Mexikos,
Floridas und Texas´ strandeten.

Beginnt die Natur, sich zu revanchieren? Oder sind es die
Dummheit, Idiotie oder die Überheblichkeit der Leute, die
Erdbeben, Stürme und Klimaveränderungen mit verursachen?
Abgase, Rauchwolken und Sprays zerstören den Geruch der
Blumen; Maschinen, Lautsprecher und der Lärm tief fliegender
Flugzeuge übertönen den Gesang der Vögel. Ohrenbetäubender
Lärm zerstört nicht nur Euer Gehör, sondern auch Eure Nerven.
Wie viele von Euch mussten wegen des Lärms schon in

Nervenheilanstalten, und wie viele werden noch hingehen? Jene Leute, die nahe bei Autobahnen wohnen, leiden oftmals an Nervosität, Kopfschmerzen und anderen Beschwerden. Der Lärmpegel ist an solchen Orten manchmal so hoch, dass jedes vorbeifahrende Auto die Fensterscheiben und das Geschirr wie bei einem Erdbeben zittern lässt. Das gleiche Schicksal widerfährt auch den Anrainern von Bahnstrecken, großen Bahnhöfen, Flugplätzen und Fabriken. Ich lebte ein paar Monate in einem kleinen Dorf nahe von Nürnberg in Deutschland. Oftmals flogen über uns Tiefflieger, und sie machten dermaßen viel Lärm, dass ich lange brauchte, um mich zu beruhigen. Etwa 30 km von dem Ort entfernt ist ein Truppenübungsplatz, wo alle 24 Stunden scharfe Munition abgefeuert wird. Trotz der schalldämmenden Fenster, die sich die Leute einbauen ließen, war der Lärm unüberhörbar. Ich wohnte aber noch relativ weit entfernt von dem Platz; wie können es die Leute in unmittelbarer Nähe aushalten? Diese Menschen sind bemitleidenswert – was nützen ihnen Geld und Besitz, wenn sie nicht einmal ihre Ruhe haben? Denn selbst in der Nacht erhellen detonierende Sprengsätze den Himmel – man übt im Frieden für den Krieg. Diesen Widerspruch habe ich niemals verstanden. In dieser Umgebung verging auch kein einziger Tag, an dem sich nicht Militärkolonnen die Autobahn entlang zogen.

Apropos Autobahn: Zu dem Thema Auto-Fahrer-Beifahrer-Fahrweise habe ich auch einiges zu sagen! Beginnen wir mit dem Beifahrer. Der oftmals führerscheinlose Beifahrer kann zum Unfallverursacher werden, da er nicht über die nötigen Fahrkenntnisse verfügt. Sie mischen sich in die Angelegenheiten des Fahrers ein, reagieren falsch, werden nervös, attackieren und kritisieren den Fahrer und andere Autolenker, oder sie schlafen, was auch nicht gerade die Konzentrationsfähigkeit des Fahrers erhöht. Sie sollten stattdessen dem Fahrer helfen oder ruhig, aber aufmerksam sein, denn bei einem Unfall ist ihr eigenes Leben genauso in Gefahr.

Eure Fahrweise kommt mir ohnehin sehr seltsam vor. In ihr spiegelt sich das Verhalten eines ganzen Volkes wider. So haben die sonst auch sehr korrekten Deutschen ihr TÜV-kontrolliertes Auto mit Autoapotheke, Ersatzreifen und sonstiger Unfallausrüstung inklusive Versicherung versehen und befolgen die Verkehrsregeln auf eine egoistische sture Weise, die öfter keine Alternativmöglichkeiten zulässt. So führen bei ihnen oft die Gesetzbeachtungen im Notfall zum Unfall. Doch begibt man sich in südlichere Gefilde wie Rom, Paris oder Mexiko City, fällt einem sofort der nicht mehr so einwandfreie Zustand des fahrbaren Untersatzes, aber gleichzeitig auch die ungezwungene Fahrweise auf. Trotz geringer Sicherheitsvorkehrungen ist man jederzeit auf Ausnahmesituationen gefasst, deshalb gibt es dort auch viel weniger Unfälle.

Es tut mir leid, wenn ich sehe, wie viele Millionen Dollar in Ländern wie den USA, in Deutschland, in der Schweiz u. a. an noch fahrtüchtigen Autos verschrottet werden, um immer mehr neue produzieren zu können! Man wirft solche Autos öfter mit noch intakten Einzelteilen, wie Radio, Reifen u. v. a. einfach weg. Manche Teile wie Beleuchtungskörper, Gepäckträger, Autositze, Stoßstangen und der funktionierende Motor könnten ohne weiteres wieder verkauft werden... Ihr habt einfach zu viel, deshalb schätzt Ihr auch nichts mehr!

Dementsprechend geht Ihr auch mit Nahrungsmitteln um. In Restaurants bekommt man oft so große Portionen, dass viel davon weggeworfen werden muss. Ihr werft auch Ertrag tonnenweise weg, nur damit die Preise stabil bleiben. Früchte, Getreide und Gemüse wie Tomaten, Orangen, Äpfel, Bananen, Weizen u. v. a. werden zu Hunderten von Tonnen vernichtet. Aber auch tierische Produkte wie Eier, Butter, Milch und selbst Fleisch lässt man der Wirtschaft bzw. der Geldgier wegen zugrunde gehen. Ist das normal? Wenn das normal ist, dann sind wir „Wilden" abnormal, denn wir schenken übrig gebliebene

Früchte denen, die keine haben, oder wir ernten sie erst gar nicht, sondern lassen sie den Vögeln und anderen Lebewesen. Niemals jedoch würden wir Nahrungsmittel verderben lassen.

Ihr lebt in einer Wegwerfgesellschaft, d. h. wer viel wegwirft, hat viel Abfall! Eure Müllberge zerstören nicht nur die Landschaftsbilder. Denn in den Tonnen von Müll befinden sich keineswegs nur organische Abfälle, die leicht zersetzbar sind. Beim Großteil handelt es sich um Kunststoffe und chemische Produkte, bei deren Beseitigung, sprich Verbrennung, Gifte freigesetzt werden.

Aber was tun die Leute? Sie kaufen bei jedem Einkauf neue Plastiktüten, anstatt einen Einkaufskorb schon mitzubringen… Tüten, Tüten, Tüten, überall und jederzeit Plastiktüten und Verpackungen aus demselben Material. Sogar der Abfall kommt wieder in Plastiksäcke, weil Ihr zu bequem seid, den Mülleimer ab und zu auszuwaschen oder ihn mit alten Zeitungen auszulegen. Plastik, Plastik und noch mehr Plastik. Doch noch viel gefährlichere Stoffe landen im Müll. So z. B. Kühlschränke, Batterien aller Art, Arzneimittel u. a. Die unsachgemäße Ablagerung von Abfällen gibt es nicht nur im kleinen Rahmen. Hochgefährliche radioaktive Stoffe werden auf unverantwortliche Weise in der „dritten" Welt gelagert, die von der Gefährlichkeit der Stoffe keine Ahnung hat, um so Entsorgungsprobleme zu lösen. Schiffe, die wegen ihrer Sondermüllfracht keinen Hafen anlaufen dürfen, werden einfach versenkt, wie die Lucona u. a. Das ist ungefähr so, als würde eine Frau immer den ganzen Abfall unter den Teppich kehren. Wir haben nur eine Welt, und wenn etwas an ihr zerstört wird, wird der Rest auch mit untergehen. Es ist nur eine Frage der Zeit. Und ich frage Euch: Wenn diese Erde zugrunde geht, wer wird zuerst sterben? Die aus der „ersten", „zweiten" oder „dritten" Welt?

Versuchen wir es mit einem Beispiel: Ihr habt in einem Flugzeug Plätze für drei Menschenklassen: den First-class-Menschen (erste Klasse), den Business-class-Menschen (zweite Klasse) und den Tourist-class-Menschen (dritte Klasse). Wer stirbt zuerst, wenn das Flugzeug abstürzt? Welcher Klasse gehört eigentlich die Besatzung an? Der dritten Klasse, oder gibt es noch eine andere extra? Alle sind dran! Das ist doch logisch, oder nicht? In Zügen fahren zwei Menschenklassen: Der Erste-Klasse- und der Zweite-Klasse-Mensch. Wenn der Zug entgleist, wer stirbt zuerst? Mit Logik sollte man leben, denn Logik ist die Mutter allen Wissens. Wenn ich mich schlecht ernähre, werde ich krank sein, wenn ich zuwenig schlafe, werde ich müde sein, wenn ich den anderen hasse, werde ich gehasst werden.

Jeder erntet das, was er gesät hat!

Wer Mais säht, wird Mais ernten und niemals Weizen. Auch wieder logisch, oder? Sogar kinderleicht zu verstehen.

Interessant finde ich auch das von Euch geschaffene Kunstlicht. Die Sonne in der Nacht. Wenn die Naturvölker schlafen, seid Ihr wach. Oft die ganze Nacht hindurch: in Discos, Bars, Nachtlokalen, begleitet von Alkohol und Zigaretten… Wenn der Naturmensch frisch ans Tagwerk geht, hängt der Zivilisierte verschlafen am Arbeitsplatz, denn am Tag muss er arbeiten, und die Lichter der Nacht halten ihn wieder wach. Was übrig bleibt sind schwarze Ringe unter den müden Augen und all jene problematischen Folgen von Müdigkeit, zu denen auch viele Verkehrsunfälle zählen.

Die Entdeckung des Stroms hat viele Vorteile und Bequemlichkeiten gebracht. Doch wie immer übertreibt der zivilisierte Mensch bei dessen Nutzung, weshalb auch die „Quellen" schnell versiegen. Wenn man durch eine Stadt geht, sieht man überall, wie unnötig Strom verbraucht wird. Tagsüber brennen Straßenbeleuchtungen, riesige Leuchtreklamen verbrauchen Unmengen von Strom. Firmen leuchten ihre Räume den ganzen Tag mit großen Neonröhren aus, obwohl draußen die Sonne strahlt – doch die Fenster sind verdunkelt und dürfen nicht geöffnet werden, denn es läuft den ganzen Tag eine natürlich mit Strom betriebene Klimaanlage. Auch in Schulen, Kaufhäusern, Lokalen aller Art, Spitälern und anderen größeren Institutionen wird viel zu viel Strom verbraucht. Energie sparen – das scheint für die meisten Leute in der Zivilisation ein Fremdwort zu sein, oder es ist ihnen einfach egal, was passiert. Energiesparen muss aber innerhalb der eigenen vier Wände beginnen. Mikrowellen- und E-Herd, Fernseh- und Radiogeräte, CD-Player, elektrischer Schneebesen, Dosenöffner, Brotschneidemaschine, Zahnbürste u. a. verbrauchen insgesamt Unmengen an Energie.

Der zivilisierte Mensch liebt es künstlich! Er lässt sich von einer künstlichen Sonne bräunen, er lässt sich künstlich verjüngen, er stellt sich Kunstblumen in die Wohnung, er lässt sich künstlich befruchten, und er versucht, andere Lebewesen künstlich zu verändern. So versetzt Ihr Blumen mit Intensivfarbstoffen, um Spezialzüchtungen, wie z. B. schwarze Rosen zu bekommen. Euch gefällt sehr das Kindliche, wie z. B. kleine Schnauzen, Ohren und Schwänze bei Hunden. Ein Exempel par Excellenze ist der Pekinese. Diese Hunde wurden, um dieses „putzig“ aussehende Schnäuzchen zu erzielen, derart überzüchtet, dass nun die Schnauze so klein ist, dass die Zunge im Maul keinen rechten Platz mehr hat und seitlich heraushängt, was das Tier bei der Nahrungsaufnahme und bei der Atmung behindert. Das gleiche Schicksal erleiden viele andere Tiere, denen Ihr die Schnäbel, Flügel, Schwänze und Krallen verkürzt, die Ihr sterilisiert bzw. kastriert und denen Ihr eine künstliche Umgebung schafft, im Glauben, dass so etwas den Tieren gefällt.

Vielen Pflanzen, Früchten und Tieren verändert Ihr deren Aussehen, Größe, Farbe und Geschmack. So sehen bei Euch manche Früchte sehr gut aus, aber sie schmecken nach nichts. Genau wie die „exotischen" Früchte, die Ihr wegen des Transportes unreif erntet und die bei ihrer Lagerung zwar ein reifes Aussehen, aber keinen Geschmack mehr bekommen.

Der Staat

Jede Hochkultur basiert auf einem komplexen Ordnungs- und Verwaltungssystem, dem Staat. Eure demokratische Staatsform beruht auf vielen geschriebenen Gesetzen, was aber nicht heißt, dass diese auch immer befolgt werden. Denn die Gesetze sollten im Kopf und im Herzen eines jeden und nicht nur in ein Buch geschrieben sein. Man braucht gar keine Polizei, die einem befehlen muss, was für die Allgemeinheit gut ist. Warum braucht man immer jemanden, der befiehlt und sagt, was zu tun ist? Kann nicht jeder von sich aus die Dinge so machen, dass sie für die anderen und für ihn selbst gut sind?

Viele laufen wie kleine Kinder auf der Welt herum, ohne zu wissen, weshalb, wie und wohin. Damit meine ich nicht nur die Leute aus dem Volk, sondern auch Ihre Oberhäupter, die Politiker, bei denen es sich keineswegs, wie bei uns, um weise, alte Leute handelt, sondern um Senioren, bei denen oft nur ein fortgeschrittenes Stadium von Senilität festzustellen ist und welche knapp vor der Pensionierung mit einem Ministeramt betraut wurden, nur damit ihre Pension höher wird. Dass solche Leute nicht unbedingt auf das Wohl des Volkes und dessen nachfolgende Generationen bedacht sind, liegt auf der Hand. So wurden schon viele einzig und allein für die Politiker gewinnbringende Projekte durchgeführt. Das Volk hat hierzu trotz Demokratie nur wenig zu sagen, oder es wird, wenn überhaupt, zu spät befragt.

Ein Paradebeispiel ist das Atomkraftwerk Zwentendorf in Österreich. Trotz mehrerer Volksbegehren wurde das Milliardengebilde errichtet. Nach dessen Fertigstellung begann die Regierung sich plötzlich für die Meinung der Bevölkerung zu interessieren – man hielt eine Volksabstimmung ab, bei der sich eine Mehrheit gegen die Inbetriebnahme des Atomkraftwerks entschied. Das Werk wurde zu einem Atommuseum umfunktioniert. Die Steuergelder waren umsonst ausgegeben!

Meistens jedoch wird das Volk nicht nach seiner Meinung gefragt, sondern es muss akzeptieren, was mit seinen schwer verdienten Steuergeldern geschieht. Ein Großteil davon verschwindet in der Rüstungsindustrie, die mit Hilfe von Kriegsmitteln den Frieden sichern soll. Eine für mich unbegreifliche Vorstellung, aber auch für viele andere, die trotz Abrüstungsgesprächen den kalten Krieg zwischen der UdSSR und den USA gespannt verfolgt haben. Denn es war nicht das erste Wettrüsten der Geschichte, und die früheren endeten meistens mit Krieg. Aber wenn ich mir Euren Rüstungswettbewerb so ansehe, werde ich das Gefühl nicht los, dass Ihr eigentlich gar keinen Feind braucht, denn Ihr habt ja Euch selbst zum Feind.

Ihr sitzt auf Euren eigenen Bomben!

Es ist nicht mehr nur die Atombombe; chemische Bomben, Neutronenbomben und Bakterienbomben sind bereits für Eure, aber auch unsere Vernichtung gelagert. Unterirdische Atomwaffentests lassen Euer eigenes Land erzittern und zerstören die Natur dort, wo sie durchgeführt werden. Ich erinnere mich an das Beispiel eines Mannes, der immer sein Messer wetzte, um damit seinen Gegner töten zu können, aber er schnitt sich jedes Mal dabei selbst in den Finger, und einmal verletzte er sich selbst so sehr, dass er daran verblutete. Doch es gibt fast keine Chance mehr, Euch zu retten, denn selbst aus dem Krieg habt Ihr schon ein großes Geschäft gemacht. Die Rüstungsindustrie belegt bereits einen großen Wirtschaftszweig, und Waffengeschäfte erhalten die „Freundschaft" zwischen den Nationen. Unbegreiflich, Ihr macht Geschäfte auf Kosten des Lebens unschuldiger Leute. Ich erinnere mich an einen Verteidigungsminister, der sich für harte Strafen von

Rauschgifthändlern einsetzte, selbst wenn sie nur „leichte" Drogen wie Haschisch bei sich hätten, da die „harten" das Leben gefährdeten. Kurze Zeit später wurde ein Waffenschmuggel in ein Entwicklungsland aufgedeckt, bei dem er der Hauptinitiator war – ein Dealer im großen Stil also!

Bei den Azteken wurden die Volksvertreter vom Ältestenrat repräsentiert, der aus 52 Personen bestand. Davon waren 26 Leute weiblichen Geschlechts und die andere Hälfte Männer. Bis vor kurzem waren bei Euch Frauen in der Politik nur wie die Nadel im Heuhaufen zu finden. Obwohl sich dies in letzter Zeit besserte, werden nach wie vor die Männer dominieren. Eure Gesetzte werden dementsprechend auch von Männern für Männer gemacht, was z. B. in Gesetzen für das Eheleben oder das Scheidungsrecht deutlich wird. Wie oft werden Frauen im Rahmen einer Ehe misshandelt und sogar vergewaltigt? Kommt es dann zu einem Prozess, verliert ihn oft die Frau, sofern sie keine sichtlichen Verletzungen aufweist. Begründet wird das Urteil mit ehelichen Pflichten.

Doch nicht nur Frauen sind leidtragend, oftmals auch Kinder, deren Rechte minimal sind, deren Angst aber umso größer ist, denn sogar ein Kind kann sich die Konsequenzen vorstellen, wenn es seinen brutalen Vater anzeigt und dieser mit einer Verwarnung davonkommt und wieder auf das Kind losgelassen wird. Solche Kreaturen sollten nicht nur für die körperliche Misshandlung bestraft werden, sondern auch dafür, dass sie mit dieser gewalttätigen „Erziehungsform" einen psychisch defekten Menschen heranziehen, der sich leicht zu einem potentiellen Verbrecher entwickeln kann. Eure Gefängnisse sind ohnehin schon voll. Bei den Azteken gab es keine Gefängnisse. Denn das Absitzen einiger Jahre ohne eine Betätigung und noch dazu mit anderen Verbrechern ist keineswegs eine nützliche und effiziente Strafe. Der Häftling wird in seiner Langeweile nur Aggressionen aufbauen und von Zellengenossen noch einiges Kriminelles dazu lernen. Im aztekischen Strafrecht musste ein Verbrecher seine Straftat kostenlos abarbeiten. Ein Dieb arbeitete vier Jahre, danach wurde ihm eine Hand abgehackt, als Zeichen für seine Tat. Auch seine Eltern erhielten eine Strafe, weil sie ihr Kind nicht gut erzogen hatten, und sie trugen eine lebenslange Scham mit sich. Konnte man einem Täter später noch ein zweites Verbrechen nachweisen, wurde er, wie alle anderen Wiederholungstäter, mit dem Tode bestraft, d. h., jeder hatte nur eine Chance zur Besserung. Ich glaube, es gibt Aufgaben genug, wofür es klüger ist, Geld auszugeben, als für einen zu lebenslanger Haft Verurteilten. Seit kurzem werden in den USA auch Strafen wie lebenslänglich plus 30 Jahre verhängt. Wie ist das zu verstehen? Eine inhaftierte Leiche?

Eure Gesetze bestehen aus vielen Verboten. Verbote, Verbote, Verbote. Selbst zu verbieten ist verboten. Doch je mehr etwas verboten wird, umso eher neigt Ihr dazu, es zu missachten. Diese Gesetzesübertretung wird von der in Euren Ländern herrschenden Bürokratie begünstigt. Schon in jedem kleinen Amt werden Formularberge zu einem Hindernis, die bereits die geringste Amtshandlung erschweren. Solche Bürokratie verleitet die Leute dazu, den Amtsweg zu umgehen, denn der Papier- und Dokumentenkrieg ist zeit- und geldraubend.

Ist der Rechtsweg zu schwer oder zu langsam, bedient Ihr Euch notgedrungen eines Schleichwegs, der zu Bestechung und Korruption führt. Korruption im Großen ist auch eines der größten Probleme in den Entwicklungsländern wie Mexiko, Guatemala, Peru, Venezuela u. a. m. Doch gab es auch Korruption in der ehemaligen UdSSR, in China und den USA (Watergate ist noch nicht vergessen, sogar der US-Präsident Nixon verlor deshalb sein Amt...), Korruption hat schon so manches Land in den Ruin getrieben. So kostete z. B. in Mexiko im Jahre 1976 ein Dollar 12,50 Pesos, Anfang 1990 waren es 2.650 Pesos, Mitte 2012 wiederum 14,30 Pesos. Das ist eine

Unverschämtheit! Das gleiche geschah schon in vielen Ländern. Viele sollten sich schämen für das, was sie dem Volk antun. Wenn es eine Hölle gibt, werden sie in ihr sicher ganz tief unten schmoren, denn bei Lebzeiten bezahlt nur das Volk für die Gier und Dummheit der Politiker. Aber das ist eine andere Geschichte...

Da wir jetzt gerade über Politiker sprechen, entsinne ich mich der vielen Privilegien und Begünstigungen, welche Diplomaten und höhere Staatsmänner genießen. Sogar in der kommunistischen UdSSR wurde auf der Autobahn eigens eine Fahrspur für Diplomaten und Staatsoberhäupter eingerichtet. Politiker werden vom Staat oder besser gesagt von den Steuergeldern des Volkes bezahlt und der Finanzschimmel wird niemals satt.

In Mexiko erzählt man die Geschichte eines Deutschen, der sein ganzes Leben lang hart für seine Rente arbeitete. Doch am Tag nach seiner Pensionierung starb er, und das Finanzamt kassierte alle seine Ersparnisse. Für wen hat er denn soviel gearbeitet? Fürs Finanzamt bestimmt nicht! ... Selbstverständlich sollte jeder arbeiten..., aber nicht so übertrieben! Man arbeitet, um zu leben, aber man lebt nicht, um zu arbeiten!

Freiheit bedeutet für mich aber keineswegs, dass jeder machen kann, was er will..., das geht selbstverständlich nicht. Freiheit kann nur bis zu einem bestimmten Punkt toleriert werden. Allein in der Bundesrepublik Deutschland gibt es über 1 Million Asoziale, Penner, Alkoholiker und Vagabunden, und über 4,5 Millionen Menschen leben vom Sozialamt. All diese Leute leben von den Steuern der Arbeitenden. Das mag gut sein für diejenigen, die das Geld bekommen, für den Steuerzahler ist es sicher ganz und gar nicht angenehm. All diese Asozialen brauchen Wasser, Licht, Lebensmittel, Straßen, Transportmittel, Ärzte, Polizei und ab und zu Seife. Wenn sie etwas wollen, müssen sie dafür auch etwas geben! Jeder Mensch hat Pflichten:

der Staat gegenüber dem Volk und das Volk gegenüber dem
Staat. Jeder Staat muss das Beste für sein Volk geben und es
unterstützen, besonders im sozialen und kulturellen Bereich,
denn ein Staat ohne Volk wäre nichts, genauso wie ein König
ohne Krone oder eine Mutter ohne Kinder.

Ich bin Mexikaner, und nur deswegen habe ich Verpflichtungen
gegenüber dem Staat, „meinen“ Mitbürgern, egal ob es sich um
Kinder oder alte Menschen handelt, um Frauen oder Männer.
Aber auch die anderen Bürger dieser Welt vergesse ich nicht!
Denn ich brauche und liebe alle!

Genauso wie ich trägt jeder Verpflichtungen für den Staat und
das Volk, bei denen es sich im Grunde genommen um das gleiche
handelt, denn der Staat wird vom Volk gemacht, Staat und Volk
sind ein und dasselbe. Nur Ihr habt daraus zwei Teile gemacht,
genau wie in einer Familie, in der man nicht über Erfolg oder
Misserfolg des Vaters oder der Mutter sprechen sollte, sondern
über den der Eltern!

All jene Penner, Asozialen, Diebe, Vagabunden, Verbrecher,
Mörder, Kranken, Fanatiker, Prostituierten, viele Priester und
sonstiger Abfall Europas gingen um die ganze Welt, nach
Australien, Afrika, Asien, „Amerika“, und versklavten,
ermordeten und vergewaltigten Abermillionen von unschuldigen
Menschen im Namen der „Zivilisation“... Eine Schande für die
von Euch so genannte Z i v i l i s a t i o n!

Sehr oft, wenn nicht immer, unterstützte der Staat mit der Kirche
als Komplizin viele Verbrechen. Ihr habt die Hölle gemacht...
die Krone Eurer Heuchelei, denn Ihr habt keine Angst, dort
hinzukommen. Denn wenn es sie gibt, muss sie schon so übervoll
wie Eure Gefängnisse sein. Aber selbst die Hölle ist nicht genug
für jene „Leute“, die ihre eigenen Brüder ermorden!

Mein… nicht unseres!

Jetzt schneide ich ein sehr persönliches Thema an: Was ist „dein" und was ist „mein"? Bei Euch höre ich immer wieder: m e i n Kind, m e i n e Familie, m e i n Zahnarzt, m e i n e Probleme…, m e i n Leben. Aber ist wirklich alles d e i n?

Kannst Du sicher sein, dass es Dich morgen noch geben wird? Ich meine, ganz sicher? Das bezweifle ich, denn das weiß keiner. Uns gehört nichts. Nicht einmal die Würmer, die nach dem Tod unseren Körper fressen werden. Also warum so egoistisch denken? Zuerst ich, jetzt ich, und danach nochmals ich. Vor Dir gab es viele, jetzt gibt es auch viele, und nach Dir wird es auch viele geben! Doch dieses ichbezogene Denken gibt es auch im Großen, es heißt dann „Nationalstolz".

Hier ein Beispiel: Der Bodensee gehört zu je einem Drittel zu Deutschland, Österreich und der Schweiz. Fliegt nun ein Vogel auf die deutsche Seite, handelt es sich um einen deutschen Vogel. Fliegt er weiter nach Österreich, wird er dort auch als österreichischer Vogel betrachtet. Fliegt er danach in die Schweiz, wird man ihn als schweizerischen Vogel sehen. Handelt es sich bei besagtem Vogel um einen Zugvogel, der im Winter nach Afrika fliegt, wird er dort zu einem Afrikaner?!

Die Donau entspringt in Deutschland, fließt durch Österreich, Ungarn, Rumänien und mündet ins Schwarze Meer. Und trotzdem hörte ich nicht selten Aussprüche wie: „Der Österreicher geht in seiner Donau baden." Der deutsche Rhein, mein Anwalt, mein Urlaubsort, immer wieder kommen besitzanzeigende Wörter zum Vorschein.

Ihr betrügt Euch mit solchen Ausdrücken selbst und andere. Oder handelt es sich einfach um eine Vernachlässigung Eure Ausdrucksweise? Denn gleichzeitig richtet Ihr Euch scheinbar verbal zugrunde, was ich aber auch auf eine Respektlosigkeit gegenüber Euch selbst und den anderen zurückführe. „Du alte Drecksau!“, „Ich bin so blöd!“, „Bin ich ein Rindvieh!“ und viele andere Ausdrücke zeugen davon. Aber Eure ganz negative Denkweise ist bereits in der Sprache verankert: „Wie spät ist es?“, „Wie teuer war das Hemd?“, „Wie alt bist Du?“ Warum soll es schon spät sein? Die Zeit wurde einer Eurer schlimmsten Feinde, was wiederum in Eurem Sprachgebrauch deutlich wird: „Ich gehe noch schnell aufs Klo.“, „Ich trinke nur noch schnell aus.“, „Ich esse geschwind eine Kleinigkeit.“ Kinder im Alter von fünf bis sechs Jahren beginnen, Uhren zu tragen, und werden somit schon zu Sklaven der Zeit.

Zeit, Zeit:

Zeit zum Essen, Zeit zum Aufstehen, Zeit zum Schlafengehen, Zeit zum Heiraten, Zeit, um Kinder zu haben, und sogar Zeit zum Sterben!

Zeit, Zeit, Zeit. Denkt einmal darüber nach…, oder habt Ihr keine Zeit dazu?

Ihr seid wirklich komisch: Einerseits schäumt Ihr geradezu über vor lauter Übermut, aber andererseits scheint Ihr Euch sogar für Eure Existenz zu entschuldigen. So entstehen Wortphrasen wie: „Entschuldigung, können Sie mir bitte die Rechnung bringen?“ Natürlich kann er die Rechnung bringen, er muss sogar. Außerdem braucht Ihr Euch bei einem Keller nicht zu entschuldigen, denn es ist seine Pflicht!

So entstehen dann auch Witze wie: „Verzeihung, ich muss zum Bahnhof.“ - „Ich verzeihe Ihnen, gehen Sie nur!“ Ihr lasst Eure Sprache zu sehr verkommen. Ihr denkt nicht mehr nach, was Ihr eigentlich redet. Aber vergesst nicht: Auch die Sprache ist ein Teil der Kultur! … Wie immer: Denkt darüber nach!

Tagesablauf eines freien bundesdeutschen Arbeiters:

5.45	Wecken
5.47	Kaffee aufsetzten
5.55	Duschen
6.05	Ankleiden
6.15	Frühstücken
6.25-6.28	Gang zur Straßenbahnhaltestelle
6.29	Einfahrt der Straßenbahn in die Station
6.47	Verlassen der Straßenbahn
6.49	Einstieg in Anschlusslinie
6.55	Ankunft am Arbeitsplatz
7.00	Arbeitsbeginn
10.00	Beginn der Kaffeepause
10.10	Ende der Kaffeepause
13.00	Beginn der Mittagspause
13.30	Ende der Mittagspause
15.30	die Arbeit wäre zu Ende, doch...
15.30-17.00	Überstunden!
17.05	Verlassen des Arbeitsplatzes
17.10	Beginn der Rückfahrt
17.30-18.00	Einkauf im Supermarkt
18.07	Weiterfahrt nach Hause
18.25	Ankunft am Wohnort
18.30	Abendessen kochen
18.55	Abendessen
19.00	Nachrichten im Fernsehen
19.30	Geschirr spülen
20.00	Fernsehen
21.00	Waschen, Zähneputzen, Ausziehen
(21.30	wenn im Abendprogramm ein Film läuft)
21.30	(bzw. 22.00) schlafen gehen

… Tag für Tag der gleiche Ablauf, jahrelang, 30 und noch mehr Jahre. Soll das Leben sein? Ihr plant sogar, wann Ihr auf die Toilette geht. So liest man auf der Autobahn Hinweisschilder wie etwa „WC 7 km", ha, ha, ha!

OHNE KOMMENTAR!

Die No-future-Generation...
keine Zukunft!

Einmal sah ich in Nürnberg eine Gruppe junger Leute mit blauen, roten und grünen Haaren, die einen kleinen Laden, in dem ich war, betrat. Ich hörte, wie die Kassiererin meinte: „Ach Gott, Punker. Jetzt muss ich Acht geben, dass nichts gestohlen wird." Punker – zum ersten Mal hörte ich dieses Wort. Ich versuchte es zu verstehen, aber es fiel mir nichts dazu ein. Solche Jungen hatte ich nie zuvor gesehen. Also fragte ich Bekannte, was denn Punker seien, und man erklärte mir, dass es sich hierbei um Jugendliche handle, die nicht den Normen der Gesellschaft entsprechen wollen. Inzwischen habe ich Punker schon öfter angetroffen, aber auch Skinheads und Grufties, bei denen es sich meist auch um junge Leute handelt, sowie viele Jungpenner. Man trifft sie in Innenstädten, wo sie die Passanten um Geld anbetteln. Junge, kräftige Männer sitzen auf der Straße mit einem Stück Karton, dessen Aufschrift folgendermaßen lautet: „Ich habe Hunger. Geben Sie mir Geld fürs Essen."…

An Bahnhöfen sehe ich immer wieder junge Alkoholiker, die schon in den frühen Morgenstunden mit zwei Flaschen Bier anzutreffen sind. Vielerorts berauschen sich Jugendliche durch das Riechen an Benzin und Lösungsmitteln. Erwachsene schicken ihre Kinder zum Stehlen oder zum Betteln, mindestens 40 Prozent aller Behinderten sind Jugendliche, die Selbstmordrate Jugendlicher steigt immer an.

Bei den Vandalen in den Großstädten handelt es sich meistens um junge Personen. Sie beschädigen Autos, Telefonhäuschen, Straßenbahnen, schneiden die U-Bahn-Sitze auf usw. Viele Diebe, Verbrecher und sogar Mörder sind noch keine 20 Jahre alt..., und viele Jugendliche können es kaum erwarten, volljährig zu werden, um danach das Elternhaus verlassen zu können.

Die Familien bleiben nicht zusammen. 180.000 Ehen werden jährlich in der Zivilisation geschieden, Gewalt und Terror steigen, Angst und Panik greifen um sich. Was ich erzähle, ist leider kein Märchen, sondern raue Wirklichkeit. Als ich einmal darüber in einem Vortrag sprach, meinte ein etwa 20jähriges Mädchen, dass dies nichts Besonderes sei, sondern ganz normal. Das soll normal sein?

Viele Erwachsene wollen Kinder und Jugendlichen wegen ihres Benehmens und ihrer bösen Taten bestrafen, aber sie sollten dabei nie vergessen, dass die Kinder von ihnen gelernt haben, dass sie somit ein Spiegelbild von ihnen sind. Die Erwachsenen sollten weder sich selbst noch die Kinder bestrafen, damit endlich ein neuer und besserer Anfang beginnt. Ein Kind ist nicht bösartig, weil es so geboren wurde, sondern weil es von seiner Umgebung so geprägt wurde. Also muss man versuchen, seine Umgebung zu wechseln. Die heutige Generation trägt nicht die Schuld an allen Umweltproblemen und an all der Gewalt, sondern die vorhergehenden Generationen.

Ein ganz anderer Typ von Jugendlichen, der besonders von den Eltern erwünscht ist, ist der JUPPIE. Juppie heist, „Jung Urban Professional", ein junger, erfolgreicher Städter, dessen Ziele ein Chefposten, ein Mercedes und ein Name im Jet-Set der Wirtschaft sind. Diese Ziele sollen, wenn möglich, alle noch vor dem 25. Lebensjahr erreicht sein. Aber diese Jugendlichen eignen sich ihr Wissen viel zu schnell an. Fast nur Theorie und kaum Praxis, denn sie hatten nicht die Zeit, um zu reifen…, sie blieben deshalb ein unreifes Kind. Erlangt so eine Person wirklich einen einflussreichen Posten, wird sie ihre Entscheidungen oft mit kindlicher Unüberlegtheit treffen. Diese so beliebten, weil erfolgreichen Sprösslinge können mit ihrem Eifer viel mehr Schaden anrichten, als man für möglich hält, denn sie wurden viel zu „schnell gekocht"! Viele Jugendliche aber befinden sich in

Das Leben der Zivilisierten ist öfter wie eine Bühne…

Vor dem Vorhang für die Zuschauer ist alles schön,
sauber und lang geübt…,

hinter dem Vorhang ist
alles schmutzig, dreckig und hilflos!!!!

einer Weltuntergangsstimmung wie nie zuvor und versuchen, ihren tristen Alltag mit Alkohol und sonstigem wegzuspülen.

So fragte ich einmal junge Leute, die den ganzen Tag mit Bier und Zigaretten in der Innenstadt herumlungerten, warum sie denn nicht damit aufhören und etwas Ordentliches unternehmen wollen. „Wozu denn?", stellte mir einer die Frage, nachdem er einen kräftigen Schluck Bier genommen hatte. „Wir haben doch sowieso keine Zukunft." So einen Satz aus dem Mund eines Achtzehnjährigen zu hören ist deprimierend. Weil Ihr ziemlich entfernt von der Natur seid, wird eine naturfremde, faule und kranke Generation hervorgebracht.

Viele Jugendliche sind sehr still, nachdenklich und hoffnungslos geworden, sie scheinen förmlich auf eine Katastrophe zu warten und dämmern dementsprechend deprimiert vor sich hin. Aber wacht auf! Noch ist die Welt schön. Versucht das, was Ihr habt, zu erhalten bzw. zu verbessern, und lacht doch! Denn so oft ich ein glückliches Lachen auf den Lippen eines Kindes oder eines Jugendlichen sehe, habe ich viel Hoffnung, dass es sehr wohl eine Zukunft für die nächsten Generationen geben wird!

Zurück zur Natur

So, fast haben wir´s geschafft! Das vorletzte Kapitel… In den vorhergehenden Abschnitten versuchte ich, mittels vieler Beispiele auf Eure Fehler hinzuweisen. Ich hoffe, dass Ihr einiges erkannt und Euch eingestanden habt…, obwohl es sehr schwierig ist, denn obwohl sich die Degenerierung der Zivilisierten bereits bemerkbar macht, wird nichts dagegen unternommen. Ein Beispiel dafür ist, dass der Zivilisierte seine Sinnesorgane nicht mehr richtig benutzen kann… sehen, hören, schmecken, fühlen, riechen…

Die Leute sind kaum mehr fähig, in der Dunkelheit zu sehen, aber sie bedienen sich auch nicht ihres Tastsinns, denn sie fürchten die Finsternis und möchten nicht mit ihr in Berührung kommen. Auch können sie keine feinen Gerüche mehr wahrnehmen, denn ihr Geruchssinn wurde bereits von Benzin und scharfen Chemikalien abgestumpft. Sie begnügen sich nicht mehr mit den Geschmäckern, die die Natur bietet, sondern versetzen ihre Speisen mit Geschmacksverstärkern. Mit dem Gehör passiert das Gleiche, die menschliche Stimme wird als zu leise empfunden und mit Lautsprechern verstärkt. Wohin soll das führen?

Und entsetzlich bequem seid Ihr geworden! Um diese Bequemlichkeit allerorts zu haben, baut Ihr Straßen, Flughäfen u. a. und betoniert die Erde langsam zu. Aber unter diesem Betonkleid kann unsere Mutter Erde nicht atmen.

Eure Wissenschaftler erkennen solche Probleme, diskutieren darüber in Kongressen, legen sie ad acta und wenden sich Aktuellerem zu, denn Ihr sprecht viel, aber Eure Taten sind dürftig. Die Weißen meinen nicht, was sie sagen, und sie sagen nicht, was sie meinen!

Doch auch „der Mann aus dem Volk" zerbricht sich den Kopf über die Umwelt, denn es stört ihn, dass er täglich Dinge essen muss, die begiftet sind. Also greift er notgedrungen zur optisch weniger schönen Biokost, denn ein ungespritzter Apfel hat Schürfstellen und manchmal sogar einen Wurm. Andererseits ist diese Biokost sowieso nicht immer frei von Umweltschadstoffen, denn auf Bioweizen fällt genau so saurer Regen und auch das Blei all jener Autos, die nach wie vor an den Feldern vorbeiziehen. Denn die Autos werden von Euch nicht als notwendige Transportmittel für lange Strecken benutzt, sondern sie sind eines der wichtigsten Mittel zur Unterstützung Eurer Faulheit. Von den Fahrzeugen, die täglich zu Tausenden durch Eure Städte ziehen und die meistens nur von einer bzw. zwei Personen benutzt werden, werden viele nur für kurze Distanzen eingesetzt, die mit einem öffentlichen Verkehrsmittel oder zu Fuß ebenso gut zurückgelegt werden könnten. Ihr fahrt ja sogar zum Zigarettenautomaten mit dem Auto! Aus dem Gebrauchsgegenstand „Auto" wurde ein Prestigegegenstand…, und wer nicht mit dem Auto kommt, könnte in den Verdacht geraten, gar keines oder ein nicht präsentierfähiges zu besitzen.

Denn Auto ist nicht gleich Auto. Sogar der Charakter verändert sich je nach dem Auto, in dem man sitzt. Gegenüber den Fußgängern werdet Ihr sowieso aggressiver und überheblicher, aber auch anderen Autofahrern gegenüber. Muss es sein, dass bei einem Überhohlvorgang auf der Autobahn die nachfolgenden, schnelleren Autos so knapp an den Überholenden heranfahren, dass nicht einmal mehr ihr Licht zu sehen ist? Mittels Licht- und Tonhupe versuchen sie, ihre Potenz zu demonstrieren, um den PS-schwächeren Fahrer in Ärger und Stress zu versetzen. Das finde ich idiotisch, denn sie spielen ein Spiel, in dem sie auch ihr eigenes Leben verlieren können. Viele glauben, dass sie gute Fahrer sind, und fahren deshalb sehr risikoreich, denn sie denken nicht daran, dass es viele Leute gibt, die vielleicht nicht so gut fahren können oder dass sich ein Rad lösen oder plötzlich ein Öl-

oder Wasserfilm auf der Fahrbahn sein könnte. Wegen solcher Leichtsinnigkeit passieren auch viele Auffahrunfälle und Karambolagen, in die oftmals Dutzende von Autos einbezogen sind. Langjährige Fahrpraxis oder ein gutes Auto ist keine Garantie dafür, dass man nie einen Unfall haben wird.

In Ländern wie Deutschland sollte es auf den Autobahnen Geschwindigkeitsbegrenzungen geben, am besten 100 bis 120 km pro Stunde. Dieses würde nicht nur dem Imponiergehabe der Autofahrer ein Ende bereiten, sondern wäre auch noch gut für die Umwelt. Es muss etwas unternommen werden, so bald wie möglich, heute und nicht erst morgen (!) – aber nicht nur diesbezüglich, sondern auch in anderen Belangen. Aber am besten wäre es, wenn die Benutzung der Fahrräder gefördert würde: eine gesundheits- und umweltbewusste Alternative. Außerdem sollte man viel öfter statt dem Auto öffentliche Verkehrsmittel benützen, wobei ich besonders an die umweltfreundliche Bahn und Straßenbahn und weniger an Busse denke. Ich weiß, dass die Bahn viel Energie verbraucht, doch auch dieses Problem könnte mit Hilfe des größten und ältesten Energiespenders gelöst werden: mit der Sonne nämlich.

Aber würden Porsche, Daimler, Chrysler, Ford, Renault u. a. das zulassen? Auch Agip, Esso, Shell, Avanti und all die anderen Ölkonzerne würden heftig intervenieren. Denn solche Firmen sind dermaßen profitgierig, dass sie sich keineswegs um den Vorteil der Allgemeinheit, sondern nur um ihren eigenen kümmern. Ein Solarfahrzeug könnte schon mit ein paar Stunden Lichteinstrahlung den ganzen Tag betriebsfähig sein, doch trotzdem erzeugt man es nicht in Serie, nicht nur, weil diese Autos nicht schneller als 100 km pro Stunde fahren, sondern weil die Umstellung vom bisherigen Kraftfahrzeug auf solarbetriebene Fahrzeuge viele Autowerke in den Ruin treiben würde. Also ist die Devise der Autohersteller: Besser, wenn nach uns alle zugrunde gehen als jetzt nur wir. Leider regiert in der Zivilisation das Geld oder, wie Ihr sagt: „Geld regiert die Welt!"..., und schon wieder dreht sich alles nur ums Geld! Versteht doch, dass die wichtigsten Dinge, die Ihr zum Leben braucht, unkäuflich sind: die Sonne, die Luft, die Schönheit der Natur und die Liebe. Bei Euch hat der Mensch gelernt, die Natur zu beherrschen, lange bevor er gelernt hat, sich selbst zu beherrschen! Aber wie könnt Ihr der Natur näherkommen, wenn in Euren Herzen Gewalt, Übermut, Hass und Liebe gleichzeitig sind?

Und jetzt etwas zum Meditieren... Es spricht einer der unseren zu einem weißen Mann:

„Hast Du jemals das Flattern eines Türkisschmetterlings gesehen? Oder kennst Du wirklich, was Liebe zu menschlichen Wesen ist? Hast Du vielleicht mit einem kleinen Spielzeughund mit Rädern gespielt? Kennst Du die Nähe und das Zusammensein? Die schöne Sprache des Gesangs der Vögel? Das Pfeifen des Windes? Hast Du Zeit, um die wunderschönen Farben der Blumen zu beobachten oder zu sehen, wie aus unserem Symbol des Alls der Bund der Unendlichkeit hervorquillt? Kennst Du vielleicht die herrliche Farbe Jade der Lagunen und Flüsse? Aber vielleicht kennst Du das, was die Natur uns lehrt, den dunklen Tag und den hellen Tag? ... Nicht? Nein! Du kennst nur die Rüstung, das Schwert, die Kanone, den Neid, die Missgunst, die Unzucht, die Plünderung und die Zerstörung! Aus Deinem Mund kommt Schande über meine Farbe, meine Wissenschaft und meine Gewohnheiten. Deine Hand kam nicht, um mein Leben zu leiten, sondern um sich aufzudrängen (!), zu zwingen (!), zu morden (!), zu massakrieren (!), zu stehlen! Du tötetest meine Söhne, vergewaltigtest meine Schwestern und tötetest unsere Eltern, enthauptetest unsere greisen Gelehrten (!), zerstörtest unsere Schulen, vernichtetest unsere Sternwarten, verbranntest unsere Bücher, tratest unsere Fahne mit den Füßen, tränktest unsere Mutter Erde mit dem Blut meiner Rasse! Wozu nützt es Dir, weiß zu sein, wenn Deine Seele schwarz ist? Du hast meine heiligen

Länder überfallen, unsere Erde mit Blut der Meinen bedeckt...
Deine Augen...: Kurz nachdem Du von unserer Kultur gesehen
hattest, zerstörtest und verachtetest Du alles, worüber Du
stauntest.

Aber Du wirst nicht gewinnen... weißer Mann. Du bringst Dich
selbst um! Und Deine Kinder auch! ... Meine Nachkommen
werden den ganzen Groll und die Verachtung, die ich für Dich,
gegen Dich fühle, weißer Mann, bewahren! ... Das Getöse der
Kanonen wird sie nicht mehr erstaunen. Deine falschen Augen
werden sie nicht mehr täuschen. Aber wenn sie bei Eurem
Anblick wütend werden..., wird Dein Mund sie nicht mehr
belügen oder beschimpfen. Deine Hände werden sie nicht mehr
mit glühenden Eisen markieren, das weiß Deiner Haut wird sie
nicht mehr überraschen, sondern beim Sehen werden sie sich
aller Widerwärtigkeiten und Völkermorde erinnern, die Du uns
zugefügt hast... Sie werden versuchen, Dich zu verstehen, aber
sei vorsichtig, weißer Mann, denn Deine Listen kennen wir
schon! Mit Deinen eigenen Waffen verteidigen wir uns! Aber...
willst Du das wirklich? Sei heute gut! Denn wir verzeihen,
vergessen aber nie!"

(Aus meinem Buch: „Die wahre Geschichte der Azteken")

Ich möchte noch einen kleineren Teil des Buches „Die
Zerstörung der Indien" des Pfarrers Bartholome de las Casas
wiedergeben. (Dieses Buch wurde Mitte des 16. Jahrhunderts
geschrieben. Nur aufgrund dieses Schriftstückes hat die Kirche
die „Indianer" als Menschen anerkannt. Wäre es nicht
geschrieben worden, würden die „Indianer" noch immer als Tiere
bezeichnet.):

*„Diejenigen, die dieses lesen werden, sollen jetzt und bei Gott
überlegen, was für eine Tat dieses ist und ob es bei all dieser
Grausamkeit und Ungerechtigkeit recht ist, dass man sich als*

Christ bezeichnet. Teufel passt, oder nicht, es wäre besser, die Indianer den Teufeln der Hölle auszuhändigen als den Christen der Indien.

Noch eine Sache werde ich sagen, und ich weiß keine, die grausamer, höllischer und voller von Wut wütender Bestien ist als die jetzige. Es wurde schon erwähnt, dass die Spanier scharfe und bissige Hunde dressierten, damit sie die Indianer töteten und zerstückelten. Alle, die wahre Christen sind, und all jene, die keine sind sollen wissen, wenn man aus der Welt hört, dass sie, um die besagten Hunde halten zu können, viele Indianer in Ketten auf ihren Wegen mitnahmen wie Schweineherden: Sie töteten sie, und sie hatten öffentliche Metzgereien für Menschenfleisch, und sie sagten untereinander: ´Gib mir ein Viertel von einem dieser Wesen, damit ich meine Hunde füttern kann, bis ich selbst einen umgebracht habe.` Es war, als ob sie sich Schweine- oder Kalbsstücke ausliehen. Es gab andere, die mit ihren Hunden morgens auf die Jagd gingen, und wenn sie zurückkehrten, wurden sie gefragt, wie es ihnen ergangen sei. Sie antworteten folgendermaßen: ´Es ging mir gut, denn meine Hunde haben 15 bis 20 Indianer getötet. `

Alle diese und andere teuflische Sachen wurden sicher von Tyrannen gemacht. Was könnte noch furchtbarer und unmenschlicher sein? Das Jüngste Gericht wird alles aufdecken, wenn Gott die fürchterlichen und schrecklichen Beleidigungen vergelten wird, die in den Indien von denen, die christliche Namen tragen, begangen wurden. Wenn die Indianer fragen, warum die Weißen so sind, beantworten sie sich diese Frage untereinander: `Weil sie von Natur aus bösartig und grausam sind.` Allein in den drei Monaten, die ich miterlebte, starben 7000 Kinder an Hunger, weil man ihre Eltern als Sklaven zu den Minen brachte. Sie ließen wegen Kleinigkeiten keinen Mann, keine Frau, keinen Alten und kein Kind am Leben.

Sie ermordeten die Bewohner ganzer Dörfer und Städte, und kein einziges armes Wesen wurde am Leben gelassen, obwohl es in der Natur der Indianer lag, Leute immer mit Freude und Geschenken zu empfangen. Tausende und Abertausende wurden in Ketten aneinandergepfercht, um die Sachen der Spanier zu tragen, die man auf ihre Rücken warf. Bei den Azteken wurden einmal 6000 weggeschickt, aber nur vier kehrten zurück. Alle anderen sind unterwegs gestorben. Die Ketten waren um ihren Hals gelegt, und wenn mehrere von Hunger und Mühsal krank und müde wurden, so lösten die Spanier nicht die Ketten, sondern sie schnitten einfach den Hals durch, so dass der Kopf zur einen und der Körper zur anderen Seite fiel.

Tausende starben, nur weil man sie aus ihren Ursprungsgebieten entfernte und sie als Sklaven verkaufte. Es gab überall viele Massaker: in Tenochtitlan, in Tepeaco, in Cholula, in Caonao, in Haiti, in Panuco, in Tultepec, in Guatemala, in Honduras, in Kuzkatlan, in Yuyapari und anderswo.

Während ihrer Tänze, wenn sie unbewaffnet sind, werden sie mit den Worten `Santiago zu denen` angegriffen, und mit blanken Lanzen werden die zierlichen, nackten Körper getötet, und es fließt viel Blut, so dass kein einziger am Leben bleibt. Das gleiche machen sie an anderen Plätzen.

Die Erde, die wirklich wie ein Paradies aussah, war mehr bewohnt als überall sonst auf der Welt..., jetzt ist alles so zerstört und menschenleer, und egal, wie hart man ist, tritt das Leid dennoch bis ins Innerste des Körpers ein... Tausenden und Abertausenden Indianern schnitten sie wegen Kleinigkeiten Ohren, Nasen und Hälse ab, bei den meisten aber grundlos. Wollten Indianer nicht das tun, was die Spanier sagten, und flohen sie in die Berge, wurden sie als Rebellen bezeichnet, und man schickte Truppen, deren Aufgabe es war, die Flüchtlinge zu finden und keinen einzigen am Leben zu lassen. Oftmals wurden sie haufenweise von den Felsen gestoßen.

Mit diesem möchte ich enden, bis neue Schlechtigkeiten und Teufeleien kommen, wenn es überhaupt noch mehr und neue geben kann, so wie es sie seit den letzten 42 Jahren gab und die ich mit meinen eigenen Augen gesehen habe. Ich verteidige mich vor Gott und meinem Gewissen, so wahr ich glaube und sicher bin, dass die Zerstörung und Vernichtung dermaßen sind; genauso die Ausrottung, Dezimierung, Tod, Grausamkeiten, Ungerechtigkeiten, Diebstähle und Massaker, die an den Leuten und in den Städten verübt wurden und noch heute in allen Teilen der Indien verübt werden. All die Sachen, die ich gesagt und gesprochen habe, sind ausnahmslos wahr, und jeder Christ muss mit diesen unschuldigen Nationen Mitleid haben, und jeder sollte diese habgierigen, raffgierigen und grausamen Spanier anklagen. Nehmen wir diese Wahrheiten wahr.

Ich versichere, dass bis zum heutigen Tage seit der Entdeckung der Indien niemals und in keinem einzigen Teil die Indianer den Christen etwas Schlechtes getan hätten, ohne dass sie zuerst beraubt, misshandelt, betrogen worden wären, im Gegenteil, sie haben die Spanier gerne empfangen, bis diese mit ihren Taten zeigten, was sie wollen und wer sie sind.“

Hier endet der Ausschnitt... Mindestens 45 Prozent dieser Grausamkeiten gibt es heute noch, damit meine ich 2012! Dessen bin ich mir sehr sicher. Respektlosigkeit und Unkenntnisse der alten Kulturen werden uns alle zugrunde richten. Deshalb sagten schon seit langem die nördlichen Ureinwohner unseres Erdteils: „Unser Untergang wird auch der Eure sein!“

Wir wissen nicht, was wir besitzen,
bis wir es verloren haben.
Und niemals dürfen wir von
einem anderen verlangen, was wir
selbst zu geben nicht bereit sind.

(Aus meinem Buch:
„Indianische Weisheiten über Feuer und Wind“)

1492 - 1990
Massaker auf dem
ganzen Kontinent
.....und Australien ??
.....und Afrika ??
.....und Asien ??
und, und, und, und
Eine Schande für die
sogenannten "Zivilisierten"!!

Schlusswort

So, fast haben wir´s geschafft. Ich habe es geschafft, dieses Buch zu schreiben, und Ihr habt es geschafft, es zu lesen. Das war schon etwas anstrengend für beide Teile.

Doch hoffentlich habt Ihr alle etwas gelernt, nämlich, dass unsere Mutter Erde in Gefahr ist und selbstverständlich auch wir. Was Mutter Erde passiert, widerfährt uns auch…, deshalb ist es notwendig, dass jeder etwas zur Verbesserung beiträgt. Denn wie gesagt: Es betrifft uns alle! Was aber kann der „kleine" Bürger tun? Sehr viel!

Hierzu einige Beispiele:

- Achtet auf Euren Wasserhaushalt. Duschen statt volle Wannen.
- Vermeidet die Fahrt mit dem Auto dort, wo es auch mit öffentlichen Verkehrsmitteln oder zu Fuß geht!
- Vergesst auch nicht das umweltfreundliche Fahrrad!
- Sammelt Altpapier, Altglas und Sondermüll!
- Bringt Eure Einkaufstasche mit! Wenn ein Verkäufer die Ware in eine Plastiktasche geben will, lehnt dankend ab!
- Spart Strom bei der Beleuchtung. Ein Abend im Kerzenschein kann auch sehr gemütlich sein!
- Schreibt auf Altpapier!
- Keine (oder weniger) Dosen kaufen!
- Nehmt so wenig Reinigungsmittel wie möglich!

- Reduziert die Massentierhaltung, indem Ihr weniger Fleisch esst. Es gibt viele andere Köstlichkeiten!
- Respektiert alle Lebewesen, Eure Mitmenschen und Euch selbst!
- Fühlt Euch nicht besser, aber auch nicht schlechter als die anderen!
- Schränkt die Verwendung von Chemikalien aller Art ein. Vermeidet insbesondere Insektizide und Pestizide, was auch schon den Kleingärtner betrifft!
- Gebt öffentlich Eure Meinung kund, wenn Euch etwas missfällt!
- Seid nicht passiv, sondern aktiv!
- Seid nicht wie ein Dominostein, der darauf wartet, dass er von seinem Vorgänger umgestoßen wird, sondern setzt selbst eine ganze Reihe in Bewegung.
- Denkt an Euch, aber vergesst niemals die anderen!
- Seid Eurem Partner und Euren Kindern ein richtiger Freund!
- Vergiftet Euch nicht mit Medikamenten, sondern sucht Alternativen aus der Natur. Es gibt zahlreiche!
- Lasst Euch keine Angst machen!
- Jeder sei er selbst und nicht wie die anderen (!), und seid ehrlich zu Euch selbst und zu den anderen!

Das alles ist sehr leicht zu erfüllen…, jeder Einzelne kann und soll mitmachen, jetzt, weil es noch Leben gibt!

Jetzt, liebe Schwester und lieber Bruder, ist es an der Zeit, um „Auf Wiedersehen!“ zu sagen. Ich sage: „Auf Wiedersehen!“, denn vielleicht werden wir uns einmal irgendwo treffen. Bei uns gibt es deshalb auch den Ausspruch: „Mache Dir niemals Feinde, denn wenn Du es am wenigsten erwartest, wirst Du sie wieder treffen". Ich hoffe ganz von Herzen und ehrlich, dass dieses Buch Euch allen zu einem besseren Verständnis verhilft. Das Leben ist sehr schön, genießt es!

Ich hier, ich gebe Dir, mein geliebter
Bruder, den Honig von den Blumen…
den Rat der Erkenntnis und die
Beruhigung in Deinem Gesicht.

Ich möchte zu Dir sprechen…,
aber Dein Ohr hört mich nicht,
ich möchte Dir mein Leben geben…,
aber Dein Herz ist verschlossen…

Aber es wird der Tag kommen,
und das Datum wird Zeuge sein…,
das, was ich Dir sage, ist Wahrheit,
und mit sehr viel Liebe
wünsche ich Dir das Beste!

Ze Akatl Topilzin

Bild nächste Seite: Sagt uns, dass die damaligen Spanier, die in unserem Heimatland Mexiko ankamen, angeklagt werden…!!!

SETZT EUCH ZU UNS ANS FEUER

Indianische Märchen und Weisheiten

Aus dem Buch: „Indianische Weisheiten über Feuer und Wind" von

Xokonoschtletl

Popokatepetl und Iztakziuatl

Gleich in der Nähe von Mexiko Stadt gibt es zwei Vulkane. Der eine läuft nach oben hinten spitz zu, der andere hat die Form einer liegenden Frau. Man nennt sie in unserer Sprache Popokatepetl, der rauchende Berg, und Iztakziuatl, die weiße Frau. So aber sind sie zu ihren Namen gekommen:

In Tenochtitlan, der wichtigsten Stadt der Azteken, lebten einst Akayatzin, ein großer Häuptling und seine schöne Tochter Iztakziuatl. Unter den Kriegern Akayatzins befand sich auch Popokatepetl, ein mutiger und gerechter Mann, aber von einfacher Herkunft.

Iztakziuatl und Popokatepetl liebten sich sehr und verbrachten viel Zeit zusammen. Das bemerkte auch Häuptling Akayatzin. Da sagte er zu Popokatepetl: "Das kann ich nicht erlauben. Sie ist meine Tochter und von Adel, und Du bist nur ein einfacher Krieger. Aber ich will Dir eine Chance geben, Ruhm und Ansehen zu erwerben. Zieh in den Krieg und vollbringe große Taten. Wenn Du zurückkommst, gebe ich Dir meine Tochter zur Frau. Aber es müssen große Taten sein."

Popokatepetl hätte alles getan, um für immer mit Itztakziuatl zusammen sein zu können. So zog er in den Krieg, sehr weit weg und für lange Zeit. Und man hörte nichts mehr von ihm. Alle außer Iztakziuatl glaubten, er sei tot.

Und die Zeit verging und eines Tages bestimmte Akayatzin einen anderen Mann für seine schöne Tochter. "Ich liebe doch Popokatepetl", flehte Iztakziuatl ihn an, "und muss auf ihn warten." - "Wir haben lange genug gewartet", entgegnete ihr Vater, "er ist tot. Nun musst Du heiraten."

Da ging Iztakziuatl voller Trauer in ihre Kammer, nahm ein Messer und gab sich den Tod. Alle, die von dem Unglück hörten und von der großen Liebe zwischen Iztakziuatl und Popokatepetl wussten, waren davon sehr ergriffen und strömten von den Flüssen und Bergen herbei, um an ihrer Beerdigung teilzunehmen. Am vierten Tag der Feierlichkeiten, als sie begraben werden sollte, kehrte Popokatepetl zurück. Er war der größte aller Krieger geworden, aber das erfuhren die Menschen erst jetzt, und seine Geliebte war tot.

Als er hörte, was geschehen war, wie treu Iztakziuatl ihm gewesen war und lieber tot sein wollte als mit einem anderen Mann verheiratet zu werden, nahm auch er ein Messer und tötete sich.

Iztakziuatl und Popokatepetl sind bis zum heutigen Tag zusammen. Iztakziuatl schläft, sie ist nicht tot, und Popokatepetl steht neben ihr und bewacht ihren Schlaf. Und wenn sie aufwacht, werden sie vereint sein in alle Ewigkeit.

Erschaffung von Mutter Erde „Tonantzin" und allen Lebewesen.

Von großen und von kleinen Tieren

Es war einmal ein Jaguar, ein besonders großer und schöner Jaguar, der glaubte, er sei das mächtigste unter allen Tieren. Mit majestätischen Schritten und gewaltigen Sätzen bewegte er sich durch den Urwald und achtete nicht, wohin er trat. Warum sollte er auch: Er war doch der Größte.

Als er wieder einmal so dastand, in all seiner Herrlichkeit, vernahm er unter sich ein kleines Stimmchen. „He, hallo, Du da oben, schau doch mal her!" Der Jaguar suchte, wo die Stimme herkam, und da entdeckte er eine winzige Grille, die auf seiner linken Tatze saß und zu ihm aufschaute.

„Was willst Du von mir, Du Winzling?" – „Pass doch bitte das nächste Mal auf, wo Du hintrittst", sagte die Grille, „denn Du hast mich mit Deiner Pfote fast getötet!" – „Das ist ja zum Lachen", brüllte der Jaguar, „Du winziges Ding willst mir sagen, was ich machen soll!"

„Ich bitte Dich ja nur, dass Du aufpassen sollst, und sonst nichts", sagte die Grille, und das Gebrüll des Jaguars erschreckte sie überhaupt nicht. Da wurde er richtig wütend. „Du frecher Winzling", brüllte der Jaguar noch lauter, „ich werde Dich auf der Stelle zerquetschen!" – „Halt", die Stimme der Grille wurde jetzt ganz durchdringend, „dann erkläre ich Dir den Krieg! Ich werde Dir zeigen, dass wir Kleinen nicht so schwach sind, wie Du glaubst!"

Jetzt wollte sich der Jaguar wirklich kaputtlachen und ließ unter seinem glänzenden Fell die Muskeln spielen. „Du klitzekleine Grille möchtest gegen mich kämpfen?! Siehst Du nicht, wie stark und mächtig ich bin?" - „Du bist wie alle großen Tiere. Nur weil Ihr groß seid, haltet Ihr Euch für etwas Besonderes. Aber wir sind Euch ebenbürtig, auch wenn wir klein sind, und wir werden es Euch zeigen. Rufe alle großen Tiere zusammen, und ich hole alle kleinen Tiere des Waldes, und dann tragen wir unseren Streit aus. Wir werden ja sehen, wer gewinnt." Der Jaguar lachte noch lauter und stimmte dem Vorschlag zu, denn dann würden die großen Tiere unter diesen kleinen Quälgeistern endlich richtig aufräumen können. Sie vereinbarten, dass sie am übernächsten Tag den Wettkampf austragen wollten.

Der Jaguar trommelte die Pumas und Bären, die Affen und Riesenschlangen und alle großen Tiere des Waldes zusammen, die Grille hingegen die Moskitos und Bienen, die Skorpione und Taranteln, die Wespen und Ameisen – zahllos war das Heer der kleinen Tiere im Wald; und dann standen sie sich gegenüber. Der Krieg dauerte nicht lange.

Jaguar und Puma konnten sich mit aller Kraft ihrer Pfoten nicht der schnellen Moskitos und Bienen erwehren, den Bären halfen ihre Pranken nicht gegen Skorpione und Ameisen, die Affen flüchteten vor den Taranteln auf die Bäume und wurden von den Wespen gestochen und schließlich rannten all die großen und eingebildeten Tiere wehklagend davon. Die Kleinen aber jubelten und riefen ihnen nach: „Nun habt Ihr es gesehen! Die Kleinen sind genau so stolz und mächtig wie die Großen, und alle Tiere haben das gleiche Recht zu leben und geachtet zu werden"!

Das Licht, das auf die Erde kam

Wie der alte Nanahuatzin sich ins Feuer warf und jener wurde,
„der das Licht bringt".

Es wird erzählt, dass es lange vor der Schöpfung der Erdenmenschen eine Schöpfung des Lichts gegeben habe, denn die Symbole der jeweiligen Energien waren sich einig, dass es an der Zeit sei, Licht in unsere Welt zu bringen. „Aber wie?" fragte Huitzilopochtli, das Symbol des Willens. – „Ich glaube nicht, dass es sehr schwierig sein wird", meinte Ketzalkoatl, das Symbol von Wissen und Weisheit. „In dieser Welt ist bereits Licht in Form des Feuers. Einer von uns müsste sich hineinwerfen und danach als ´der Helle´ wieder hervorkommen".

Alle jubelten und hielten diesen Gedanken für einen sehr guten: „Das ist die Lösung! Nicht zu Unrecht symbolisierst Du Wissen und Weisheit." Xochipilli, Symbol des Tanzes und der Blumen, fragte: „Wer von uns soll es machen?" – „Einer von uns muss es tun", stellte Xipetotek, das Symbol der Fruchtbarkeit fest. „Und zwar jetzt, das ist die richtige Zeit."

Große Stille trat ein. Alle, die vorher noch klug und laut gesprochen hatten, verstummten. „Ich werde es machen, ich werfe mich ins Feuer", sagte eine schwache Stimme. Alle blickten erstaunt zu dem Sprecher. „Ich bin es, Nanahuatzin, das Symbol des Alters."

Alle lachten und sprachen spöttisch: „Du, Nanahuatzin? Ausgerechnet Du willst das Licht in diese Welt bringen? Ausgerechnet Du, wo Du so alt und zittrig und gebrechlich bist?" – „Ich werde es tun", sagte das Alter mit großer Würde, „ich kann es machen, und ich bin bereit dazu."

Da haben sie alle noch mehr über ihn gelacht und noch mehr über ihn gespottet. Ometeotl, das Symbol der Dualität, machte sich große Sorgen: „Außer Nanahuatzin, der nicht ernst genommen werden kann, hat sich noch niemand gemeldet!" Jetzt hatte wieder jeder etwas zu sagen, um jemanden anderen dazu zu bringen, sich ins Feuer zu werfen, um der Welt Licht zu bringen. Schließlich wurde Zitlalpopoka, das Symbol der Konzentration, dazu gewählt und bestimmt. „Du bist stark, groß und jung. Du wirst Dich ins Feuer werfen, so hat es der Rat bestimmt!" sagte Ometeotl, der nicht nur das Symbol der Dualität ist, sondern auch das erste unter allen Symbolen.

Alle halfen zusammen, das Feuer in Gang zu bringen, und bald brannte es hoch und hell. Alle warteten darauf, dass Zitlalpopoka sich ins Feuer werfe. Immer höher loderten die Flammen, und alle fragten: „Wann wird er sich ins Feuer werfen?" Doch Zitlalpopoka tat den entscheidenden Schritt nicht.

Ometeotl sagte zum Ausgesuchten: „Jetzt wirf Dich ins Feuer, der große Moment ist gekommen, jetzt ist die richtige Zeit!" Aber gerade in diesem Moment überkam Zitlalpopoka die Feigheit, und er weigerte sich, in die Flammen zu springen.

„Ich mache es", sagte Nanahuatzin und warf sich, bevor ihm noch jemand antworten konnte, selbst in das Feuer. Er war nicht mehr zu sehen und verbrannte. Dann schoss plötzlich ein Feuerball aus den Flammen und flog höher hinauf, als der Adler zu fliegen imstande ist. Er wurde immer größer und größer und flog höher und höher, bis er sehr weit weg oben am Himmel anhielt. Beschämt über seine Feigheit, stand Zitlalpopoka da: „Gesund, stark, groß und jung, habe ich es nicht gewagt, was das weise Alter ohne zu zaudern erfüllt hat", dachte er und sprang nunmehr selbst ins Feuer. Auch er verbrannte, war nicht mehr zu sehen und schoss als helle Kugel in den Himmel hinein. Doch diese Feuerkugel war viel kleiner als jene des Nanahuatzin.

Ometeotl blickte in den Himmel und sagte: „Zwei Sonnen werden nicht gebraucht. Der erst war mutig, der zweite war feige, der Mutige soll als Licht für diese Welt als unser verehrter Vater Sonne bleiben. Sein Name ist Totatzin Tonatiuh." Dann nahm Ometeotl ein Kaninchen, welches das Symbol für Fruchtbarkeit und Weiblichkeit ist, und warf es zu der zweiten Kugel am Himmel.

Auf diese Art ist der Mond entstanden, der in unserer Kultur weiblich ist.

Mutter Erde „Tonantzin" mit dem Sonnenkalender

Nehuan ni tehuan

Nehuan ni tehuan – tehuan ni nehuan!

Das ist in unserer Sprache ein geflügeltes Wort. Es bedeutet „Ich bin Du und Du bist ich" und soll ausdrücken, dass man sich gegenseitig achten und respektieren und einander nichts Böses antun soll; denn sonst fällt es irgendwann auf einen selbst zurück. Das musste auch der Hase lernen, der in unseren Legenden ein sehr eigensüchtiges Tier ist. Und das kam so: Einmal hat der Hase beschlossen, reich zu werden. Aber wie? Denn arbeiten wollte er nicht, und deshalb musste er sich sehr beim Denken anstrengen. Als ein Kakerlak vorbei spazierte und ihn begrüßte, kam ihm eine Idee. „Hallo, Du da, ich brauche unbedingt 10 Pesos. Ich bin Bauer und werde im nächsten Jahr sehr viel Mais ernten, aber im Moment bin ich etwas knapp an Saatgut. Wenn Du mir jetzt zehn Pesos gibst, bekommst Du dafür nach meiner Ernte eine ganze Tonne Mais zurück!"

Der Kakerlak dachte bei sich, das sei ein sehr gutes Geschäft, gab dem Hasen zehn Pesos und ging seines Weges. Das war leicht, dachte sich der Hase und ging zu einem Hahn.

„Guten Tag, mein lieber Hahn! Ich bin Bauer und brauche dringend zehn Pesos, denn ich will viel Mais aussähen, damit ich im nächsten Jahr eine große Ernte habe. Wenn Du mir jetzt zehn Pesos gibst, werde ich Dir dafür eine ganze Tonne Mais zurückgeben!"

Das schien auch dem Hahn ein gutes Geschäft, und er gab dem Hasen das Geld. Wie leicht das war, dachte sich der Hase, und er sprach einen Kojoten an, erzählte ihm die gleiche Geschichte. Auch der Kojote gab ihm zehn Pesos. Sogar den schlauen Kojoten habe ich überzeugt, freute sich der Hase und wurde schon ziemlich übermütig. Kurz darauf begegnete er einem Jaguar, und der schaute etwas hungrig drein.

„Ich suche jemand, der mir zehn Pesos gibt, damit ich viel Mais pflanzen kann. Im nächsten Jahr zahle ich dann eine Tonne Mais zurück." Der Jaguar überlegte, dass er das gut gebrauchen könnte. „Ich mache es, ich gebe Dir zehn Pesos. Aber vergiss nicht, mir die Tonne Mais zu liefern!" – „Nein, natürlich nicht", versicherte der Hase und lief eilig davon.

Am Flussufer traf er auf den Jäger, und nun packte ihn der Größenwahn. „Jäger, ich habe ein gutes Geschäft für Dich!" – „Was für ein Geschäft?" fragte der Jäger und zielte mit dem Gewehr auf den Hasen. „Schieß nicht auf mich, dann tue ich Dir auch etwas Gutes", sagte der Hase. „Wenn Du mir zehn Pesos gibst, bekommst Du im nächsten Jahr eine Tonne Mais von mir. Jeder hier kann Dir sagen, wie viel Mais ich anbaue."

Der Jäger kam zu dem Entschluss, dass dies ein gutes Geschäft war, und rechnete schon seinen Profit aus. „Gut, ich gebe Dir zehn Pesos. Aber vergiss nicht, mir rechtzeitig eine Tonne Mais bereitzustellen, sonst wirst Du mich kennen lernen!" – „Keine Sorge, das klappt schon", antwortete der Hase.

Er war sehr zufrieden mit sich. Fünfzig Pesos waren damals viel Geld, und nun fühlte sich der Hase richtig reich. Natürlich dachte er nicht daran, ein Feld zu bestellen, denn jetzt hatte er ja Geld und brauchte nicht zu arbeiten.

So ging das Jahr ins Land, das Wetter war sehr schön, der Mais gedieh überall prächtig, und nach der Ernte quollen die Scheunen über. Aber keiner seiner Gläubiger hörte etwas von dem Hasen.

Da ging der Kakerlak, der Hahn, der Kojote, der Jaguar und der Jäger zu ihm und forderten die versprochene Tonne Mais. Der

Hase vertröstete sie alle auf einen bestimmten Tag, an dem sie, jeder zu einer bestimmten Uhrzeit, den Mais bei ihm abholen sollten.

Zuerst erschien der Kakerlak: „Wo ist mein Mais?" – „Guten Tag, nimm doch Platz, sogleich… Ach, da kommt schon der Hahn, wie dumm. Kriech geschwind unter die Kiste, sonst wird er Dich noch fressen!" Sofort und voller Angst verkroch sich der Kakerlak unter der Kiste, und der Hahn stolzierte herein.

„Wo ist mein Mais?" – „Guten Tag", sagte der Hase, „sogleich hole ich ihn. Vielleicht willst Du derweil einen Imbiss – unter dieser Kiste ist ein Kakerlak, er schaut lecker aus." Sofort suchte der Hahn den Kakerlaken, fraß ihn, bedankte sich beim Hasen für den Tipp und verlangte: „Nun aber meinen Mais!" – „Ist schon unterwegs", sagte der Hase, „ach, da kommt ja der Kojote, Dein ärgster Feind, wie dumm. Flieg schnell auf das Dach, sonst wird er Dich noch fressen!" Sofort und voller Angst flog der Hahn aufs Dach, und schon war der Kojote da.

„Wo ist mein Mais?" – „Guten Tag", sagte der Hase, „sogleich hole ich ihn. Auf dem Dach hat sich übrigens ein leckerer Hahn versteckt, vielleicht magst Du ihn?" Der Kojote sprang aufs Dach, fraß den Hahn, bedankte sich beim Hasen und verlangte: „Nun aber meinen Mais!" – „Gerne", sagte der Hase und sah nach draußen. „Oje, da kommt der Jaguar! Schlüpf schnell unter das Bett, sonst wird er Dich noch fressen!"

Sofort und voller Angst versteckte sich der Kojote unter dem Bett. Der Jaguar betrat von einer beschwerlichen Reise kommend mit müdem Schritt die Hütte. „Wo ist mein Mais?" – „Guten Tag", sagte der Hase, „sogleich hole ich ihn, Du siehst hungrig aus. Unter dem Bett liegt ein Kojote, da kannst Du Dich stärken."

Der Jaguar fraß den Kojoten, bedankte sich und sagte, dass er nun ein wenig ruhen wolle: „Inzwischen holst Du den Mais!" – „Aber gewiss doch", sagte der Hase, und der Jaguar schlief ein. Derweil tauchte der Jäger an der Hütte auf und forderte seinen Mais. „Guten Tag", sagte der Hase, „drinnen liegt ein Jaguar, vielleicht magst Du sein Fell." Der Jäger ging in die Hütte, erschoss den Jaguar, zog ihm das Fell ab, bedankte sich und verlangte: „Und jetzt meinen Mais!"

„Sofort, ich hole ihn", sagte der Hase und wollte sich davonmachen. Doch der Jäger packte ihn bei den Löffeln: „Eins nach dem anderen. Zuerst will ich noch das Fleisch vom Jaguar." Und er schnitt den Bauch des Jaguars auf und fand den Kojoten, in dem Kojoten den Hahn und in dem Hahn den Kakerlaken. Da begriff der Jäger, was passiert war und wie der Hase alle belogen und betrogen und gar keinen Mais angebaut hatte. Da tötete er den Hasen und nahm in als Braten für seine Familie mit nach Hause.

Nehuan ni tehuan – tehuan ni nehuan!

Der alte Balken

Es war einmal ein sehr reicher Mann, der war sehr großzügig und hat seinen einzigen Sohn sehr geliebt und ihm jeden Wunsch erfüllt. Als der Junge älter wurde, hatte er weinig gelernt und musste nicht arbeiten, gab das Geld mit vollen Händen aus und machte sich keine Sorgen über die Zukunft – denn sein Erbe war ihm gewiss.

Der Vater ermahnte seinen Sohn immer wieder, er möge nicht so verschwenderisch sein, und hatte großen Kummer. Doch er gab dem Jungen immer wieder Geld, auch wenn der alles verschleuderte. Als der Alte auf dem Sterbebett lag, rief er den Sohn zu sich: „Ich werde sterben, Junge, und Du wirst allein sein. Ich liebe Dich und habe nur einen Wunsch: Höre auf, das Geld aus dem Fenster zu werfen, damit ich ruhig sterben kann."

„Ich liebe Dich auch, Vater", sagte der Sohn, „aber Du musst begreifen: Geld ist doch nur dazu da, dass man sich ein gutes Leben macht. Ich kann Dir nichts versprechen."

Bekümmert antwortete der Vater: „Ich achte Dich, mein Sohn, aber ich will Dir Kummer ersparen. Es wird eine Zeit kommen, da wird meine ganze Hinterlassenschaft aufgebraucht sein, und es wird Dir kein einziger Freund bleiben. Du wirst in einen Abgrund der Verzweiflung stürzen und keinen Ausweg mehr sehen. Ich sage Dir offen, was ich sehe: Du wirst Dich erhängen wollen. Wenn Du es tust, dann tu es in diesem Haus, an diesem Balken über dem Fuße meines Bettes."

Der Sohn dachte nur, dass der alte Mann verrückt sei, und versprach es, weil er schnell weg wollte. An diesem Abend ist der Vater gestorben.

Es geschah, wie der Vater vorausgesagt hatte. Der Sohn verschleuderte sein Erbe mit leichtsinnigen Freunden und Frauen, und plötzlich war er arm und verschuldet und hatte keine Freunde oder Frauen mehr, die ihn unterstützten oder trösteten, und sah keinen Ausweg mehr. Er wollte sich erhängen, und da erinnerte er sich des Versprechens, dass er seinem sterbenden Vater einst gegeben hatte. Das wenigstens wollte er halten.

Er stellte sich auf einen Stuhl unter dem alten Balken, verknotete ein Seil mit einem Ende daran; das andere Ende des Seils legte er als Schlinge um seinen Hals und trat den Stuhl beiseite.

Aber er ist nicht gestorben. Der alte Balken zerbrach, er stürzte zu Boden, und eine Unmenge von Goldstücken regnete vom Balken herab, die sein Vater darin versteckt hatte. Er kannte seinen Sohn, und er liebte ihn.

Viele Freunde standen danach wieder an seiner Tür. Doch der Sohn dachte an die Weisheit seines Vaters und schickte sie fort. Er begann zu arbeiten und sah sich nach anderen Freunden um.

Das Märchen von Liebe und Vertrauen

Es waren einmal zwei Menschen, die hatten sich sehr lieb. Sie hatten geheiratet und konnten sich gar nicht vorstellen, ohne einander zu leben. Und darum beschlossen sie eines Tages: Sollte einmal einer von ihnen sterben, Mann oder Frau, dann würde der andere sein Leben aufgeben und ihm folgen, um zu zeigen, wie stark ihre Liebe für einander gewesen war.

So ging ihr Leben dahin, und sie waren im Frieden mit sich und ihren Kindern. Eines Tages jedoch hatte der Mann die Idee, seine Frau zu prüfen und herauszufinden, wie sehr sie ihn liebe.

Und so schickte er einen Gefährten, der mit ihm im Wald beim Holzsammeln war, zu seiner Frau nach Hause. Er sollte ihr erzählen, ihr Mann sei von einem Baum gefallen und dabei zu Tode gekommen.

Als die Frau das hörte, zerriss ihr der Schmerz schier das Herz, und sie erinnerte sich ihres Versprechens, ging in ihr leeres Haus und nahm sich das Leben.

Als ihr Mann zurückkehrte und sie fand, vergoss er bittere Tränen. Wie dumm war er doch gewesen! Er hatte nicht geglaubt, dass seine Frau das Versprechen halten würde. Er hatte ihre Liebe geprüft und sie dabei ganz verloren. Der Mann war sehr traurig, er vermisste sie und weinte bitterlich. Doch ihr in den Tod zu folgen, dazu fehlte ihm der Mut.

Nach einiger Zeit freilich fiel ihm auf, dass sein Haus immer sauber war, die Kinder versorgt waren, gegessen hatten und fröhlich waren, wenn er von der Arbeit zurückkam. Das verstand er nicht und er fragte sie, weshalb sie so fröhlich seien und wer die Ordnung geschaffen habe. Ihre Antwort war einfach: Mutter war da und hat das alles gemacht.

Das wollte der Mann nicht glauben, doch es geschah jeden Tag von neuem, und die Antwort war immer dieselbe. Da versteckte sich der Mann im Haus und wollte sehen, was passierte. Tatsächlich erschien seine Frau und war so schön und sah so lieb aus, dass es ihn nicht mehr in seinem Versteck hielt.

Er trat hervor und sagte ihr, wie sehr er sie liebe, wie wunderbar ihre Augen leuchteten, und er wollte sie umarmen und küssen.

Die Frau antwortete: „Nein, nein, bitte nicht! Tu es nicht, denn ich bin gestorben und kann dann niemals wiederkommen und muss für immer gehen. Bitte, tu es nicht!"

Doch der Mann hatte seine Frau so lieb, dass er nicht begriff, was sie meinte, und wollte sie unbedingt in seinen Armen halten. Und er umarmte sie.

Da hielt er in seinen Armen ein Knochengerüst. Die Frau ist nie wieder erschienen.

Die sechste Ebene

Wenn wir zur Erde zurückkehren, wird unser Körper zur Saat, aus der neues Leben erwächst und in der unsere Energie weiterlebt. Wir gehen durch neun verschiedene Ebenen mit vielen Hindernissen, die wir überwinden müssen, um zur letzten Ebene zu gelangen, wo Erleuchtung und Licht auf uns warten und ein neuer Kreislauf beginnt. Auf der siebten Ebene ist das Hindernis ein großer See voller Krokodile, den nur <u>EIN</u> Tier überwinden kann: das ist unser Bruder Hund, weil er so treu und dadurch unangreifbar ist.

Es war einmal ein Mann, der hatte einen wunderschönen Hund. Dieser war reinlich, gut und anhänglich, aber hatte auch ein eigenwilliges Wesen, wie es die Art eines jeden ist. Das wollte sein Herr nicht verstehen. Denn der Mann wünschte sich einen Sklaven, der nach seiner Pfeife tanzte. Es widerstrebte ihm, die Eigenart des Tieres zu respektieren.

Er schnitt ihm den Schwanz ab, damit der Hund hübscher aussehe. Er schnitt ihm die Ohren ab, weil er nicht brav genug hörte. Das tat dem Hund sehr weh, aber den Mann kümmerte es nicht. Dann ist der Mann gestorben, und weil er ein tüchtiger Mensch war, hat er die Hindernisse bis zur siebten Ebene auch gut überwunden. Aber dort traf er seinen Hund, der ihn mit traurigen Augen anblickte.

„Kennst Du mich noch?" fragte der tüchtige Mann. „Und ob ich Dich kenne", antwortete der Hund. „Warum weinst Du denn?" „Weil ich Dich geliebt habe", sagte der Hund. „Du hast mir den Schwanz abgeschnitten und mich mit Füßen getreten, Du hast mir die Ohren abgeschnitten und mir kein Futter gegeben, und dennoch habe ich Dich geliebt."

„Warum weinst Du dann?" fragte der Mann. „Weil Du das Wasser mit den Krokodilen nur überwinden kannst, wenn Du Dich auf meinen Schwanz setzt und Dich an meinen Ohren festhältst. Aber ich habe keinen Schwanz mehr und keine Ohren, Du hast sie abgeschnitten, und ich kann Dich nicht mehr über den See bringen, obwohl ich Dich liebe."

Der Hund schwamm unbehelligt durch den See mit den vielen Krokodilen zum anderen Ufer. Der Mann blieb am diesseitigen Ufer zurück. Er hatte Tränen in den Augen, aber es war zu spät. Er musste in alle Ewigkeit an diesem Ort verharren.

Mikiztli (Ruhe)

Bei uns zu Hause in Mexiko ist der Tod nichts, wovor man sich fürchten muss. Wir sind sicher, dass in der Natur nichts stirbt. Es verändert nur seine Form, alles verändert sich. Darum gibt es in der Sprache der Azteken, die Nahuatl heißt, auch kein Wort für den Tod. Man sagt Mikiztli, und das bedeutet Ruhe.

Wenn jemand stirbt, ist das auch kein Grund zu trauern, sondern einer zu feiern. In Mexiko wird jedes Jahr Anfang November tagelang ein großes Fest mit vielen bunten Blumen, Früchten, Masken, Kerzen, Weihrauch und Speisen gefeiert, die den Verstorbenen gefallen und geschmeckt haben. Drei Tage darf niemand die Gaben auf dem Altar berühren oder kosten, aber am vierten – das ist eine heilige Zahl – wird alles geteilt und verzehrt.

Es war einmal ein Mann, dem war das ganz gleichgültig. Er war faul und wollte nicht arbeiten, so dass er seiner Frau nichts mitbringen konnte, womit sie hätte einen Altar schmücken und Speisen zubereiten können. Alle anderen haben ihre Altäre geschmückt und gesungen, getanzt und gebetet und mit ihren Toten gesprochen. Da hat seine Frau zu ihm gesagt: „Denk doch an Deine Eltern." Aber dem Mann war das gleichgültig, und er ist in den Wald gegangen und hat geschlafen. Da hatte er einen Traum. Er sah, wie die Toten in einer Prozession an ihm vorbei gingen, Kinder und Alte, Frauen und Männer, und sie waren fröhlich, hatten Blumen und Speisen, die wunderbar dufteten. Auch seine Eltern waren darunter. Sie sahen als einzige sehr traurig aus und waren mager und hatten nichts zu essen außer ein bisschen Gemüse und etwas Wasser.

Der Mann konnte sich nicht vorstellen, was der Traum bedeutete. Aber er hatte ihn beunruhigt, und so eilte er rasch nach Hause. „Was für einen Altar hast Du gemacht?" fragte er seine Frau. „Du hast mir nichts gebracht", antwortete sie bekümmert, „so konnte ich nur ein bisschen wildes Gemüse und Wasser daraufstellen.“

Da schämte sich der Mann sehr und wunderte sich, wie er nur seine Eltern hatte vergessen können. Und er nahm sich vor, im nächsten Jahr viele köstliche Speisen bereit zu stellen und alles gut und richtig zu machen.

Er hat aber das nächste Jahr nicht erlebt, weil er gestorben ist. Und er hat gewusst, dass da, wo er jetzt hingehen würde, seine Eltern nicht auf ihn warten würden, um ihm den weiteren Weg zu zeigen.

Nie dürfen wir unsere Traditionen vergessen, denn sie sind die Kultur des Menschen, und wenn man sie missachtet, wird man sich selbst vergessen.

Weiterhin von diesem Autor erschienene Bücher:

- „Die wahre Geschichte der Azteken"
- "Unser einziger Gott ist die Erde"
- "Medizin der Mutter Erde"
- "Indianische Weisheiten über Feuer und Wind"
- "Setzt Euch zu uns ans Feuer"
- "Was der Wind uns singt"
- "Überlegungen um das Bewusstsein zu stärken"

Sowie: - CD Lieder, Poesie, Gesang und Trommelrhythmen
- CD Beruhigende Traumreise-Meditationen
- DVD „Wir sind ein Teil der Natur,
Indianische Lebensphilosophie"

In spanischer Sprache:

- „Juicio a España – Testigos aztecas"
- "En BUSCA de un IMPOSIBLE"